GAOXIAO SHIZI GONGZUO WENJI

高校师资工作文集

（第24集）

全国部分高校师资工作联络会　高校师资工作文集编辑部　编

暨南大學出版社
JINAN UNIVERSITY PRESS

中国·广州

图书在版编目（CIP）数据

高校师资工作文集．第24集/全国部分高校师资工作联络会，高校师资工作文集编辑部编．—广州：暨南大学出版社，2012.10
ISBN 978-7-5668-0256-9

Ⅰ.①高…　Ⅱ.①全…　②高…　Ⅲ.①高等学校—师资培养—中国—文集　Ⅳ.①G645.12-53

中国版本图书馆CIP数据核字（2012）第153250号

出版发行：暨南大学出版社

地　址：中国广州暨南大学
电　话：总编室（8620）85221601
营销部（8620）85225284　85228291　85228292（邮购）
传　真：（8620）85221583（办公室）　85223774（营销部）
邮　编：510630
网　址：http://www.jnupress.com　http://press.jnu.edu.cn

排　版：广州广海照排设计中心
印　刷：佛山市浩文彩色印刷有限公司

开　本：890mm×1240mm　1/32
印　张：9.625
字　数：259千
版　次：2012年10月第1版
印　次：2012年10月第1次

定　价：26.00元

目 录

人事制度改革与探索

师资队伍建设与发展

高层次人才引进

岗位设置与聘用管理

绩效考核和薪酬分配

体制机制创新研究

附　录

人事制度改革与探索

当前高校职员队伍建设面临的瓶颈及其对策

——以武汉大学为例

刘　涛

（武汉大学人事部，武汉　430072）

摘　要：武汉大学作为教育部确定的教育职员制改革试点高校，按照“制度入轨，平稳过渡，逐步到位，规范管理”的要求，逐步由教育职员制过渡到事业单位职员制。在过渡中，出现了管理岗位人员晋升途径偏窄、待遇偏低等问题。科学化解这一矛盾的关键就在于对职员队伍给予准确定位。具体到操作层面，一是基于现状的改良，其核心即以教育职员制试点经验为基础，健全高校职员制度；二是面向未来的创新，其核心是坚持依法自主办学，实行民主管理，根据业务性质与分工特点分别建立评价体系与晋升轨道。

关键词：高等学校　教育职员　事业职员　晋升轨道

当前，制约高校加快创建高水平大学步伐的重要问题之一，即在于迫切需要一支熟悉高等教育规律、引领高校改革发展的管理队伍作为支撑。而旨在贯彻落实《教育法》、《高等教育法》精神，依法治校，逐步建立一支优化、精干、高效的职业化管理队伍的高校职员制便由此应运而生。自 2000 年 12 月教育部确定五所高校试行教育职员制开始，至2007年12月各高校根据国家人事部、教育部岗位设置管理相关政策精神全面推行事业职员制，再到《国家中长期教育改革和发展规划纲要》深入实施、高校人事制度改革逐步进入深水区，高校逐渐改变了长时间以来管理干部参照国家机关模式的状况，并摸索建立起一支与专业技术及工勤并立的职员队伍。从目前情况看，要建设世界知名的研究型大学，必须建设一支职业化、专业化和具有国际视野的管理队伍。而现在实行的职员制度尚不能适应新形势下高校管理队伍的需要，主要表现在：对管理队伍建设的重视程度不够，定位不清晰；职员队伍结构不合理；组织形式不够灵活，评价体系有待完善，特别是人事评价、晋升与退出体制不健全已成为制约高校职员队伍建设的瓶颈，亟待解决。对此，武汉大学进行了富有特色的探索。

一

作为教育部确定的教育职员制改革试点高校之一，武汉大学自2000年12月开始试行教育职员制。试行期间，学校锐意改革、稳步推进，工作进展顺利，不仅为实行分类管理和转换用人机制积累了经验，还为实行全员聘任制度与推动学校人事制度改革打下了良好基础。这也为从根本上建立一套反映高校管理岗位职责和职员专业水平、工作能力的职员等级系列，并在岗位聘任、履职考核以及相应待遇等方面建立起一整套适应高校管理工作特点的管理制度，为最终锻造一支优化、精干、高效的专业化管理队伍提供了制度保障。

具体做法如下：一是将专门从事管理工作的人员纳入教育职员制范围，并实行职务与职级相结合的管理制度；二是将职员职级分为三个职等和十个职级，实行缺岗聘任与年限聘任相结合的职级晋升制度；三是合理确定了职员待遇，并摸索建立了符合高校特点的职员工资标准与管理办法。教育职员制度的经验在于使高校管理队伍有了科学的职务分类系列，便于理顺高校各类人员的关系、规范人员的分类管理。

二

2007年，随着国家关于事业单位岗位设置管理和收入分配制度改革的推进，武汉大学结合试行教育职员制的实际，严格按照“制度入轨，平稳过渡，逐步到位，规范管理”的要求，实施职员职务与职员职级的对应套转和“老人老办法，新人新制度”的职员工资套改，逐步由教育职员制过渡到事业单位职员制。也正是在这一过渡中，出现了新的矛盾与问题。

具体而言，包括三方面：一是管理岗位人员工资待遇相对偏低问题。该问题主要表现为管理岗位人员工资待遇与其在学校中的作用不平衡，管理岗位与专业技术岗位人员工资待遇不平衡，以及事业职员与教育职员工资待遇不平衡。二是管理岗位人员晋升途径偏窄问题。出现这种情况的根源恰恰就是高级职员岗位比例较专业技术职务高级岗位而言严重偏低，使得职员晋升竞争激烈。因职务与职员职级的对应套转，原任正副处级干部或现任中层正副职干部占去五、六级职员岗位的半数以上，使得正常缺岗聘任的岗位有限，竞争激烈，六级成为晋升瓶颈。三是职员队伍中“双肩挑”的岗位设置问题与辅导员的岗位设置问题。在高校岗位设置的背景下，“双肩挑”与辅导员如何设岗占岗，如何与其他管理岗位人员平衡，都是亟须思考并予以解决的问题。

三

科学化解这一矛盾的关键就在于对职员队伍给予准确定位。高校职员制旨在在现代大学制度架构中建设一支职业化、高素质、专业化的职员类管理队伍，而不是按照党政机关的做法建立“政府化”倾向的高校管理机关，更不是简单地建立一支为教学科研提供保障的附属队伍。基于此，建立健全高等学校职员制度，建设一支高素质、专业化的管理人员队伍，就成为贯彻《中共中央国务院关于进一步加强人才工作的决定》，落实科教兴国战略、人才强国战略和《高等教育法》的一项重要举措；也成为贯彻党的十七大精神，深化干部人事制度改革和推进事业单位改革的必然要求。当然，这项工作的开展更是出于有效提高高等学校管理水平，促进高等教育事业持续、稳定、迅速发展的内在需要。因此，继续深化高等学校职员制度改革工作不仅具有重要而深远的意义，而且迫在眉睫、势在必行。这就要求我们必须坚持以邓小平理论、“三个代表”重要思想和党的十七大精神为指导，进一步加大工作力度，积极推进改革，力争尽快健全符合事业单位人事制度改革方向、符合高等学校自身发展规律的职员制度。

四

具体到操作层面，我们认为有两种解决模式。

一是基于现状的改良，其核心即以教育职员制试点经验为基础，健全高校职员制度。教育职员制试点工作进行了七年多，理清了管理人员与教师等专业技术人员一定层级之间的对应关系，并找到了两类人员之间工资关系的对应点，受到试点高校教职工的欢迎，其基本面是成功的。这一成功的经验应当予以尊重。我们建议以教育职员制为基础，完善符合高校特点的职员制度，这是当前职员队伍建设应该充分考虑的。对于如何拓宽职员晋升途径之核心问题，可综合考虑逐步扩大高级职员岗位比例，设置高等教育管理研究职务系列岗位，实行非领导职务性干部职员职级对应，通过实施绩效工资平衡职员待遇等策略进行改良。

二是面向未来的创新，其核心是坚持依法自主办学，实行民主管理，对管理岗位进行细化分类，增加晋升梯级，根据业务性质与分工特点分别建立评价体系与晋升轨道。具体而言，对于高级职务人员，可参照公务员晋升模式，主要根据其履行职责、开展研究、创造新业绩、开拓新境界的情况确定其晋升级别。中低层职务人员为高校行政雇员，分事务型与技术型两类。其中，事务型管理人员重在岗位工作，其工作主要为配合性的各种日常事务，如机关各业务科室，岗位服务面较小，但对其配合的工作完成质量来说意义重大。对于此类岗位，应主要依据其年资晋升。技术型管理人员主要处理一些具有一定专业性的工作，如档案信息、理财、教务管理等，这类岗位的晋升应采取评聘分离的办法，鼓励其参加职业资格等级考试，根据其完成任务的质量评价，确定晋升标准。

高校职员队伍的建设既需要高校自身创造性的改革探索，更需要政府及相关部门所提供的强有力的宏观引导与政策支持。两者合一，高校才能以体制机制改革为突破口，建立适合高校发展的现代大学职员制度，推动高校形成良性、科学发展的新态势。

对高校人事档案信息化管理的思考与研究

马慧娟[1]　李　佳[1]　陈世健[2]

（1 西安理工大学人事处，西安　710048
2 第二炮兵工程学院教练团，西安　710025）

摘　要：本文通过对高校人事档案信息化管理的重要意义进行阐述，指出了当前高校人事档案管理存在的问题，并对高校人事档案信息化管理工作进行深入思考和研究，提出了高校人事档案信息化管理的有效措施及对策。

关键词：高校　人事档案　信息化　研究

高校人事档案管理是在高校人事管理活动中形成的，是对人事档案的收集、整理、保管、鉴定、统计和提供服务利用的过程，是个人经历、学历、社会关系、政治思想、品德作风、业务能力、工作状况以及奖励惩处等方面的原始记录，是个人参与社会方方面面活动的记载和个人自然情况的真实反映，也是高校人事、组织等部门培养、选拔和使用人才的重要依据。随着全球信息化大发展、大繁荣的不断推进，传统的人事档案管理模式已与新形势不相适应，加强人事档案信息化管理成为高校人事档案管理工作的必然趋势。本文就目前高校人事档案信息化管理的重要意义和存在的问题进行思考、研究，以寻求有效措施及对策。

一、高校人事档案信息化管理的重要意义

原国家档案局局长、中央档案馆馆长毛福民同志在全国档案局长馆长会议上强调，档案基础业务建设的重心要向档案信息化建设转移。人事档案管理信息化就是档案管理者全面应用现代信息技术，对档案信息资源进行处置、管理和提供利用服务。人事档案信息化管理可以直接通过计算机对档案信息进行分类、提取、分析和加工，以便于档案查阅，既省时又省工，将档案管理者从纷繁复杂的管理过程中解放出来。而且，加快人事档案信息化建设不仅能改变传统的档案管理模式、提高工作效率，还能为领导者作决策以及教职工本人提供方便、快捷、高效的服务。

二、高校人事档案信息化管理存在的问题

1. 对人事档案管理工作的重要性认识不足

思想是行动的先导。目前，国外在档案信息化管理上已趋成熟，而在我国，部分高校领导对档案信息化管理模式和管理理念认识不足，影响了全面推动档案信息化管理的进程。

2. 档案管理队伍素质不高

部分高校人事档案管理者的年龄偏大、学历偏低，结构老化现象严重。这些人具有传统的纸质档案归档能力，但缺乏应用信息化手段的能力，比如在计算机应用上难以适应档案信息化管理的要求。

3. 人事档案管理制度不健全

有些高校档案管理者对档案管理工作不够重视，没有严格落实《中华人民共和国档案法》和《高校（大中专院校）人事档案管理条例》中的相关要求来建立健全人事档案管理的各项规章制度，没有及时对人事档案材料进行收集、鉴别和整理归档，导致他人档案材料内容缺失的现象时有发生，再加上频繁的档案查阅，对原始档案材料的无意磨损不可避免。

三、高校人事档案信息化管理的有效措施及对策

1. 充分认识人事档案信息化管理工作的重要性

由于人事档案能够比较全面而准确地反映人才本身以及使用等方面的情况，通过查阅人事档案，能了解本单位人才各方面的数据。利用人事档案里的综合信息，加上科学的管理方法，有助于掌握并进一步分析一个人的职业轨迹，预测其发展潜力，便于对人事档案信息进行统计分析，从而为高校实施人才战略工程提供强有力的保障。高校领导者应站在实施人才强校战略的高度，重新审视档案信息化管理工作的重要性，切实把人事档案管理工作摆上重要议事日程，加强组织领导，不断提高人事档案管理工作的信息化及科学化水平，还要通过专题研究部署人事档案管理工作，形成上下联动抓管理的生动局面和长效机制。

档案管理者则应本着对历史负责、对档案真实性负责的态度，以饱满的工作热情和奉献的精神投入到这项重要的工作中去。此外，还要对档案管理者定期开展关于档案管理工作的一系列教育，做好政策法规的宣讲，提高人们对档案管理工作的认识。

2. 提升档案管理人员的综合素质

建设一支素质过硬的档案管理队伍是实施人事档案信息化管理的重要支撑。在人事档案信息化管理过程中，档案管理者要具有丰富的档案管理专业能力，即业务素质。笔者认为，档案管理是一项非常烦琐的工作，档案管理者素质的高低不仅体现在档案管理的业务水平上。对于档案管理者来说，既要具备强烈的事业心和高度的责任感，把工作当事业来干，也要加强新知识、新理念、新技能的学习，不断拓宽视野，提高综合素质，以适应人事档案管理现代化的需要。人事档案管理部门本质上是为人服务的部门，要彻底摆脱为了档案而从事档案工作的思想。作为档案工作者，要始终树立以人为本的观念，将档案管理工作同高校的人

才培养、科学研究和社会服务紧密联系起来，真正发挥其功能。

3. 建立健全科学完整的人事档案管理制度

首先，要严格落实《中华人民共和国档案法》和《高校（大中专院校）人事档案管理条例》，提高依法抓建、按例施建的能力；其次，要切实结合本单位的特点，改革不适应新形势、新情况的规章制度，坚决杜绝“土方法、土政策”，及时建立新的更为科学合理的人事档案管理制度，早日步入人事档案工作制度化、规范化的快车道；再次，要做好日常思想教育和管理，提倡同志间的团结互助，同时将个人的工作实绩同职务提升、职称评定、奖金等挂钩，实行奖惩制度，提高工作积极性，避免吃大锅饭的现象发生，健全人事档案管理制度。以制度来保证管理，以管理来促进质量，将人事档案工作推向科学化、制度化的轨道。另外，在建立健全管理制度的基础上，更要加大人事档案管理制度的执行力。

4. 加强高校人事档案数字化建设

随着高校数字化校园建设的不断发展，高校人事档案数字化建设也应与之相适应。干部人事档案信息数字化是指将人事档案中的个人信息由文字记录转换为可供计算机存储和处理的数据，通过专用软件形成存档人员个人信息数据库。这是对传统档案管理工作的一次创新，既方便检索、修改、更新，又具有即时、动态的统计和结构分析功能。档案数字化建设是实施档案信息化管理的重要组成部分，既赋予了档案新的生命力，使档案有了新的价值，又紧密了档案和教职员工之间的联系。

高校人事档案信息化管理具有重要意义，它必将为高校档案事业的发展提供新的契机、注入新的活力。加强档案信息化管理是一项复杂而任重道远的工程，需要人事档案管理者们不断学习新理念，创新思路方法，紧密结合高校自身的特点，不断提高指导实践的能力，为高校实施人才强校战略提供力量支持。人事档案信息化管理势在必行。

参考文献

[1] 刘冬梅. 高校人事档案管理工作：意义、研究现状与创新. 吉首大学学报（社会科学版），2011（3）.

[2] 李源波. 对高校人事档案数字化建设的思考. 科技创新导报，2011（20）.

[3] 林苑纯. 略论高校人事档案管理与人力资源管理. 中共银川市委党校学报，2011（3）.

[4] 杜玉兰. 对高校人事档案管理工作的思考. 常州大学学报（社会科学版），2010（3）.

[5] 叶冠群. 浅析高校人事档案管理人员的素质现状及发展要求. 广东医学院学报，2009（3）.

六西格玛与高校人事管理*

傅　阳

（同济大学人事处，上海　200092）

摘　要：六西格玛是一种持续改进的管理方法，利用它可以不断降低工作中的失误率，提高服务对象的满意度。高校人事管理工作为高校发展提供了人才保障，具有十分重要的意义。本文通过对在高校人事管理工作中导入六西格玛的探讨，为高校人事管理工作的发展提供了一种可行方案。

关键词：六西格玛　高校人事管理

一、六西格玛的由来

20 世纪 80 年代，美国摩托罗拉（MOTOROLA）公司为了应对世界范围的竞争，提出了六西格玛的概念，并创建了对应的质量管理体系。这个体系很快就为摩托罗拉公司赢得了市场竞争的优势。美国通用电气公司（GE）总裁杰克·韦尔奇从 1996 年开始全面地实施六西格玛管理，将这一方法大量地运用到公司的项

*　本文受同济大学“卓越人才培养体系中的师资质量评价与保证”项目支持.

目管理运营中，使公司连续两年取得了销售收入和利润两位数百分比的快速增长。在巨大成功的激励下，六西格玛管理受到了众多公司的青睐，如索尼公司（SONY）、东芝公司（TOSHIBA）、西门子公司（SIEMENS）、德州仪器公司（TEXAS INSTRUMENTS）、诺基亚（NOKIA）公司等。

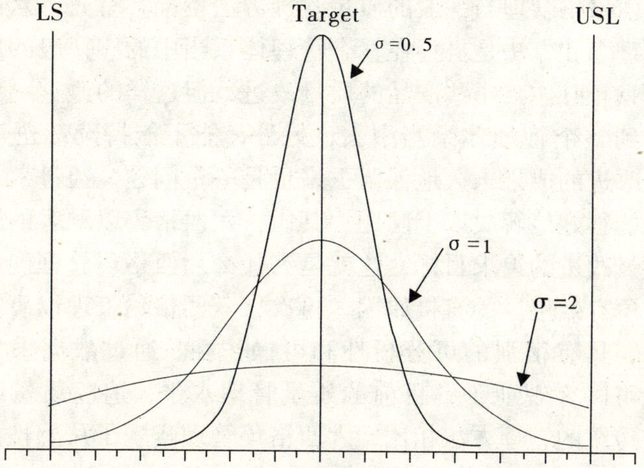

图1　六西格玛几率分布

二、六西格玛管理的概念及优势

西格玛是统计学中"标准差"的概念，用以描述总体中的个体偏离均值的程度，测量出的西格玛代表着诸如单位缺陷或错误的概率性。六西格玛即是六倍的西格玛，它表示了百万分之三点四的出错概率。不同的西格玛值对应的正态分布曲线波动性不同。如图1所示，西格玛值越小的正态分布曲线波动性越大，越接近理想目标。其中 *Target* 代表目标值，*USL* 代表可以允许的上限值，*LS* 代表可以允许的下限值。

为什么要追求六西格玛管理呢？任何工作都可以看作是由很

多项流程组成的。假设某项工作由100项流程组成，每一项流程的合格率为99%，最终这项工作的合格率仅为36.6%。六西格玛管理追求不断地降低工作中的出错率，提高工作效率。比如生产卷烟，如果达到了99%的产品合格率，在生产100万支卷烟的情况下，就会产生1万支不合格卷烟，如果采用六西格玛的标准，就只有3.4支卷烟是疵品。

六西格玛管理与一般的质量管理方法不同。首先，六西格玛的管理理念和方法是贯穿在整个管理体系当中的。一般的质量管理方法只是盯住某一些产品的质量改进，但这样的改进一般不可能推行到整个管理体系当中去；另外，能不能持续改进质量水平，把改进的成果永久地保留下来也是一个问题。通过六西格玛管理就能很好地解决以上问题。其次，六西格玛以顾客的满意度作为质量改进的追求目标，这就是为什么六西格玛管理能够成为赢得竞争有效手段的直接原因。再次，六西格玛管理以事实数据为依据，具有很强的可分析性和可操作性。通过数据采集和分析，就可以客观地了解目前的质量管理水平，追踪质量改进成果。与传统的管理方法相比，六西格玛管理实现了从感性到理性的飞跃。

六西格玛管理在国外已经发展了很多年，有着非常成熟的经验。随着我国国际化程度的提高，国内很多单位开始尝试采用六西格玛方法进行管理，目前工业生产和社会服务的诸多行业在应用六西格玛管理之后都取得了不错的经济及社会效益。在全球资源供给日益紧张，全球化竞争日益激烈的情况下，六西格玛管理是具有战略意义的竞争手段之一。

三、六西格玛在高校人事管理中的导入

高校人事管理工作在高校的发展中具有非常重要的意义。高校的发展离不开人才，无论是招聘、培训、考核、激励还是人事管理工作中的其他环节，都是赢得人才的关键。随着高校发展的

深入，急需有创新能力、高素质的人才作为支撑，但是高素质的人才也给传统的高校人事管理工作提出了更高的要求。人事管理工作不仅要站在学校的角度为学校的发展战略服务，选择高素质和适合学校发展需要的人才，同时也要站在人才的角度，了解人才在工作和生活中的需求，提高他们的满意度。这是对传统人事管理工作“以我为主”模式的挑战，也是高校人事管理工作取得突破性发展的机遇。

在执行六西格玛导入之前，需要分别对领导层和执行团队进行培训。领导层的培训主要集中在对六西格玛管理理念的强化，而执行团队的培训则是关于整个六西格玛管理流程以及分析工具等的培训。六西格玛管理的导入是自上而下的，需要有主管领导强有力的支持。很多企业和单位在推行六西格玛管理上都有一个共识，就是六西格玛管理如果得不到一把手的支持是很难取得成功的。中兴通讯集团推行六西格玛管理的成功，很大程度上取决于两任 CEO 对实行六西格玛管理的执着。

六西格玛的导入有一整套相对固定的标准流程，被称作 DMAIC。即界定（Define）、测量（Measure）、分析（Analyze）、改进（Improve）、控制（Control）。

第一步是界定阶段。这个阶段的任务是明确问题、目标和流程，需要回答以下问题：应该关注哪些问题？应该得到哪些成果？核心流程是什么？一般可以通过绘制核心工作流程和倾听教职员工的心声来界定人事管理工作中出现的问题以及制定质量管理要实现的改进目标。在界定阶段，需要尽可能地找出可能对所界定问题产生影响的因素。值得注意的是，人事管理工作和一般服务性质的工作相比具有一定的特殊性。人事管理工作从高校机构稳定性的角度出发，是一项具有原则性和纪律性要求的工作。与此同时，从服务教职员工和提高满意度的角度来说，又要求人事管理工作具有越来越强的服务性。所以，在界定问题的阶段需要综合考虑两方面的因素，在不打破原则和规定的前提下减少失误，提高工作效率和教职员工的满意度。

第二步是测量。在人事管理工作中，可以首先针对界定的问题制定量化标准，细化界定问题对应的量化指标，通过一段时间的工作记录或对工作对象进行大量问卷调查等方式进行数据收集。在得到统计数据之后，就可以利用统计学方法对所界定的问题进行量化统计和计算，得出目前的六西格玛管理质量水平。比如在界定阶段，定义问题出现在人事工作中某一项工作流程耗时过长。测量阶段的工作就是对所耗时间、教职员工对所耗时间的理想值和可以接受的耗时上下限进行统计，经过一个阶段的数据收集之后，就可以绘出该项工作耗时的正态分布图，并能计算出目前的六西格玛管理质量水平。

第三步是分析。这个阶段可以利用统计软件工具以及逻辑分析、观察、访谈等方法找出导致问题产生的关键因素，明确所界定问题的核心影响因素。常用的分析统计软件有 Mintab 等，常用的逻辑分析方法有头脑风暴法、鱼骨图法等。这一步骤体现出六西格玛管理与传统人事管理在分析问题上截然不同的方式：六西格玛分析问题需要有数据，需要贴近问题本身，而不能仅靠经验和直觉。

第四步是改进。这一阶段需要在分析的基础上，利用项目管理和其他管理工具，针对关键影响因素制定最佳的改进方案。在改进方案实施之前，需要对改进方案进行验证和评价，比如进行实验设计（DOE）、推断方案的置信程度，在取得预期验证效果后再全面推行。

第五步是控制。控制阶段需要利用统计分析工具不断监控改进后的工作流程的六西格玛质量水平，通过监控新的流程来保证现有流程没有偏离改进目标。从这一点来说，传统人事管理工作中的一条线式的管理模式将会被打破，即从改进工作的角度出发，工作流程中的所有成员都需要接受六西格玛管理团队的监督，使得改进之后的结果接近理想目标。通常可以利用统计分析软件绘制质量控制图来进行监控，如均值—极差控制图、均值—标准差控制图等。

从以上环节可以看出，六西格玛管理运用在高校人事管理中，既需要质量管理团队前期阶段专业的数据收集和分析，也需要后期阶段强有力的监督实施，始终根据既定目标严格执行改进方案。

四、高校人事管理中应用六西格玛的关键

首先，在高校人事管理工作导入六西格玛的过程中，需要始终以教职员工的满意度作为出发点和落脚点。其次，推行六西格玛管理很大程度上取决于执行团队的专业程度，需要对执行团队进行大量的培训，使得团队的质量管理水平不断得到提高，这样才能使六西格玛理念深入人心，使工作得到不断改进。再次，六西格玛的推行需要有一个绩效评估和激励机制。通常采用的激励机制包括员工的薪酬体系设计和职业生涯规划。通过对六西格玛管理团队进行绩效评估，评出有突出贡献的团队成员进行激励，使六西格玛的推行与职工积极性的提高形成良性互动。

五、小结

中国传统管理注重感性分析的思维方式，而六西格玛管理强调以数据为依据的思维方式，这就将传统人事管理中需要主观意识和经验来判断问题的方式变成了需要靠数据与流程来分析问题解决问题的方式，这是管理方法上的一次飞跃。传统的人事管理模式需要在新时期适应新的发展需要，六西格玛是时代发展的产物，在传统人事管理工作中导入六西格玛是具有挑战性的工程，需要在推行六西格玛的过程中不断地结合实际情况、总结经验。同时，六西格玛也是一种高效的管理模式，成功地推行六西格玛将会推动高校建设向更高水平发展。

参考文献

[1] 上海质量管理科学研究院，唐晓芬. 六西格玛核心教程：黑带读本. 北京：中国标准出版社，2006.

[2] [美] 杰克·韦尔奇，约翰·拜恩. 杰克·韦尔奇自传. 曹彦博等译. 北京：中信出版社，2001.

[3] 杨昌斌，林洪. 统计学概论. 北京：中国统计出版社，1996.

论经济全球化背景下的高校人才管理

朱　虹　江　慧　聂少鹏　尚铁峰

（同济大学人事处，上海　200092）

摘　要：日益激烈的世界经济竞争说到底是人才的竞争。高校承载着为社会培养人才和输出人才责任的同时，作为用人单位也同样面临着人力资源管理的系列问题。新产业、新行业的发展需要更多的高科技、创新人才，人口结构变化和社会发展使劳动力成本不断升高，高校应根据不断变化的内外部环境积极调整战略、使命和目标，并制定出相应的人才管理战略。本文通过对高校目前存在的人才管理问题进行分析，提出了提升中高层领导力、培训和保留核心员工、提高教职工敬业度和忠诚度的对策与建议，以使我国高等教育适应经济全球化的客观要求。

关键词：经济全球化　高校人才管理

世界经济日益激烈竞争的实质是科学技术的竞争，说到底是人才的竞争。高等学校作为培养社会主义事业的建设者和接班人的重要场所，担负着“人才培养、科学研究和服务社会”的重任。为适应经济全球化对新技术、新产业人才的需要，高校应积极调整战略，对人才管理进行战略调整，充分发挥高校人力资源的效益。

要制定具有适应性的高校战略，首先要对学校内外环境进行分析。

一、环境变化对高校人力资源管理的要求

1. 用SWOT分析法对高校内外环境进行分析

当前，我国高校正面临着难得的发展机遇：我国经济长期健康、持续、快速发展，综合国力不断攀升，国际地位迅速提高，为高等教育发展提供了良好的环境；国家实施科教兴国战略，拥有集中力量办大事的社会主义制度优越性；注意认真学习与借鉴国外一流大学成功的办学经验，正确制定了适合我国国情和校情的战略规划。

高校所面临的威胁是：大学发展的水平受整个国家科学、技术、经济水平的影响和制约。中国真正获得经济大发展只是在改革开放以来的30年。30年的积累对于科学研究的积累，尤其对于创建世界一流大学，毕竟是远远不够的。中国的综合国力也还没有发展到可以从国民生产总值中拿出大比例的资金投向科学研究和吸引国际人才的程度。人口结构变化和社会发展使劳动力成本不断升高，学校发展资金缺乏。大量外企涌入中国，国内的大中型民办企业、国企发展迅速，这些企业大多待遇高、管理技术先进，吸引了大批高级人才流向这些企业。

我国高校的优势是：自主创新能力快速提升，产生了一大批具有国家标志性的科研成果；科技创新平台建设成效显著，承担了一大批国家重大的科研任务；汇聚了一大批具有国际水准的中青年学者，也促进了人文社会科学的繁荣。

我国高校的劣势是：组织结构缺乏灵活性，机构臃肿庞大；不注重市场的需求，导致高校内部管理活动与社会需求严重脱节；由于长期依赖政府，应对环境变化不够敏捷，创新意识不够强烈；此外，我国对加强教师队伍建设非常重视，而对管理队伍

建设重视不够，导致我国高校各方面管理水平与国际先进水平相比还存在较大差距。

2. 环境变化对高校的影响及对高校人力资源管理的要求

中国加入 WTO 所带来的经济全球化趋势，对高校人力资源的素质、管理与开发提出了更新、更高的要求。新产业和新行业需要更多高科技、创新人才，人口结构变化使广大中青年劳动者承受更大的压力，广大青年教师需求丰富，高等院校应积极调整战略目标以满足企业和社会需要，适应市场需求。高校人力资源管理部门应根据学校的战略目标制定与之相配套的人力资源战略，对高校人力资源管理进行积极的改革，充分发挥高校教职工的主动性和创造性，增强高校的竞争力和适应性，使我国高等教育适应经济全球化的客观要求。

二、高校人力资源管理的现状和问题

1. 高校对中高层管理者领导力的培养不够重视

高校教师队伍和管理队伍犹如鸟之两翼、车之两轮，缺一不可。国家在加强教师队伍建设方面，颁布并实施了一系列的教育法律、法规，教师队伍建设明显得到加强。但相比之下，管理队伍建设尚未引起足够的重视。目前，我国高校的高层管理者中有很多都由科研骨干转岗而来，很多领导实行“双肩挑”，即从事教学科研工作的同时还从事某部门或学院的管理工作。这些科研骨干在其专业领域非常精通，但是并不能代表其在管理工作方面也能得心应手。管理者的核心能力包括专业知识、管理技巧及领导能力，而现在国内大多数高校还没有意识到领导力的作用。领导力问题已成为高校发展的一个瓶颈，建设一支专业高、领导力强的高校管理队伍是提高高校管理水平和办学效率、促进高校发展的关键，是解决管理中存在的深层次问题的客观要求。

2. 高校不重视核心人才的培养与保留

曾任哈佛大学校长的西方学者科南特曾说过：“谁能聚集世

界一流的大师，谁就能办成世界一流的大学。”这表明大学的竞争归根结底是人力资源的竞争。目前，大多数高校都非常重视人才的引进工作，往往为引进人才提供高薪、分房、配车，解决家属工作、子女就读等优惠条件，但是对人才引进后是否适应新的工作环境、是否有合理的学科教师队伍的梯队配置、有没有职业发展和培训机会等问题却不够关心，导致引进的人才懈怠、抱怨，这成为高校教师流失的重要原因。

3．高校人力资源流失现象较为严重

近年全国高校内部管理体制改革不断深化，教师队伍也在不断发展，同时人才流失也是一个不争的事实。一是高校人力资源大量向国外流失，每年有数以万计的高校中青年教师和优秀毕业生到国外留学未归；二是国外机构抢夺高校人力资源；三是三资企业、乡镇企业、个体私营企业大量挖掘高校人力资源；四是不发达地区高校人力资源不断流向发达地区，这一现象在西部的高校中将越来越突出；五是随着民办高校的兴起和不断发展，其灵活的人事管理制度和优厚的待遇使普通高校人力资源的竞争更加激烈。高校人力资源还不同程度地存在隐性流失的现象：一些有真才实学、动手能力比较强的教师把本职工作放在第二位，而将主要精力投入第二职业；因为校内工作条件差、生活待遇低等实际问题，一些教师准备或正在联系调动，没有把主要精力放在教学科研上。

三、高校人力资源管理改革的建议

1．重视管理者领导力的培养

当前，我国高校行政管理水平与国际先进水平相比还存在较大差距。要想迎头赶上，首先必须从专业化角度出发，以高校行政管理专业化理念为指导，加快高校行政管理专业化建设的步伐，进而适应高等教育行政管理国际化的发展趋势，通过终身的管理专业训练，使管理者掌握教育管理专业知识、技能。其次，随着师资队伍的国际化，还要提高管理人员的国际水平。目前，我国高校管理人员的国际化意识缺乏、外语能力不足。高校应采取“走出去，请进来”的方式，让管理人员充分流动起来，加强国际间的相互交流与合作，借鉴和学习国外高校先进的行政管理经验，共同探索更先进的工作方式。此外，随着人口结构的变化，高校教师队伍的年龄结构也发生了变化，新一代青年教师需求呈现多样化的趋势。要想开发和管理好这些年轻骨干，必须理解这类人群的需求和想法，必须提高高校管理层的领导能力。

2. 重视核心人才的培养和保留

一流大学要有大师，这里说的大师就是学校的核心人才。在知识经济时代，人才全球化趋势进一步增强，各国对国外优秀人才的争夺也日趋白热化，谁能拥有大批高素质的科技、教育人才，谁就掌握了在国际竞争中的优势和主动权。学校应当定期派骨干教师到国外一流大学访学或进修，参加国际学术会议，聘请在本学科领域内造诣精深的国内外专家学者短期来校任教，开展合作研究，以提高教师的学术水准和教学能力。高校还应进一步牢固树立人才资源是第一资源的思想，把培养、吸引和使用人才作为重大战略任务切实抓好；创造良好的学术氛围和竞争机制，制定合理的评价体系，鼓励优秀人才脱颖而出；不断吸引人才和加强对优秀学术带头人及骨干的支持力度，提供有竞争力的薪酬；培养健康向上的校园文化，创造宽松、民主、和谐的工作环境，通过人文关怀、情感交流、以心换心来留住人才。

3. 提高高校教职工的忠诚度和敬业度

提高教职工的忠诚度和敬业度，必须重视教职工的职业生涯规划。成功的职业生涯规划可以在招聘过程中吸引优秀的员工，并且有助于维持他们的工作热情，提高广大教职工的工作质量，形成积极的工作态度，并提高他们对学校的忠诚度，使每位教职工的职业目标与学校发展的战略目标相一致，从而促进学校与广大教职工的共同进步和发展。此外，高校还应设计出比较符合高校教职工工作性质的薪酬制度和福利制度，以保障教职工经济地位在稳定的基础上不断提高。另外，还要通过有效的绩效考核来确认教职工的工作成绩。这些措施将对教师的成长及工作的积极性产生极为重要的激励作用，从而提高高校教职工的忠诚度和敬业度。

综上所述，为积极响应国家科教兴国的战略，满足新产业和新行业对高科技、创新人才的需要，我国高校必须加强对人力资源的战略性管理，重视管理者领导力的培养，加强对核心人才的保留和培训工作，提高教职工的忠诚度和敬业度，充分发挥高校教职工的主动性和创造性，增强高校的竞争力和适应性，使我国高等教育适应经济全球化的客观要求，为我国社会主义现代化建设作出更大的贡献。

参考文献

[1] 倪斌. 教育创新与北京大学创建世界一流大学. 北京大学教育评论，2005（S1）.

[2] 周济. 关于加快建设世界一流大学和高水平大学的思考. 中国科技产业，2004（10）.

[3] 朱家芙. 完善高校引进留学人才机制　为建设世界一流大学提供人才保障. 中国网，2004－09－14.

[4] 李俊. 如何创建一流大学. 广州海洋大学论坛，2004（6）.

完善人力资源配置机制
优化高校内部治理结构

李久学 曾翠萍 廖跃光 蔡士琦

（湖南大学人力资源处，长沙 410082）

摘 要：人力资源配置机制转换过程是人事管理体制创新的过程，也是优化高校内部治理结构的重要任务。本文针对大学治理结构的转型问题，以湖南大学为例，就如何推进高校内部改革进行了全面的介绍。

关键词：人力资源配置 转型 内部治理

人力资源配置机制转换过程是人事管理体制创新的过程，也是优化高校内部治理结构的重要任务。近年来，湖南大学根据《国家中长期教育改革和发展规划纲要（2010—2020年）》精神，为进一步推进现代大学制度改革，深化内部治理结构改革，紧密围绕教育体制改革和中国特色现代大学制度的主题，在人力资源配置机制转换等方面进行了积极的探索。

一、权力形态由集中型向分散型转变

（一）转变机构编制的管理决策权

机构设置和人员编制工作是学校管理体制与运行机制的基本

载体，是推进现代大学制度建设的重要组成部分。学校通过吸收无行政职务的教师参与决策和制定科学的决策程序等，完善了机构编制的决策机制。

1．建立科学民主的决策机构

为加强机构和人员编制设置的前期研究与论证，使机构设置和人员配置的决策与管理更加有序、合理，学校成立了编制委员会。其职责是：根据国家体制改革的要求以及学校事业发展规划，研究和拟定校内实体机构设置和调整、人事编制规模确定和调整的原则，论证有关决策的建议方案；审议校属各实体机构的设置、调整或变更事宜；审议学校各类各级人员（岗位）编制总规模、校属机构各类各级人员（岗位）编制核定方案；审议校属机构人员（岗位）编制增减事宜。

2．吸纳“布衣”参政，加强民主管理

编制委员会三年为一届，主任由分管人事工作的校领导担任，成员由有关职能部门领导、学院院长代表、职工代表三方组成，共15人。其中，职能部门领导为发展规划办主任、组织部部长、人力资源处处长、计财处处长、工会主席等五个岗位的任职人；院长代表由校长办公会讨论决定，从现任学院院长中选聘五人；职工代表采取自荐和推选相结合的方式，由工会组织推荐八位候选人（要求在非领导职务岗位工作，即真正意义上的“布衣”参政议政），由校长办公会讨论决定，在候选对象中选聘四人。

3．建立完备的议事规则

编制委员会实行会议议决制度。属于委员会职责权限的有关事项，由委员会会议集体讨论决定。委员会根据学校的工作部署随时启动论证、审议和咨询工作程序。委员会审议事项实行票决制。

委员会会议讨论、审议有关事项时，要求委员能客观公正地看待和分析问题，并且不得就本人所在单位的机构和编制问题发表意见。凡属编制委员会提出反对意见的事项，有关部门需在吸收意见的基础上进行调整，并重新提交委员会论证、审议。

（二）转变人员甄选管理决策权

1. 构建以教授为核心的学术管理体制

为进一步发挥教授学者在学校管理中的集体智慧和作用，2010 年，学校对学术委员会进行了改革，并修订了学术委员会章程。新成立的学术委员会设校学术委员会、学部学术委员会和学院学术委员会三级，学部学术委员会和学院学术委员会协助校学术委员会开展工作。校学术委员会设学术评价与发展委员会、学位评定委员会、教学委员会、学风与学术道德建设委员会等专门委员会。

在广泛征求教师意见的基础上，制定了《湖南大学学术委员会章程》（以下简称《章程》），突出了学者在大学中的主体地位，体现了学者在学术决策中的核心作用。《章程》实现了学术管理的科学化，充实和强化了学术委员会的职责权限，明确学术委员会是学校最高学术权力机构，赋予学术委员会在学术管理上的主要职责权限，规定了学术委员会换届要有较大比例的新增委员，要求学院、学部和学校学术委员会委员都通过民主推荐或者选举产生。《章程》实现了学术、行政管理的有机结合，体现了“学术管理与行政管理相对独立、相互支撑、相互制衡”的特征。

2. 分类制定学术评价体系

综合性大学的学术评价体系需要根据学科特色进行分类指导、分级评价。对于教师晋升的业绩要求，在学校的宏观指导文件中，科研方面指出，正高需主持国家级项目，副高需主持部省级项目，其他方面只提出申请高级职务者必须在本学科领域取得具有较大影响力或标志性科研成果的指导条件，由七个学部根据学科特点自行制定各级各类岗位聘用评价的具体条件，报学校备案后执行。

在学术评价环节，实行校院两级评审制，学校以政策引导为主，将评价重点下移到学院，给予学院充分的评价自主权。

3. 实行以专家为主的同行评议制度

学术评价以定量评价与定性评价相结合，除必要的量化指标外，学校更加强化学术评价的质量意识，建立了有数量但不唯数量、以质量为导向和核心的评价体系，更注重研究成果的学术创新性、实际应用价值和社会影响等。

为促进对教师的科学学术评价，学校把评价权交给同行学者，改革了过去的行政指标评判机制。目前的教师评价由三个学者群体组成：以学院学术委员会成员为主的学院聘用小组、以国内外同行知名专家组成的校外专家通讯评审组、以校学术委员会成员为主的学校聘用委员会。评聘环节实行严格的回避制度，尽可能减少各种非学术因素的干扰。

4. 完善教师遴选评价机制

为提升师资队伍的整体水平和建立科学选拔机制，学校进一步规范了新进教师的遴选程序。对于教师的空岗招聘，每个岗位的应聘人员原则上应达到两人以上且至少一人为校外应聘人员，方可启动聘用审批程序。学院聘用工作小组对应聘人员材料进行审核，确定参加试讲面试的人选名单，同时启动材料展示程序，将拟考察对象的基本情况、拟聘岗位以及试讲（学术报告）时间和地点等提前在学院进行公示。

对于试讲或学术报告环节，学校还拟定了具体的操作细则：材料展示无异议后，由学院聘用工作小组、学术委员会成员和相关专业的教师共同组成面试组，结合试讲和学术报告评价意见、学院学科发展和师资队伍建设需求等情况，按照严格的选拔程序对应聘人员进行综合面试，评价申请人是否具有担任高水平大学教师的素质、能力与学术发展潜力。学院院务会议对面试组审议通过的人选进行最终研究，确定岗位候选人并予以公示。公示无异议后，学校启动校外专家通讯评审程序和学校聘用委员会面试选拔程序。同时，鼓励学院根据需要增加院领导面谈、专业测试、心理测试等程序。

二、机构、人员分类由随意性向规范化转变

机构、编制是岗位设置和人员聘用的基础。为了全面推进全员聘用工作，根据“十二五”期间事业发展需要，学校对各二级机构的人员编制额及其结构比例进行科学规划，制定了《湖南大学“十二五”人员编制设定方案》，并以此为依据，指导“十二五”期间的岗位设置、人员聘用以及队伍建设。

（一）科学定位，理清机构类别和性质

遵循国家关于事业单位分类改革的意见，按照行政管理职能与生产经营活动业务、从事公益服务的事业单位分类管理的原则，分离机关党政管理部门中的业务、经营单位，划分出教学、科研、辅助服务等单位，对职能交叉的以业务为主的处级单位，将其管理职能划分到管理部门，取消行政建制，按业务单位管理。目前党政管理辅助机构拟分为四类：具有党政管理职能的机构、承担公益服务职能的机构、部分资源由市场配置的机构、市场配置资源的机构。

在设置事业编制时，对具有党政管理职能、承担公益服务职能的机构设定全部事业编制，市场配置资源或部分由市场配置资源的机构只设定部分具有管理职能的事业编制。对有经济收入的直属事业单位和服务单位，实行企业化管理或实行自收自支或实行经费补差，增强自我发展的活力。

在机构编制的调整工作中，按照职能部门充分听取相关单位的意见，进行充分的调研，通过专家咨询和审议机构审议，提交学校决策的模式，改革了过去职能部门研究、校长办公会决策的简单管理模式。

（二）理顺编制类别，稳定总体规模，重在结构调整

编制设定以科学规划和合理确定人员总量及其结构比例为基础，强化对人员编制总量和结构的控制与分类管理，宏观指导、

动态调节，为人事聘用制度的改革、构建开放多元的教职工队伍体系、实现人力资源的重组和优化奠定基础。

（三）事业人员编制分为两大系列、五类人员，严格控制和弹性控制相结合，分类定编和管理

（1）教学科研系列编制分为教师系列和研究系列两类。该类编制在统筹考虑教师、专职科研、博士后编制的前提下，扩张学院编制总量，调整结构，控制教师编制；综合人才培养规模、学科层次、科研水平以及学院发展规划和现状等因素，确定教学科研人员总编制。

教师编制的确定以人才培养规模为主要依据，研究人员编制以科研任务和学科发展需求为主要依据。教师系列由教学科研岗和教员岗两类构成，其中教学科研岗由教授/研究教授、副教授/研究副教授、助理教授三个层级组成，教员岗由教学教授、教学副教授、讲师、助理教师四个层次组成；研究系列为专职科研岗，由研究员、副研究员、助理研究员、研究助理四个层级组成，其中学校博士后流动站招收的博士后作为不定级别的科研人员进行统一管理。

（2）管理辅助系列编制分为管理、非教学科研专业技术、工勤三类。管理编制的分配，按校机关45%、学院45%、直附属单位10%的比例结构予以宏观控制，稳定校机关管理编制，适当增加学院管理编制，压缩直附属单位管理编制；非教学科研专业技术编制整体压缩，在整体压编的同时保证实验技术人员编制的增加；工勤人员编制只减不增。

三、身份管理向岗位合同管理转变

（一）全面实施聘用制，实行聘用合同管理

（1）分步推进，逐步并轨。学校自2002年开始聘用制改革试点并逐年扩大聘用人员范围，至2010年，所有新聘教职工均实行聘用制，通过聘用合同明确双方权责，建立了完整而系统的

聘用管理制度，把启动聘用制之前进校的职工逐步纳入聘用管理体制。

（2）取消职称评审制度，空岗面向校内外公开招聘。从今年起，学校停止了1986年以来实施的职称评审制度，教学科研系列所有空岗面向校内外公开招聘，初步形成了按岗招聘、评聘合一、开放竞争的晋升聘用格局。任职者以能力和工作实绩通过竞聘获得岗位职务，岗位职务能上能下，改革了过去“内部造人”、“矮子里面拔大个”的晋升制度。对于急需的特殊人才，开启绿色通道，不受岗位数限制，评价程序适当简化。

（3）平稳过渡、稳推渐进。聘用制推进过程中，实行新人新办法、老人老办法，发展与稳定相结合。在聘用工作中，对老人和新人进行分类聘用、统一管理。新人为进校时即已纳入聘用制管理的人员，老人为进校时未纳入聘用管理的老职工。对于聘期考核不合格的新人，不再续聘；对于老人，实行低聘和转岗制度。

（4）强化岗位职责，实质性推进聘期考核。在聘用工作中，分级分类制定了聘期岗位职责，并将详细的聘期职责写入聘用合同，作为聘期考核的依据，用制度形式明确教师应担负起的教学、科研、社会服务三大任务。聘期考核结果是下一个聘期聘用等级的决定因素。

（5）通过聘用制，促进人才培养质量和科学研究水平。聘期职责中，将承担人才培养任务的本科教学及研究生教学的课程门数、总教学时数和指导学生数、科学研究工作中主持的项目级别等写入合同，对聘用上岗教师聘期内的教学科研基本工作任务予以明确，鼓励产出高水平的科研成果。

（二）强化聘期岗位职责管理，完善激励与约束机制

（1）通过分期聘用，引入分期分类优胜劣汰制度。2011年，学校在教学科研系列岗位聘用工作中，结合拟聘人员的学术水平、历史贡献、近五年考核结果，设定了长聘期（聘用到国家规

定退休年龄）、五年聘期、三年聘期、两年聘期四个档次，旨在对业绩优秀者减少聘期考核次数或不再考核；业绩不达标者，缩短考核周期，且要求在规定时间内如果未达到考核要求，则予以转岗或解聘。对聘期内退休人员，按照以人为本的原则，实施直聘制度，不再增加考核要求。

（2）营造公平、和谐的学术氛围，取消延续了多年的机关直附属单位“双肩挑”制度。在校机关和直附属单位担任正处职的教师，不得聘用到教学科研系列岗位，符合教师系列长聘条件者保留教师职务长聘资格；副处职被学院聘用为教学科研岗位者，签订教学科研岗位聘用合同，不纳入管理系列的人员管理范畴。该项举措，淡化了行政本位，可以有效规避“双肩挑”人员利用行政职权与教师争夺学术资源。

（3）通过聘用合同管理，约束影响教学科研工作正常运转的行为，加强在外兼职管理和劳动纪律管理。本年度，学校出台了教职工校外兼职的若干规定，修订劳动纪律管理办法，对教师的各类校外兼职行为进行了规范，加强了劳动纪律管理。对于严重违反规定者，给予相应处分直至解聘。

（4）以岗定薪，岗变薪变。在2011年的聘用工作中，共有83人以转为管理辅助岗位、社会服务岗位、辞退等形式退出教师岗位，有两人低聘。为稳步推进聘用改革，转岗和低聘人员在首个聘期内的国家工资暂按原标准发放，但工作津贴全部按新聘岗位兑现待遇，新人与老人之间只是聘用形式有不同，在岗待遇完全一样，基本实现了岗变薪变的改革目标。

（三）改革评聘体系，提升师资队伍整体水平

（1）逐步改善学缘结构，教师系列不再招聘本校应届毕业生。为了促进公平和学术繁荣，自2011年6月起，废除延续了30多年的专任教师留校制度，为师资队伍建设实现“远缘交杂”奠定了基础。

（2）改善学历结构，提升学历要求。校外申请应聘我校教师

职务者，原则上第一学历须为“211 工程”高校全日制本科毕业，最后学历为“985 工程”高校、国家重点实验室、著名研究机构、国外知名大学博士毕业并获学位。其中，具有国际化学术背景的应聘人员，在同等条件下优先考虑聘用。

（3）强化国际合作交流水平。新聘教师原则上要具有一年海外研修经历，其中 1970 年 1 月 1 日（含该日）以后出生的本校教师申请正高级职务者，须有一年连续出国研修经历（中国特色学科不作要求）。

（4）坚持质量为本，激励教学，鼓励学术创新。教学方面，应聘高一级教师职务者，校内申请者通过教学考核是职务晋升的基本前提，校外申请者采取严格的试讲和学术报告考察程序；科研方面，成果评价注重质量与贡献度、影响力，减少量化评价，鼓励学术创新。

（5）聘用程序加强民主管理、民主监督。在各级评价环节中，增大无党政职务教师的数量，扩大教职工在学校教师选聘、资源分配等重大事宜上的参与权和决策权；规定各类聘任组织的组建必须具有民主程序和民主制约；在校工会设立人事争议协调委员会，以民主的形式协调争议。

大学内部治理结构的改革是高等教育系统变革的重要组成部分，学校将密切关注和准确领会国家高等教育体制改革的方针及有关指导性意见，着力建设有中国特色和本校特色的高校内部治理模式。在改革方案设计的过程中，坚持改革方向循序渐进，严格决策和办事程序。相信经过一到两年时间的过渡，一个全新的人力资源配置和人员聘用制度将会推动湖南大学走向更高的层次。

师资队伍建设与发展

高等学校学科带头人作用分析

——以长江学者特聘教授为例

范文霞　刘　洋　崔维佳　李　林

（北京师范大学人事处，北京　100875）

摘　要：学科带头人在高校学科建设中起着关键和核心的作用，本文基于对长江学者特聘教授群体开展相关研究和对学科带头人作用进行分析，找出影响学科带头人作用发挥的因素，并对学科带头人队伍建设提出建议。

关键词：高等学校　学科带头人　长江学者

随着高等教育国际化速度的不断加快，高等学校之间的竞争也日趋激烈。而高层次人才的数量和质量无疑是影响核心竞争力的主要因素，其中能够在学科建设中发挥领导作用的学科带头人成为最宝贵的资源，其作用的发挥问题越来越引起高校管理者的高度关注。

一、学科带头人作用分析

所谓学科带头人的作用，主要是指学科带头人在学科建设和发展中产生的积极影响，即“效果的作用”或实际作用。追求和扩大这种“效果的作用”也是引进、培养学科带头人的根本目的。除了这种“效果的作用”外，作为长江学者的学科带头人的作用还包括教育部和高等学校相关政策规定的学科带头人必须发挥的作用（规定的作用），长江学者对于政策文本规定作用的认知（认知的作用），长江学者对于聘期内可以发挥作用的具体承诺（承诺的作用）。

（一）学科带头人“规定的作用”

随着“211”、“985”等高等教育建设项目的展开，国家教育行政机构和各高等院校都将充分发挥学科带头人的作用看成是建设一流学科、培养一流人才、提供一流服务的重要环节。然而，关于学科带头人在学科建设中的作用，相关文件都缺乏比较完整和明确的规定。

比起其他类型的学科带头人来说，长江学者特聘教授的“规定的作用”则完整和清晰得多。《“长江学者和创新团队发展计划”长江学者聘任办法》（以下简称《聘任办法》）规定：“为加强高等学校高层次人才队伍建设，吸引、遴选和造就一批具有国际领先水平的学科带头人，形成一批优秀创新团队，大力实施人才强校战略，教育部决定实施‘长江学者和创新团队发展计划’，支持高等学校聘任长江学者。”这是对整个人才项目目标的说明，也可以看成是对长江学者特聘教授作用的一般规定，而长江学者特聘教授的职责包括讲授本学科核心课程，指导博士生、硕士生；正确把握本学科的发展方向，提出具有战略性、前瞻性、创造性的研究构想，带领本学科在其前沿领域赶超或保持国际先进水平；面向国家重大战略需求和国际科学与技术前沿，积极争取并主持国家重大科研项目研究等，涉及教学、人才培养、科学研究等多方面。

（二）学科带头人“认知的作用”

学科带头人作用发挥得好不好，主要是看学科带头人有没有发挥政策规定的作用，以及作用发挥的程度如何。学科带头人“效果的作用”不是一个绝对的状态，而是将各学科带头人实际发挥的作用与“规定的作用”相比较而得出的一种结果。其中，学科带头人对于“规定的作用”的认知是一个非常关键的因素，只有将“规定的作用”转化为“认知的作用”，才能真正成为驱动学科带头人履行学科发展责任的动力。

作为长江学者的学科带头人对于“规定的作用”的认知情况是通过他们填报的推荐表来表达的。每一位长江学者候选人在填报申请表时，都会认真地阅读《聘任办法》，深入地理解所应该发挥的作用，并在申报表中结合自己所在学科工作逐条加以具体体现。

一般来说，在申请长江学者特聘教授岗位时，申请人对于“规定的作用”都有比较完整和具体的认识，能够结合当前社会经济发展和科技进步的要求，从自己所在学科的前沿问题出发，制定具有战略性、前瞻性和创造性的研究构想，组织和培育一个有较强实力的研究团队等。推荐表中所填写的内容，反映了候选人对于长江学者“规定的作用”的完整和具体的认识，提高了他们的竞争力。

（三）学科带头人“承诺的作用”

高等学校与特聘教授、讲座教授通过签订聘任合同和工作任务书的办法明确聘任双方的责、权、利关系，实行聘期目标管理。高等学校在聘期结束后应根据聘任合同和工作任务书对特聘教授、讲座教授进行评估，并报教育部备案。在聘期内，教育部组织有关专家对特聘教授、讲座教授履职情况进行检查。长江学者与所在高校签订的聘任合同既是作为学科带头人的长江学者的工作任务书，也是高等学校和上级管理部门对长江学者作用发挥情况进行考核的依据。因此，在聘任合同中，长江学者特聘教授需要进一步就自己在岗期间所试图发挥的作用进行明确、具体的界定和承诺。教育部在提供的聘任合同样本中也注明，受聘长江学者的岗位工作目标及任务应根据《聘任办法》的原则制定，结合本校本学科的具体情况进一步明确、细化，尽可能分年度制定，务必做到明确、具体、可操作。

在实际操作过程中，聘任合同在工作目标和任务界定方面普遍存在模糊问题。比起“规定的作用”、“认知的作用”来，这种在聘任合同中的“承诺的作用”显然有“缩水”或被打了折扣的嫌疑。

（四）学科带头人“效果的作用”

尽管长江学者特聘教授在“承诺的作用”方面存在“缩水”或“打折扣”的现象，但是这并不表明他们在岗期间的实际工作或“效果的作用”也存在“缩水”或“打折扣”的现象。自 1999 年聘用第 1 位长江学者特聘教授以来，截至 2007 年 3 月，北京师范大学共聘任了 17 名长江学者，其中特聘教授 14 人，讲座教授 3 人。这些长江学者都能够按照聘任合同的要求保质保量地完成教学任务、科研任务和人才培养、学科建设的任务。在科学研究方面，17 名受聘长江学者在聘期内主持国内外重大项目 43 个，出版有重大影响的专著 11 部，以北京师范大学为第一署名单位的学术论文 200 多篇，获得国内外重要学术性奖励 10 人次，主办或承办重大国际学术会议 20 余次，50 多人次在国际学术会议上作特邀报告，以长江学者特聘教授为核心组建的两个创新团队被评为“教育部创新团队”，获得“长江学者成就奖”一等奖 1 人次。可见，长江学者在科学研究、团队建设、国际学术交流以及教学和人才培养方面还是起到了积极的、不容忽视的作用，取得了良好的实际效果。

二、影响学科带头人作用发挥的因素分析

实践证明，“长江学者奖励计划”的实施，对于我国的学科建设、科学研究和人才培养发挥了十分重要的促进作用，但作为学科带头人，长江学者作用的发挥还受到许多因素的制约和影响。

（一）国家期望、单位利益和个人动机

“长江学者奖励计划”的实施，传达了国家对于遴选和培养高层次学科带头人的期望。从支持内容来看，该计划的实质就是意图通过提供比较优越的待遇和科研条件来达到吸引人才、留住人才与培养人才的目的，并没有涉及人才成长所需要的其他制度环境、文化环境和成长机制的改善问题。

各个高等学校高度重视此项工作，认真选拔、积极推荐，把长江学者看成是仅次于院士的“第二梯队”。从条件支持看，各高校也尽力地为长江学者提供良好的工作和生活环境。单位的高度重视使得长江学者申报的竞争变得格外激烈，而且很大程度上已经越出个人竞争的范围，“单位因素”开始加入进来并发挥作用。

与国家期望和单位利益立场不同，长江学者个人主要从有利于个体发展的角度来解读该项计划。在“长江学者奖励计划”实施状况调查中，大部分长江学者认为，自己竞聘长江学者主要是为了“有更好的科研平台”、“为国家科技作贡献”、“提高自己的学术声誉”。也有不少长江学者同时把“有较高的经济待遇”、“单位能提供良好服务”作为自己的初衷，对个人利害关系的考量还是非常明显的。一些长江学者特聘教授所在团队的成员认为，长江学者特聘教授对自己的期望值应该再高一点，应该站在为国家、民族强盛作贡献的高度来考虑他们的职责。

（二）短期目标、中期目标与长期目标

在“规定的作用”中，像“讲授本学科核心课程，指导博士生、硕士生”这样的目标几乎是很轻易就可以完成的短期目标，也是所有受聘长江学者最能顺利完成的目标。而类似“积极争取并主持国家重大科研项目”则是可完成的阶段性目标，或者叫中期目标。作为高等学校的教师，争取科研项目是每一个人的基本工作任务和工作期望，没有科研项目为依托，没有经费来源，科学研究就要陷入停滞。“积极争取并主持国家重大科研项目”作为一项受聘期间的工作目标还是能够被长江学者们广泛接受的，在长江学者聘任合同中都可以见到。与上述两种目标相比，像“正确把握本学科的发展方向，提出具有战略性、前瞻性、创造性的研究构想，带领本学科在其前沿领域赶超或保持国际先进水平”、“力争取得重大标志性成果”等显然是长远的目标，也是这些目标中难度最大的。这也是长江学者在聘任合同书中“承诺的作用”对于这些目标总是含糊不清的原因，因为它们作为长期的目标确实难以用具体的、操作化的、数量化的语言加以表达。

（三）传统权威、魅力权威和合理—合法的权威

“传统权威”、“魅力权威”和“合理—合法的权威”是德国学者韦伯在研究社会支配行为时提出来的。传统权威（Traditional Authority）是传统组织中存在的一种权威类型，主张绝对服从。魅力权威（Charismatic Authority）是一些神秘化的组织中存在的权威类型，它以对领导者超凡能力、典范品格的崇拜和迷信为基础。合理—合法的权威（Rational and Legal Authority）赖以实现支配意图的是组织内部的各种规则，如政策、制度、规章等，领导人的行为是依据这些规则来进行并得到组织成员认可和接纳的。在韦伯看来，这三种权威类型中，传统权威面向过去，效率低下；魅力权威崇拜个人魅力，带有太多的主观性和随意性；只有合理—合法的权威才是符合理性的，是现代官僚组织及其成员行为的基础。

韦伯的这个理论对应分析组织类型及其成员的行为非常有解释力。学科带头人作为学科建设和学科发展的领导者，自然也存在于一个或大或小的学科共同体中，也需要获得和依据某种权威类型实施领导行为。可是，研究和教学团队不是一个家庭，团队领导者很难获得像家长那样基于年龄、经验、辈分等的传统权威，更不具备使用权威的绝对性、强制性和世袭性。魅力权威并非是人人都具有的，或者说并非人人都具有同样的魅力指数。因此，在学科组织内部，学科带头人获得“合理—合法的权威”是

长江学者能够充分发挥学科领导作用的前提和基础。

三、思考与建议

《聘任办法》中有关长江学者作用的表述更多地体现了国家对创造性人才和科技领军人才的渴求，是一种方向性的、原则性的和一般性的作用表述，而不是具体性的、可操作性的和可评估性的目标界定。这种表述方式对于长江学者发挥自己的学科建设作用来说，能够起到鼓励、动员、激励、强化等作用，但是不容易起到规范、约束和具体指导的作用。为了使长江学者的工作目标更加明确，其职责部分应进一步具体化，提供一个明确的、适当的和有较强指导性的职责框架，突出长江学者在制定学科发展政策方面所承担的具体任务。在对长江学者的考核方面，建议以聘任合同为基础，以长江学者的工作职责为参照，分中期考核和总结考核两次。中期考核是形成性的，帮助他们查找原因、完善工作；总结考核是终结性的，旨在对他们工作的完成情况进行总体评价，总结经验。考核最好以学科带头人所在的团队为对象而不是针对个人。

学科带头人作用的发挥不仅取决于其个体的素质，而且取决于他所在的学科或团队的小环境，以及学校和教育部创设的各种制度、相对的“大环境”与整个社会的文化传统、文化氛围。学样应针对学科带头人开展“学科领导力”培训，帮助他们尽早地从一名出色的研究者转变为一名出色的学科领导者。大量事实说明，一个好的研究人员并不一定能够成为一名好的学科领袖。好的学科领袖除了要具备出色的研究能力外，还要具备出色的领导能力，包括政策水平、道德素养、对学科前沿的洞察力、出色的人际交往和沟通能力、自信心等。这些领导能力并不是天生就有的，也不是不可改变的。有效的培训能够帮助长江学者和其他类型的学科带头人提高从宏观上把握学科、规划学科和领导学科前进的能力。

在学科组织内部，学科带头人制度性权威的缺失使得学科带头人事实上缺乏领导和管理一个团队的合法性，而合法性的缺失又直接削弱了学科带头人在团队建设和团队工作方面的影响力，以至于出现少数学科带头人“谁也带不动”的局面。学科带头人在学科团队中权威的缺失直接影响到他们的学科领导能力的发挥。要通过适度“授权”，帮助学科带头人树立“合理—合法权威”。学校层面要在人事安排和研究生招生与培养方面“授权”给长江学者，尊重他们的学术自由，帮助他们进行制度建设，帮助他们切实解决团队建设中的助手问题，使他们从琐碎的行政性事务中解脱出来，把主要时间和精力放在科学研究与人才培养方面，从而为他们行使学科领导职能提供制度基础。

参考文献

[1]［英］安东尼·吉登斯. 批判的社会学导论. 郭忠华译. 上海：上海译文出版社，2007.

[2]［美］弗雷德·鲁森斯. 组织行为学. 王垒等译校. 北京：人民邮电出版社，2003.

[3] 罗云. 中国重点大学与学科建设. 北京：中国社会科学出版社，2005.

[4] 孙朝，李继凯. 陕西省高校人文社会科学学科建设综览. 西安：陕西师范大学出版社，2005.

[5] 燕红，杨潮. 高校学科带头人考核中应注意的几个问题. 中国高教研究，2000（3）.

高校青年教师国际化培养中公派出国若干问题及其对策

黄尔嘉

（复旦大学人事处，上海　200433）

摘　要：本文就高校公派青年教师的政策和实施过程中的若干问题进行了剖析，从转变公派观念着手，分析公派过程中的若干问题，提出在对公派青年教师进行分类的基础上，弹性设置学校投入资源、服务期、违约金等要素，进一步优化公派管理模式。

关键词：分类管理　弹性　公派

一流大学必须以一流师资作为支撑，青年师资的国际化培养是打造一流师资的重要手段，促进青年教师成长为中青年学术带头人也是国际化培养的目标。各高校通过借助国家公派留学渠道开拓自身的学校公派项目，纷纷出台激励教师公派出国的政策来积极推进师资国际化培养工作。青年教师公派出国越来越多，其中也暴露出诸多问题，例如教师保证金负担重、出国期间薪酬待遇停发导致经济压力大、青年教师违约率高且违约赔偿难等。由于以上诸原因，致使青年教师的公派陷入“教师负担重，学校风险高”的局面。

如何让青年教师受资助力度大而学校的风险又能有所控制，是亟待我们解决的问题。笔者将梳理整个公派过程，从公派观念、公派群体分类、公派期间服务、回国后评估、公派保证金和违约金设置五个方面进行分析，并探讨解决对策。

一、转变公派观念，变封闭限制为开放鼓励

青年教师刚受聘进入学校不久，是先“任”还是先“派”，一直是争论热烈的话题。

把年轻人才送出国门，国家层面有关观念的转变也经历了 25 年。1982 年 7 月 16 日，国务院批转教育部、公安部、外交部、劳动人事部制定的《自费出国留学的规定》，规定自费留学人员要由国内外亲属提供全部费用，在校专科、本科、研究生要在毕业后工作满两年后才能申请自费留学。这个规定实际上对自费留学设置了诸多限制。1984 年 12 月，国务院发布了《关于自费出国留学的暂行规定》。它明确指出，自费出国是进一步贯彻对外开放、加强智力开发的组成部分。凡我国公民、个人通过正当和合法手续取得外汇资助或国外奖学金，办好入学许可证件的，不受学历、年龄和工作年限的限制，均可申请自费到国外上大学(专科和本科)、读研究生或进修。1990 年 1 月，国家教委发布了《关于具有大学和大学以上学历人员自费出国留学的补充规定》，凡大专以上学历人员申请自费出国留学，必须完成一定服务期限或偿还培养费，并经省级教育行政部门审核后，方能办理出国手续。2003 年 9 月，教育部废除了上述规定，对申请自费出国留学的高等学校在校生及具有大专以上学历但尚未完成服务期年限的各类人员，不再进行“自费出国留学资格审核”工作，不再收取“高等教育培养费”。至此，国家彻底放开了对自费留学的限制。

各高校对公派青年教师的观念的转变在公派操作过程中也很生动地体现了出来。过去，公派有诸多限制性要求，比如教师必须在本单位工作一定年限才有资格、国外资助须上缴一定比例、

公派期间停薪、两次公派间隔必须超过一定年限等。如今，很多高校纷纷设立专项资金资助教师出国研修，保留教师出国期间的国内薪酬待遇，鼓励刚留校的教师到国外作博士后研究等。

这些操作上的变化体现出公派观念从封闭、限制到开放、鼓励的转变。

二、分类管理公派群体，强调分类基础上公派期限与聘用合同的衔接

高校全员聘用制实施以来，新进校的青年教师和高校签订的基本上都是短期合同，而一般公派访问学者为1年，博士后为1～2年，博士学位为3～4年，高校担心青年教师公派不回来，或者回国立即辞职。高校在实际操作中只是将公派教师的合同期限签署到公派回国期限后的某个期限，管理过于简单，因而有小部分青年教师出国后不回国或立即辞职的情况，但是，我们要清楚地看到，这部分人所占比例其实很小，不能因此放慢公派的脚步，制定分类管理的模式才是真正解决之道。

建立合理分类管理，目的是既要突出培养目标又要降低公派风险。笔者认为最基础的工作是必须对公派青年教师群体进行细分，同时强化公派期限和聘用合同的衔接。学校应根据青年教师所处职业发展阶段的不同，将公派青年教师群体划分为培养学术带头人类型、梯队学术骨干类型、储备培养人才类型。

对于培养学术带头人类型教师，学校可与之签订到回国服务期满的合同，但合同中必须明确回国续聘的条款，回国后经学术评估合格者，聘用合同才继续有效，否则视为回国日即合同到期日。这样能扭转学校在公派拔尖青年教师时的被动局面，通过对青年骨干的配套资助加大资助力度、保留出国期间待遇、协助落实外语培训等各环节为这一群体做好“量身定做”的支持。这些举措势必会加强教师对学校的归属感。

对于梯队学术骨干类型教师，学校可与之签订到回国的合同，

并配以一些生活费、国际旅费、外语培训等资助，出国期间待遇部分保留，回国评估后补发，并在合同中约定服务期和赔偿金额。

对于储备培养人才类型教师，学校可继续按现行的合同操作，并约定服务期和赔偿金额，在其他的配套投入方面更多元化，比如采取由院系和个人分担的机制、部分保留待遇等。如果有特殊情况，储备培养人才还可以申请学校储备人才培养基金资助。

三、建立有效的信息平台，提高派出期间服务和管理质量

公派出国的青年教师大多数为第一次跨出国门，长期以来，教师出国后与学校服务部门和院系的联络仅凭借个人对学校的归属感或者对集体的责任感，并没有形成稳定的联络机制。我们发现院系在教师出国期间与之联系甚少，对教师的研修进展不了解，更谈不上服务质量。

笔者认为，建立有效的信息平台是提高服务质量的基础。首先，要建立信息平台的管理组织架构，建议建立由人事处、外事处共同牵头的基础信息平台，与有关院系联络人共同做好对出国人员的服务和管理。其次，保证信息源的有效和通畅。我们发现，公派教师对外的联络对象主要是课题组成员、项目共同开发者等，且此类联络学术性强、频率高、效益大，因此，笔者建议在信息平台中加入 1 ~ 2 名公派教师的课题组成员和项目共同者，这样可以最快得到教师的信息。再次，还可以建立帮助性的共同知识库，将出国境期间教师可能碰到的问题作为知识条目储存起来，便于教师查询。

在这样的信息平台中，公派教师不仅能获得学校的政策信息，比如何时提出延期申请、询问回国报到环节等，也可以提供很好的出国项目信息和国外学科导师信息。信息平台会大大提高学校服务公派教师的质量。同时，我们也看到，公开化、透明化的信息平台对学校的行政服务提出了新要求和挑战。学校管理部

门的服务范围和服务深度，是各高校必须要明确界定的。

四、严格回国评估，建立评估结果与待遇和合同续聘的联动

高校要改变“重派出、轻回国”的公派管理弊端，将派出和回国贯穿起来，在回国管理中设置对派出目标的评估环节，并将评估结果与有关待遇、奖励和合同续聘联动起来。

回国评估的主体到底在学校层面还是院系层面，由高校集权式管理还是分权式管理决定呢？为了推动回国评估，学校管理部门进行集中考核，或者对院系进行回国评估的抽查监督是十分必要的。集中考核由人事部门组织相关学科专家对青年教师公派期间活动、取得的成果进行评估，抽查监督则由人事部门组织专家随机抽取院系的评估学术报告会进行观察评估。

评估形式也可以多样化，除教师汇报以外，面向院系学生的学术报告会和新开设的英文专业课程也可作为评估参考指标。学术报告会繁荣学校学术气氛，为学生带来学术前沿信息，并在客观上为有出国意向的学生提供了国外相关学科导师的信息，对学校开展公派研究生工作也十分有利。

五、设置弹性保证金、服务期和违约金，与学校资源投入相对称

（一）解决保证金缴纳难的两种途径

青年教师公派缴纳保证金总是让管理部门很尴尬。刚进校的青年教师生活初置成本高，收入所剩不多。目前，如果青年教师申请到国家项目，去美国、英国等一类地区需向国家缴纳40 000元人民币作保证金；如果自行联系项目，通常也要向学校缴纳30 000元人民币作保证金。这对青年教师来说负担较重，很多青年教师反馈参加了工作还向家人举债十分难堪。

笔者提出两种途径来解决保证金问题。第一是减小教师损

失。对公派期限长的教师（攻读学位），可以收取定期存款的票据。青年教师能有一些利息收益，特别在目前资金成本较高的金融背景下，此举特别适合公派时间两年以上的教师。对公派期限短的教师，可以帮助他们申请银行贷款作为押金，回国评估合格后学校可以贴息，即不需要老师拿出资金作为保证金。

第二种途径是结合公派期的待遇。对于公派期间待遇全额保留的，保证金额度不能降低；但对于公派期间待遇减少的，保证金额度可以减免。

（二）分类设置服务期和违约金，建立工作年限抵扣赔偿制度

出国保证金只是增加教师回国报到的成本，但对其是否能履行服务期则需要通过服务期期限和违约金来给予约束。

改进服务期设置。国内高校通常的做法是无论公派期限是半年还是三年，公派资助是邀请方赞助还是学校赞助，公派留学协议规定的服务期都是固定年限。这对教师和学校都是不公平的，服务期长短理应与获得学校资源的多少对称。

改进违约金设置。国内高校通常的做法是违约金额度是固定的，与服务期类似，违约金设置的多少也理应与获得学校投入的多少对称起来。

另外，建立工作年限抵扣违约金赔偿制度也是合理的。教师在离职时根据已服务年限进行折算，这也体现了学校的人文关怀。

综合以上五个方面的问题，笔者认为，优化的公派管理模式应该是在细分青年教师群体的基础上，将学校投入的资源、合同期限、评估方式、保证金、服务期、违约金等公派各要素进行等级设置。不同类型教师公派对应各要素不同的弹性组合，既使青年教师负担有所减轻，学校投入风险也得到控制。另外，笔者还提倡打造有效的信息平台，开辟多样化的途径做好公派出国期间的信息沟通和服务，这也是公派工作的重要内容，值得我们继续思考和改进。

高校青年教师培养内容和方法探析

崔维佳　张奇伟　范文霞　刘　洋　李　林

（北京师范大学人事处，北京　100875）

摘　要：高校青年教师是高校人才的重要储备力量，是高校未来发展的基础。本文从高校青年教师培养的方面来分析高校青年教师在培养中存在的问题，并提出相应的培养方法来加速高校青年教师的发展。

关键词：高校　青年教师　培养　方法

一、高校青年教师培养的重要意义

教师是社会发展的重要人才力量，也是培养人才的重要力量。教师的职业特点要求教师必须不断提高自身的综合素质，如此才能保证培养人才的质量。胡锦涛总书记在全国优秀教师代表会上对全国的教师提出了四点希望：一是希望广大教师爱岗敬业、关爱学生；二是希望广大教师刻苦钻研、严谨笃学；三是希望广大教师勇于创新、奋发进取；四是希望广大教师淡泊名利、志存高远。这是对广大教师的殷切希望。高校的建设和发展主要包括两个部分：一是物质的投入，包括基础建设、实验设施等；二是师资队伍的培养。前者见效快，后者见效慢。培养人才是高校的核心任务之一，高水平的师资队伍是高校发展的强劲动力，是完成高校人才培养任务的基础。高校教师队伍水平的提高，代表着高校综合实力的提高，代表着高校核心竞争力的提高。“大学之大不在于有大楼，而在于有大师”，一流素质的教师队伍是建设一流大学的根本所在。高校教师队伍中，青年教师是重要的力量，他们一方面承担着繁重的科学研究和人才培养任务，另一方面代表着高校的未来，其素质的高低决定着一个大学今后的发展。1998 年全国普通高校招生 108 万人，2010 年全国普通高校招生 657 万，12 年间高考录取人数增加了 5 倍。随着招生规模扩大，高校教师队伍也在迅速地扩大。普通高校专任教师的人数由 1998 年的 40 万增加到 2008 年的 123 万，10 年间增加了两倍。2008 年我国普通高校中 35 岁以下青年教师占专任教师的比例高达 47.7%，教师队伍的年龄结构现状促使我们必须重视对青年教师的培养。

二、培养高校青年教师的途径及方法

近年来，各高校都在积极探索培养青年教师的途径和方法，以促进青年教师尽快成长，通常包括师德修养教育、教学能力以及科研能力的培养等内容。

（一）师德培养及方法

“学为人师，行为世范”是教师的标准和准则。师德是高校教师最基本和最重要的要求，高校教师必须在道德修养上达到一定的高度。高校学生处在人生观和世界观形成的重要时期，教师的指导和影响就显得尤为重要。教师的人格魅力及较高的道德素养对学生的影响是潜移默化的，甚至影响到学生的未来及一生。因此，作为担负教书育人重任的高校教师必须具备崇高的道德品质和高尚的道德行为。

“十年树木，百年树人”，高校教师的事业就是培养合格的、创新型的、身心健康的人才。高校教师要有一种奉献精神，将这种职业当作终身事业来完成，而不是仅仅把高校教师当作一种工作和职业。现阶段社会大环境的负面影响在高校中严重存在，拜金主义、利己主义、个人主义流行，奉献精神、集体精神、奋斗精神被严重削弱。这些不良社会风气严重冲击着高校教师道德修养和提升，对青年教师的影响尤其严重。多年的学习生活，使青年教师的成长环境相对单一，工作后容易受到社会不良风气的影响。因此，必须对青年教师加强师德教育，让他们尽早建立为高教事业奋斗的人生目标。

为做好师德培养工作，要根据学校的实际建立起立体的培训体系，既要有规定的内容，也要有科学的评价体系。一是提高青年教师的法制观念和法律修养。法律是师德的底线，而师德可以解决高校青年教师精神生活和社会行为中更高层次的问题。所以，在加强师德教育时，首先应该让高校青年教师了解和熟悉我国现行关于高等教育的法律和法规，明确教师的行为准则，在自己的心中自觉确定正确的行为准则底线。二是加强师德修养建设。人的修养决定行为，行为是修养的自然体现。当外部的要求制定好以后，就要从内部来提高师德水平。从自身内部提升道德修养，不同于外部要求具有的强制性，它具有自主性、主动性。典型引导、优秀示范是提高青年教师师德水平的好方法。三是建立师德监督及评议管理制度。高校应该建立和完善相应的师德考评机制，监督、评议结合，从制度上保证青年教师不断提高师德修养。

（二）教学能力培养及方法

教学能力是高校青年教师培训的重要内容。近几年，高校教师数量迅速增加，青年学者大量进入教师队伍。但是，部分青年教师毕业于非师范院校，没有教育教学的理论背景，大部分没有教学经验。当面对几十人甚至上百人的学生授课时，在教学过程中往往会出现很多问题。这些问题主要表现为教学经验不足、教学基本功不扎实、教学方法单一、教学技能欠缺、课堂驾驭能力不够等。

提高高校青年教师教学能力的方法主要包括以下几种：一是以老带新。老教师的教学经验丰富，教学基本功扎实，所以在开设一门课程的时候，可以由老教师带领新教师来承担授课任务，新教师通过老教师的指导来迅速提高教学的相关能力。二是以赛助学。教学竞赛是一种迅速提高教学能力的有效方法。在准备比赛的过程中，不仅能够强化相关教学技能，而且通过参加竞赛能够借鉴其他教师的教学经验，从而提高自身的教学水平。三是以评促进。上好一节课很容易，上好一门课却很困难。上一节课的时候教师会准备很多的相关资料，会经过多次的备课、备讲，会对一节课的内容有全面、系统的掌握，所以学生对于一节课的掌握是容易的。但是一门课会有很多学时，系统地讲授一门课的难度绝不仅仅是课程时数的简单叠加。因此，对于教学效果的评估就很重要。教学评估可以让授课的青年教师了解自身教学上的不足，通过整改来提高自身的教学综合能力。

（三）科研能力培养及方法

科研能力是高校青年教师基本能力中的相对强项，现阶段高校青年教师的学历普遍较高，大部分的学历为硕士、博士，都有很好的科研基础，因此融入高校科研队伍相对容易。但是在融入过程中也会存在一些问题，主要包括科研工作衔接不畅、团队合作困难、科研信息闭塞等。这些问题严重制约了高校青年教师在科研上的发展，而科研能力又在高校教学中具有非常重要的促进作用，通过科研工作，高校教师可以将最新的科研成果应用到学生培养过程中。

针对高校青年教师在科研工作上存在的困难，高校在以下几个方面应该给予必要的支持。一是提供一定的科研启动经费。由于科研工作的前后衔接需要时间和经费的投入，而科研启动经费就起到了很好的作用。这部分经费可以将青年教师读书期间的科研向着工作需要进行转变，便于融入新的集体中，在新的集体中结合自身的科研方向来发展个人的科研空间。二是培养科研团队合作精神。现在的科研活动具有系统性、规模性、复杂性等特征，这就决定了个体难以完成复杂系统的科研工作，只有通过团队合作才能完成特定的科研任务。三是加强定期的科研交流。鉴于现阶段科研任务的特性以及学科的快速发展和技术手段的不断完善、更新，新的方法和思路需要在交流中获取。因此，定期进行国际学术交流以及研究团队之间的交流和研究团队内部的交流具有重要的意义。定期的科研交流可以获得这些信息，跟踪国际科研前沿动向，推动科研人员在积累中取得突破。

（四）高校文化的培养及方法

高校文化是高校特有的软环境，中国高校文化具有鲜活的时代特性和自身特色。谦逊、努力、忧国忧民、注重自身修养是中国的传统文化。这些传统文化与现代高等教育结合，就产生了特有的高校文化。高校文化对青年教师主要的影响体现在精神和行为上，促使青年教师接受这种文化并向特定的方向发展，通过对高校文化的理解和认识，青年教师能够更快地融入到高校中。

加强青年教师高校文化的培养主要通过以下几种方法来实现。一是开展岗前培训。通过岗前培训，让青年教师认识到高校教师是不同于其他职业的，需要有奉献精神，需要对工作充满热情，需要对学生关心、关爱。他需要按照特定的程序来开展工作，需要了解相应的学校政策。这些都可以从岗前培训中获得。二是校史、校情介绍。校史和校情是一个高校文化的集中体现。学校的发展史就是其文化的形成史，通过对这些情况的介绍，能够让青年教师更加直观地了解高校文化。三是优秀教师的讲座。优秀教师在高校中学习、工作、生活多年，他们身上集中体现了学校文化。通过这些教师对自身发展过程中教学、科研甚至生活经验的分享，青年教师不仅能更快地进入工作角色，而且可以间接地了解和熟悉学校文化。

三、总结

青年教师是高校发展的未来。加强青年教师的培养，不断提高青年教师的综合素质，是我国高等教育质量和水平提升的现实途径。随着青年教师能力的提高，高校会培养出更多的优秀学生，为国家的人才发展作出贡献。这需要加强青年教师的师德培养，提高他们的教学、科研能力，增强他们对高校文化的认同。当然，我们也要关注他们工作生活条件的改善，为他们的职业发展提供良好的环境和条件。我们相信，只要思想高度重视，认识精确到位，措施充分落实，高校青年教师的培养工作就会出现一个新的局面，高素质的青年教师队伍就会撑起我国高等教育发展的未来蓝天。

参考文献

[1] 胡锦涛. 在全国优秀教师代表座谈会上的讲话. 人民日报，2007-09-04.

[2] 教育部. 教育统计年鉴. http://www.stats.edu.cn.

[3] 刘川生. 新时期加强高校师德建设的内涵与要求. 北京教育（高教版），2010（5）.

[4] 张理中，杨倩. 高校青年教师培养途径探析. 中国高校师资研究，2007（5）.

[5] 赵海峰，蒋红雨. 略论中国高校文化精神和文化氛围的演变. 黑龙江教育（高教研究与评估），2009（11）.

高校青年教师职业发展研究

童　锋　魏　霞

（暨南大学人力资源开发与管理处，广州　510632）

摘　要：建设高水平的大学，必须针对青年教师的特点，结合学校发展战略和青年教师培养的实际情况，找准目标定位，分析存在问题，提出相应对策，这对建立健全高校青年教师职业生涯设计和培养体系，强化教学和科研能力，制定科学、合理的培养机制具有现实意义。

关键词：职业生涯　设计　培养　路径

一、导言

教师是高校第一生产力，是决定大学教育和科研水平的关键因素。要办成一流的学校，必须有一流的师资队伍。名师是学校的一块金字招牌，从历史上看，名校之所以辉煌，就是因为它有一批优秀人才，特别是有一支造诣精深的创新型师资队伍。被国际教师协会命名为世界最佳大学的美国斯坦福大学的成功经验表明，教师质量是保持学校声望和地位的最重要因素。因此，如何加强高校青年教师队伍建设和青年教师的培养，是高校面临的主要问题之一，也是高等教育发展亟待解决的问题。通过青年教师职业生涯设计的组织实施，促使青年教师对个人特点和所在组织环境与社会环境进行分析，根据分析结果制定个人在 3 ~ 5 年内的目标，编制相应的工作、教育和培训的行动计划，并对每一步作出合理的安排，可以使其尽快转变角色，适应高校教师岗位工作。

二、高校青年教师职业发展的目标定位

职业生涯设计指的是一个人对其一生中所承担职务的相继历程的预期和计划，这个计划包括一个人的学习与成长目标，及对一项职业和组织的生产性贡献和成就期望。“个体的职业生涯设计并不是一个单纯的概念，它和个体所处的家庭以及社会存在密切的关系。”因为未来的不确定性，职业生涯规划也需要确立适当的变通性。要全面提高青年教师素质，对青年教师职业生涯设计和培养必须有清晰的目标定位。

（一）政治素质过硬

一是要用科学发展观和构建社会主义和谐社会的重要思想武装头脑，自觉贯彻党的基本路线和教育方针；二是要具有热爱教育事业的敬业精神和职业道德，为人师表，以教书育人这一平凡而崇高的事业为荣；三是要具有创新精神，在学习和教学活动中解放思想、实事求是、与时俱进，要有创新意识和开拓精神，在教学过程中勇于改革、大胆实践，不断更新教育观念和教育内容，不断改进教学方法。

（二）业务技能精湛

一是应具备较高的教学能力。新进教师在第一、二年要适应新的工作环境，当好助手；第三、四年要熟悉所承担课程的基本情况，上好课；第五年应成为骨干教师。二是应具有科研能力。既能进行深入的科研，授课又受学生欢迎的教师才是理想的教师。三是要具有组织教育的能力。把具有不同个性的学生组织得

有条不紊，引发大学生学习的热情，并营造出生动活泼的学习气氛。四是应具有教育疏导能力。在教学中因材施教、适时疏导，有效地引导和感染学生，成为学生信赖的良师益友。五是具有语言表达能力。口齿清楚，发音准确，声音洪亮，富于感染力，能够把所传授的知识准确地表达出来。

（三）文化底蕴宽厚

一是精湛的专业知识。应对自己所教学科的知识体系有一个较为深刻透彻的把握，即对所教学科的基础知识、学科的最新成果、攻关方向和研究动态都要掌握，并达到精通的程度。二是扎实的教育学知识。青年教师不但应该明白给学生“教什么”，还应该知道“为什么教”和“怎样教”。这就要求青年教师在具备丰富的专业知识的同时，还应有扎实的教育学知识，懂得教育理论，掌握教育规律，正确运用教育原则。三是丰富的人文、社科知识。除了具备专业知识和教育学、计算机方面的知识外，也要具备哲学、历史学、逻辑学、金融学、管理学、语言学、心理学和社会学等方面的知识。

（四）身心和谐健康

一是要有良好的认知能力，具有敏锐的观察力、丰富的想象力、较强的表达能力、牢固的记忆力、创造性的思维能力等。二是要有丰富的情感。教师的情感就是对事业、对学生的内心情绪的体验，教师要善于利用和控制激情，保持明快的心境，坚持一以贯之的热情，这对教书育人工作具有重要意义。三是要有顽强的意志，具有坚定的目的性、坚韧性和自制力。四是要具有自信、公正、热情、富有责任感和创新精神等积极的人格特征。五是要保持良好的身体素质，以更好地发挥大脑的智能潜力，更长时期地承担艰苦的创造性脑力劳动。

三、高校青年教师职业发展的内容解析

由于高校青年教师参加工作时间不长，科研经验较欠缺，参

与重大课题研究或学术会议的机会少，还没有形成相对稳定的学术研究方向。同时，高校青年教师由于年轻，往往不易被人重视，个人生活、家庭等方面也处在刚起步的阶段，困难较多。调查显示，在高校青年教师身上还具有以下四种倾向：其一，个人需要重心转移倾向，即从传统的以讲究精神需要为主向以讲究实惠的物质需要为主兼顾精神需要的倾向转移；其二，职业稳定性转移倾向，即从一辈子忠于教育事业向多种职业选择倾向转移；其三，个人奋斗目标转移倾向，即从追求又红又专的目标向以追求业务上的成就为主的倾向转移；其四，行为态度的转移，即从朴素、踏实、苦干的“老黄牛”精神向豁达、洒脱、勤奋、开拓的倾向转移。因此，高校青年教师职业生涯设计与培养，主要包括以下几个方面内容：

（1）自我评估。自我评估即对自己的兴趣、特长、性格、学识、技能、思维方式、思维方法、组织管理、协调与活动能力等方面的内容的全面分析。通过自我分析，认识自己、了解自己，选定适合自己发展的职业生涯路线，从而确定自己的职业发展目标。

（2）环境分析。青年教师在制定个人的职业生涯设计时，要由导师指导，帮助教师分析所在单位的学科建设情况、教学科研情况、团队建设情况以及自己在本学科或团队中的位置和自身具备的优势与劣势条件。“只有充分了解所在环境，才能在复杂的环境中避害趋利，使职业生涯设计具有实际意义。”教师要把自己所处的省市、学校、院系、教研室、所教学生等方面作为环境因素，分析其中有可能对自己的成长带来的机遇和挑战，确定自己是否适应环境变化以及怎样来调整自己以适应学校和社会的需要。从而制定出相应的职业生涯设计来，适应学科发展的需要。

（3）设定职业生涯设计目标。职业生涯目标的设定，是职业生涯设计的核心。职业生涯发展目标分为短期目标（3 年）、中期目标（5 年）、长期目标（10 年）三种。教师应根据自己现在的个人情况、性格特点、周围环境等信息，在导师的指导下制定出切实可行、明确具体、与学校目标协调一致的个人职业生涯设计目标。青年教师职业生涯设计目标包括通过自我评估和环境分析，青年教师可在导师的指导下确定自己的职业发展方向，如是走教学型、科研型，还是教学科研型路线；在导师的指导下，尽快确定学术研究领域和专业发展方向，制定出适合自己的具体的教学、科研培养计划；以项目建设为载体，积极参与学术团队或学术梯队，培养团队协作意识，提高科研能力和学术水平。

四、高校青年教师职业发展的路径分析

新形势下，高校青年教师的培养教育工作要以《教师法》、《高等教育法》为依据，以全面提高教师队伍素质为中心，以培养青年学科带头人和骨干教师为重点，坚持依法治教、深化改革、调整结构、内涵发展的方针，遵循开放、创新、精干、高效的原则，建立促进青年教师资源合理配置与开发利用以及优秀人才健康成长的有效机制，不断增强高校青年教师工作的压力、动力和活力，不断加大高校青年教师的培养教育力度，努力建设一支政治合格、业务优秀、结构优化、素质良好、相对稳定、充满活力和富有创新精神的高素质青年教师队伍。

（一）校级层面的青年教师培养

第一，做好新教师岗前培训，使其尽快进入角色。每年在新分配和新调入的教师到校后，由学校在开学前将他们全部集中起来，组织校领导和相关部门的领导，对新教师进行统一培训，使新教师具备初步的理性认识，明确学校的基本要求，增强工作的主动性，使新教师尽快进入角色。

培训的内容可包括以下几点：

（1）师德师风教育。主要是通过以教书育人和为人师表为主题的精神理念教育，使新到校的教师懂得教书与育人的关系和言传与身教的关系；还可从教师形象、言行举止、师生关系等方面

提出一定的要求；也可选择一些针对性强和说服力强的优秀教师的先进事迹进行宣传，以便从心灵深处感化和触动他们。

（2）理想信念教育。新到校的教师，尤其是刚参加工作的新教师，一般都具有满腔的热情和十足的干劲，但面对实际情况却又充满疑虑，甚至缺乏信心。针对这种情况，培训者除了要与他们交流、座谈，给他们答疑、解惑外，还要给他们介绍本校和本地优秀青年教师的成功之路，让他们既能面对现实困难，又能对战胜困难充满信心，树立做一名优秀青年教师的坚定信念。

（3）规范教学常规。新教师虽然具备了扎实的专业知识，但由于实践经验不足，对于怎样开展教学工作，在教学工作中应该做到哪些方面，则不太了解。为此，除了应该根据教育部制定的《高等学校教师岗前培训教学指导纲要》，为学员们讲授《高等教育学》、《高等教育心理学》、《高等教育法规概论》、《高等学校教师职业道德修养》四门主要课程外，还要从教学计划、教学总结、备课、上课、作业、辅导、学生意见征集、听课、多媒体教学、教研活动、教研成果、教学成果等方面对他们进行指导和提出要求。同时要请校领导和相关部处负责人作专题报告，介绍学校的发展目标、教师的岗位职责、科研项目的申报、人事规章制度、教师礼仪等各方面的知识。另外，还应组织学员观看如何尽快完成角色转变、如何组织课堂教学的录像等。

（4）分析教改形势。近年来，教学改革与研究活动发展迅猛，新教师刚参加工作就赶上了改革的浪潮。要让新教师一开始就投身于教学改革的浪潮，提高他们的工作起点，就必须让他们了解当前教学改革的形势和趋势。比如，从课堂教学的评价标准、目标教学的基本要求、素质教育的贯彻落实、研究性学习的具体实施、现代教育技术手段的运用、课题研究的一般步骤等方面进行培训，使他们从步入讲台的时候就能够跟上时代的步伐。

（5）校情校史教育。校情校史教育是让新老师们了解学校的发展历史、现状和各方面的规章制度，是新教师融入学校的第一步，能使其尽快融入到高校教学科研的氛围中去，树立爱校敬业的责任心和崇高使命感，以求真务实的工作态度和善于发现创新的精神全身心地投入到教学科研工作中去，尽快成为学校教学和科研队伍的骨干力量。

（6）教育技术培训。教育技术能力培训则是要使被培训者具有教育技术素养，即具有运用教育技术的意识、能力与道德。其中，运用教育技术的能力是指对有合适技术支持的教学过程和教学资源进行设计、开发、利用、管理与评价的能力，也就是在有合适技术支持的教学环境下进行教学设计并有效地组织与实施教学活动的能力。

第二，实施青年教师导师制，落实“导、帮、促”工作，使其能够顺利成长。集中培训发挥了“导”的作用，但这只是宏观的“导”，我们还必须在教学实践的微观中去进一步地“导”，并在“导”的基础上开展“帮、促”工作。

（1）新老教师结对帮教。新教师到校后，由学校安排有经验的骨干教师与新教师进行“结对”，指导新教师的教学常规，带新教师开展教学工作。新教师有了“师傅”，教育教学中的盲目性便可大大减少，效率便可大大提高。

（2）指导教师跟踪听课。新教师在教学过程中，对重点难点和如何提高课堂效率等问题往往不知所措。指导教师可通过上“示范课”以及听新教师的“常规课”和“汇报课”等多种形式，从备课、上课、说课、评课等方面，教会他们如何突出重点、突破难点、把握热点，提高他们处理教材、驾驭课堂、实施教学的能力，并通过不断改进教学方法以达到提高课堂效率的目的。

（3）定期召开交流会。交流会的形式可采取分科和合并交替进行；内容也可以多种多样，或让新教师交流各自的心得和体会，或让老教师交流自己的经验和想法，或请指导教师就新教师中普遍存在的问题进行分析和诊治，或请知名教师进行专题讲座和分类指导等，以便让新教师们不断增强理论认识和提高实践能力。

(4)“走出去”与“请进来”相结合。仅仅有校内教师的指导是不够的，还必须有计划、有意识地组织青年教师走出校门，让他们开阔眼界、增长见识；同时，也可以到外校请部分优秀教师到校为青年教师上“示范课”，让外校教师根据本校学生的实际情况，有针对性地提出一些建设性的意见和建议。对各种思想、各种流派、各种风格、各种课型、各种教法都有所接触，对青年教师的不断成熟和自我完善是大有好处的。

(二) 系部层面的青年教师培养

系部对青年教师的上层培养分为以下几个方面：

(1) 完善考核制度。以学校制定的教师岗位责任制为基础条件来进行考核。除此之外，还制定考核量化标准，将每位教师一学年所做的事都进行量化，包括教学任务量、班主任、论文、科研项目完成情况、著作、行政职务等。在量化数字的基础上，再加上票选结果作为最终的考核成绩。系部将此结果实行“四挂钩”：与评优挂钩，与年终奖挂钩，与职称挂钩，与晋升挂钩。考核优秀的还享有优先权，如开会、学习、培训等。

(2) 鼓励单项评比。考核制度是对教师各方面的能力进行全面的评价，而鼓励青年教师进行单项能力评比则可以发挥出教师的个人特点。树立典型，强化青年教师为人师表的角色意识。为此，可实行“一压一带”的机制：压担子，如每学期要开展各项比赛活动，奖励优秀者；安排高级职称者做青年教师的指导老师，传一手，带一阵，使有才华的青年人才可以迅速脱颖而出。每位教师的能力不同，各有所长，通过合理的竞争机制，让教师们充分发挥自己的特点，以期每位青年教师都能有自己的特色、每位教师手上都有奖励证书。单项能力包括教学、班主任、兴趣小组、选修课、讲座、写项目书、发表论文、著书、纵向项目完成能力、横向项目完成能力、带学生参加比赛、组织能力、宣传能力、交际能力、合作能力和为系部发展提有用建议等。

(3) 造声势，树影响。在系部内部树立“人人为系部，系部为人人”的思想，对每位为系部提发展建议的教师进行鼓励。对于知识分子高度集中的高校而言，精神鼓励更胜过物质奖励。让青年教师看到自己的努力受到了领导重视，使每位教师都争先恐后地为系部发展积极思考。在系部外，让每位教师以系部为荣，营造一种良好的系部文化，在学校范围内产生一种影响，使每位教师在外人面前谈起系部时都有一种幸福的感觉，这样也无形中鼓励了更多人才加入到本系。每学期开展系部集体活动，例如野外拓展活动、爬山活动等，可以增进教师之间的团结能力，认识到同事们严肃工作之外的另一面，也可以发现青年教师更多的才艺。

(4) 严格执行公平机制。高校的特点是不坐班，许多青年教师不住校，教师下课后就回去了，但学校天天都在运转，文件也要上传下达。如果得不到最新的消息，可能会失去科研机会、学习机会、竞争机会等。同时，某些学校在引进人才时可能会存在裙带关系，但到了系部绝不能讲私人关系、个人感情，制度面前人人平等，人人都有知情权。系部各层领导要严格按制度执行，完善传达机制，将系部和学校的消息及时通知给每位教师，这样可以消除部分青年教师因不了解情况而对学校及系部产生的不满情绪。

(5) 严格、宽容并举。对每位青年教师都要严格按学校的规定来进行约束，但青年教师因为年轻气盛、心高气傲，有时难免会犯错。在不违犯原则的情况下，系部领导要多引导，对第一次犯错的青年教师尽量宽容，但一定要语重心长地将道理讲清楚，避免下次再犯。青年教师容易激动且爱面子，对之过分严厉往往达不到预想效果，毕竟改过才是目的。此举有助于留住青年教师。

通过系部的上层培养机制，加上青年教师自我培养所作的努力，此培养模式将全面提高青年教师的思想素质和业务素质，使系部的教学和科研质量跃上一个新台阶。

（三）青年教师层面的自我培养

注重自我培养问题是青年教师成长过程中不可回避的问题。青年教师要严格要求自己，加强自我培养，通过自己的刻苦钻研、勤奋的学习积累和创新以及经常的自我反省来提高自身素质。青年教师自我培养要做到“三有”：有目标、有计划、有行动。

一个青年教师的自我培养过程大致可分为三个阶段：

（1）刚进校两年内为认识阶段，师从一位中老年教师，进行各方面的学习，了解系部的实际情况，了解自己的实际能力和优缺点，发挥优势，弥补差距。同时基本树立自己的发展目标，主要任务是抓好教学工作。

（2）进校三年后，要提高自我认识，可逐步尝试教改，开始在教学上初露锋芒，开始参与高级职称教师主持的科研项目，根据自己的基础进行不同程度的尝试。从本科到博士生，起点是不同的。要认识到自己的能力，不要制定过高的目标，可以竞争，但不可相互攀比，易造成同事间不必要的误会。对于在工作中认识到自己差距的青年教师而言，自然会想到通过继续教育提高自己的能力，此阶段中可以完成继续教育。

（3）进校五年以后，基本完成初步目标，这时会提高原定目标，进入事业的第一个高峰期。一般情况下，这时应该是中级职称了，今后的努力方向要从单一的教学转为教学科研并重，与高级职称的教师合作完成项目，进一步稳定专业方向，避免专业知识过于分散。

尽管个人能力不同，成长的时间长短不同，但大部分青年教师通过以上三大阶段均能初步完成教师生涯中的第一步，今后的工作基本能走上正轨，目标明确，开始朝个人目标努力。个人努力再加上系部的支持，定能使青年教师得到双重收获，早日实现目标。

（四）校、院、系部三级的配套培养

第一，在感情上和事业上进行适当的引导。由于青年教师的相对感性化与直率性，以及把大量的时间花费在与物打交道的教学和科研上，许多人的生活能力较差，有困难又不愿意开口，有心事又不愿意找人倾诉，因此，他们更需要别人主动来关心和理解。这时，对学校和系部来说，一要尽力想办法解决困扰他们的后顾之忧，关心他们的个人生活，使他们能够安心工作；二要尽可能根据他们自身的特殊需要来调整工作的部门，针对其特点调整工作关系，这会使他们对自己所做的事享有发言权，激发他们对学校产生感激之情，提高他们对学校的忠诚程度。

第二，对青年教师进行科学的管理和考评。

（1）健全管理机构。对青年教师的管理机构可分为学校领导小组和学科指导小组两个层次。学校领导小组可由相关校领导和负责教务、教科、德育的处室领导组成，主要任务是研究青年教师的管理制度、制定青年教师的培养方案、拟定青年教师的培养计划、安排青年教师的主要工作、考评青年教师的业务能力等。学科指导小组可由该学科的教研组长、指导教师、骨干教师组成，主要任务是具体落实学校的培养计划、对青年教师的业务工作进行指导、负责青年教师的日常管理、积极营造有利于青年教师成长的氛围等。两个层次的管理机构在工作上是不能截然分开的，必须紧密联系，所以在工作中要互相支持，以便形成合力。

（2）加强考评工作。考评工作一般可以每学期进行一次，考核内容可以包括师德师风表现、德育工作能力、教育科研能力、教学工作能力等方面。其中，教学工作能力又可包括教学思想、教学设计、教学环节、教学手段、教学方法、教学成绩以及教师素质和学生意见等方面。只有通过考评，才能对青年教师的工作情况进行了解，并督促他们扎实工作、从严治学，尤其是对某些方面或整体上不达标者，要进一步调整培养措施和加大培养力度。

第三，对人事制度进行合理的改革。人事制度改革的重心是由终身制、岗位制向项目制和基金制转移，用人不拘一格。高校为了优待优秀人才，先后推出了各种津贴制度，如首席专家、学科带头人、长江学者、珠江学者、终身教授等。这些制度在一定程度上稳定了津贴和教师的“人心”，但要注意防止挫伤非津贴获得者的积极性，津贴获得者应承担的工作不能与其他同事、青年教师、博士生所完成的工作实际实力差距过小。设奖的制度要以实现贡献与收益相统一为目标。实行基金资助制度，只要经过认真的规划和论证，就可以申请基金资助；而对于需要长期培养的人才，实行人才储备库制度，作为主要业务岗位和管理岗位的候选人，以便吸引人才。

第四，切实解决青年教师的困难。高校多数青年教师的收入属于中等甚至偏下水平，生活压力较大。他们多数来自农村，父母没有固定收入，没有住房，也没有积蓄，生活比较困难。假如学校在对少数拔尖人才进行锦上添花的同时，兼顾这些青年教师的利益，做一些雪中送炭的工作，无疑会赢得人心。比如，在住房津贴政策、项目申报等方面适当照顾他们的实际困难，就能大大缓解他们的后顾之忧，减少人才流失的可能性。

第五，积极创造宽松的科研环境。“在美国，有许多华人、华侨在科研等方面取得了突出成就，为什么在国内高校就培养不出这样的人才？除了物质条件差以外，更重要的在于我们的科研软环境差。”因此，我国高等学校要努力营造具有浓厚的学术气氛、宽松的政策环境、优良的群体结构、良好的人际关系等软环境，为高校造就一支优秀的创新型师资队伍提供最基本的发展条件。首先，要为青年教师提供良好的自我实现的环境；其次，要提供团结、协作的科研环境；再次，要实行学术休假制度，在时间上给予充足的保证。“科技活动是个最需独立性的活动，时间是青年教师从事科技活动的宝贵资源。”青年教师都希望自己能自由支配和安排自己的时间，给予他们一定的假期，给他们广阔的空间和充裕的时间，让他们可以自主作出出外调研、考察、访问和参加学术会议的选择。总之，营造一个宽松、自由的科研环境对青年教师队伍的培养至关重要。

五、结语

高校办学的生命在于质量，质量高低的重要因素之一是教师。高校青年教师队伍是支撑高校未来发展的一大支柱，直接关系到21世纪高校的办学质量和生存发展。因此，高校要密切关注青年教师的职业发展研究，结合高校青年教师的特点量身制定职业发展目标和合理的培养机制，建立科学的培养体系，积极为青年教师早日脱颖而出、成为学校的骨干教师创造条件。

参考文献

[1] 冯林，杨旻. 浅谈高校青年教师培养. 中国成人教育，2006（9）.

[2] 冀静平，郑鹏，王炳华. 加强青年教师培养　完善教师教育体系. 清华大学教育研究，2005（S1）.

[3] 张理中，杨倩. 高校青年教师培养途径探析. 中国高校师资研究，2007（5）.

[4] 崔世华. 高校青年教师培养教育的对策研究. 中国成人教育，2006（8）.

[5] 白云霄. 浅谈培养和提高青年教师教学能力的策略与方法. 教育与职业，2007（3）.

[6] 王子猷，居艳，李曜. 新形势下高校青年教师培养教育的对策和建议. 合肥工业大学学报（社会科学版），2004（5）.

[7] ［苏］苏霍姆林斯基. 给教师的建议（上册）. 杜殿坤编译. 北京：教育科学出版社，1980.

高校青年教师培养发展问题分析

——基于组织认同视角

吴　旻　梁洪振

（江苏大学人事处，镇江　212013）

摘　要：高校青年教师既是高校未来发展的中坚力量，又是当前高校发展中最不稳定的群体，具有专业性强、团体合作意识薄弱、需求多样化、具体问题多等特点。因此，要从组织认同角度促使高校青年教师发挥更重要的作用，应做好以下方面的工作：合理引进、使用人才；重视青年教师的培养、引导与提高；完善组织的规章制度；加大组织支持力度；重视组织自身的声誉影响。

关键词：组织认同　高校青年教师　培养

在竞争激烈的今天，人才是最宝贵的资源。作为人才培养重要基地的高校，对人才提出的要求更高。高校青年教师既是高校未来发展的中坚力量，又是当前高校发展中最不稳定的群体。高校青年教师除了在本职工作上会遇到各种各样的问题外，在生活等其他方面也会有不少困惑，这些问题处理不当就会导致青年教师工作满意度降低、流动性增强。如何减少因青年教师流动带来的巨大损失，同时使青年教师尽快成为工作中的骨干，已成为高校要解决的刻不容缓的问题。

一、组织认同概念

组织认同是一种组织成员个体与组织在相互关系中表现出的心理与行为的一致性，组织成员对组织既有理性的契约感和责任感，也有情感的归属感和依赖感。培切恩（M. Patchen）于1970年提出组织认同由三个方面构成（三维说），即相似性、成员资格、忠诚。切尼（Cheney）认为，组织认同是个人将自己与社会场景中的元素加以整合的过程。组织认同的研究对象是一个有确定边界的社会结构实体中的成员，主要从组织成员对组织形成认同感受的角度来理解。组织认同被认为有助于培养在工作中的价值感、归属感和控制感。

组织认同前因变量主要有组织声誉、组织氛围、组织文化、组织独特性，主要包括组织因素与个人因素。从组织因素看，Ashforth 和 Mael 于 1989 年提出了以社会认同理论为基础的组织认同影响因素框架，提出了四类组织因素：组织声誉、组织独特性、外组织的显著性以及与组织形成相关的传统因素（人际作用、相似性、喜爱、邻近性、共享目标或威胁、共同的历史等）。许多学者还将其他的因素涵盖进来，如上级的支持、变革型领导、组织公平、职业进步的机会及实现等，将之归为组织其他因素。个人因素对组织认同的影响研究方面，Johnson 等于 2005 年首次研究了个性与组织认同的关系，验证了“大五人格”中的外倾和神经质两因素分别会正向与负向影响组织认同；Glynn 于 1998 年提出个体具有组织认同的倾向，Kreine 和 Ashforth 于 2004 年的实证研究证明了个体认同的需要强度与组织认同的相关性。

组织认同的结果变量主要有组织公民行为、工作满意度、离职倾向、合作意图四个方面。大量的研究已经说明，组织认同可以显著影响组织公民行为、提高工作满意度，与组织成员的离职意向呈负相关，组织认同的强度还会对组织内部合作产生显著影响。

二、教师离职数据的实证分析

我们以一所具有百年办学历史的综合性大学为例，对1996年到2010年15年间教职工离职情况进行统计。统计结果表明，共计1 683人离开工作岗位，其中离退休875人，在职去世32人，辞退38人，其他15人，正常离职人数723人。

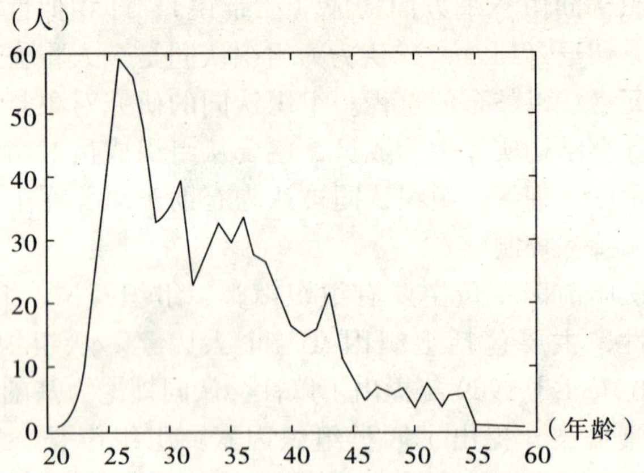

图1　随年龄离职人数的变化图

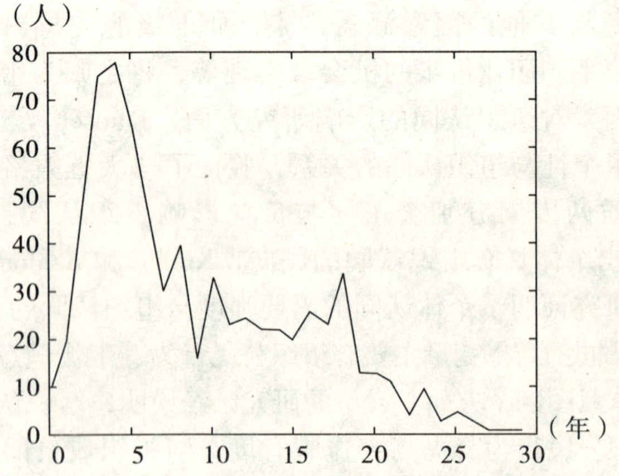

图2　随在校工作时间离职人数变化图

从图 1 中可以看出，从 25 到 30 岁年龄段的人员离职数量最多。这一年龄结构的人员处于工作的起步阶段，很容易在工作中遇到各种各样新的问题，是我们重点讨论的高校青年教师。

如图 2 所示，在校工作时间 5 年内的离职人数呈上升趋势，过了 5 年会逐渐降低。这说明青年教师在工作开始的 5 年内离开工作岗位的人数较多，之后出现拐点，离职人数逐渐减少。

表 1　离职人员中职称结构与学历结构

职级	无职称	员级	初级	中级	副高	高级
人数（人）	95	13	354	165	76	20

学历	无学历	中专	大专	本科	硕士	博士
人数（人）	159	15	69	403	55	22

表 1 展示了在离职人员中的职称结构与学历结构。在离职人员中，初、中级职称人员是最多的；而学历方面，本科人员离职的较多。本科学历也就是高校中最基本的学历，也就是掌握了所学专业的基础理论与研究基础；职称上的初级也就是仅仅成为正式职工的开始，所以，学历和职称方面的情况也说明离职人员并没有能够深入高校的教学与研究工作就选择了离开。

综上所述，青年教师组织认同随着任职期限的增加会有增加的倾向，但是，任职期限似乎会以递减的效果增加认同，类似于“蜜月期”效果。同时也说明，高校青年教师对工作熟悉以后就会稳定下来。由此可以看出，高校青年教师的确存在许多的问题，高离职率说明他们是一个不稳定的群体，也说明他们的组织认同是最低的，也说明对高校青年教师应该给予足够的重视，使他们尽快熟悉高校的工作以降低离职率是必要的。

三、当前高校青年教师基于组织认同角度的特点

1. 专业性强

高校教师是从事教育教学、科学研究、社会服务等职能的高

级专门人才，其专业性质和要求体现在教育理念、专业精神、专业知识、专业能力、专业智慧等方面。高校教师作为专业人员，热爱并忠诚于其所学习和从事的专业与职业，专业性强导致高校青年教师认为所属高校与自己的相似性小，对所在高校依存度低和忠诚度低、流动较为频繁的倾向与特征，对于组织认同的培养是不利的。

2. 团体合作意识薄弱

学院（系）和专门研究机构是高校组织教学与研究的基层单位，当前学院（系）与研究所并不一定能发挥出其应有的功能：首先，许多高校专业门类比较多，专业课程互不交叉，有的专业难以组织集体备课、研究及观摩；其次，许多专业、学科缺乏既有学术造诣又有人格魅力的学术带头人及其学术团体；最后，高校教师不要求坐班，平时基本上是属于单干的性质，在工作（教学和科研）上难以形成具有平等与民主的意识和既分工又合作的团体精神。合作意识的薄弱使得高校青年教师感觉缺少组织氛围，并不能真正融入组织之中。组织的独特性对于他们来说并没有发挥出来。总之，高校组织难以形成一个良好的组织文化氛围，缺少了组织的凝聚力，减小了高校教师的忠诚度。

3. 需求多样性

高校青年教师刚刚进入社会参加工作，工作与生活上受到新潮方面的影响较多，缺少传统的教风、师风影响。目前许多高校已经将引进教师的条件提高到博士，有些岗位还要求具有海外学术背景。不同学历、学校有不同的文化内涵、特色教育，使得青年教师对于组织的期望值不同，需求具有多样性。

高校青年教师不仅追求高收入和良好的工作环境，更关注其自尊与受人尊重、自我实现等需要的满足。高校青年教师自尊心强，希望自己的工作和人格受到他人尊重，对他人的言行举止反应敏感，对于负面、消极的评价或批评容易形成过激反应。高校青年教师拥有强烈的事业心和使命感，更有一种表现自己的强烈愿望。高校青年教师重视其职业生涯规划与设计，有较为远大的理想与奋斗目标。具有高流动特征的高校青年教师若遇到高校内部管理机制和体制的局限及其他一些偶然因素，都可能使流动从倾向变成现实。高校青年教师长期留在高校工作的原因不少，有被动的忠诚和主动的忠诚：被动的忠诚是由于迫于生活、发展前景的限制，在没有更好的组织接纳下暂时服务于当前的组织；主动的忠诚是指员工会自觉地为组织利益而高标准地工作，产生更多的合作行为以及保持组织成员身份的意图。被动的忠诚将造成组织认同降低，最终导致离职倾向的增加。组织认同与离职倾向显著负相关并具有直接影响，组织认同会显著降低员工离职倾向。

4. 待遇、生活等问题突出

作为进入高校不久的高校教师，许多人对工资福利待遇的满意度不高，在工资、福利待遇方面倾向于做横向与纵向比较，喜欢与其周围的同事相比较，也喜欢与原来的同学相比较。如果自己的工资福利待遇高于他人，高于过去的自己，则他对本组织的认同感和归属感会更强一些；反之，则认为自己的待遇低，自身能力并没有被组织认可，自己的组织成员资格弱化，因而会降低忠诚度。生活问题方面，由于当前教师的准入门槛越来越高，30岁左右参加工作的要占到相当的比例。青年教师面临的家庭压力较大，工作与家庭的矛盾比较突出，比如孩子的入托问题、教育问题、居住问题、工作与生活时间安排问题等。青年教师遇到的这些困难，如果不能有效突破，他们的组织认同会逐渐降低。

四、建议措施

1. 合理引进、使用人才

引进人才要制定充分、合理的规划，从短期规划到长期规划，都要体现并适应学校发展的人才观。根据学校发展目标，不拘一格引进紧缺学科人才。这样才会使青年教师更容易进入需要的岗位，提高工作积极性，发挥才干，同时也可提高他们的组织认同度。

2. 重视培养、引导与提高

新教师进入学校后，要有明确的培养计划与目标，使新教师能够快速融入新环境，成为高校发展的新骨干。当前青年教师的岗前培训是教师入职前必须经历的一个环节，在现有机制下存在培训定位错误、内容虚化、效果差等问题，这些缺陷潜在地影响了后续教学工作的展开及效果。从组织认同角度，要对青年教师进行人员的社会化影响，安排有工作经验者对新教师进行影响，必要时根据不同个体采取不同的方案，使青年教师与老教师有共同体验，让他们尽快融入学校的文化特色中，而不是将新教师集中起来，按固定的模式宣教。第一，要强化对青年教师的培养，加强教师岗前、职后培训，建立青年教师的专业实践锻炼制度，对青年教师实行导师指导制度。通过教学经验丰富、学术精湛的老教师带动青年教师的发展，鼓励青年教师参与教学或科研团队，通过团队内交流合作来实现青年教师的自我发展。第二，要关注教师的长期发展，给教师提供职业发展规划（职前、职中和职后），针对教师的不同特点，制定不同的培养计划，形成个性化、层次化、模块化的培训内容以及多样化的、丰富的培训方式，促进教师专业和个人的全面发展。第三，学校或院校可以根据本校教师的特点，设计发展项目，进行校本化培训。组织教师开展专题研讨与分享活动，对在职教师的各个教学环节给予专业指导（包括教学大纲的设计和制作、授课演讲技巧、课堂讨论、课程评价等方面），并为有需要的教师提供教学咨询、诊断与指导等。第四，注重学科带头人和骨干教师的选拔与培养，制定科学合理的培养方案，设置明确的标准和专项培养奖金，选拔优秀教师进行重点培养，同时也对全体老师起到激励与导向作用。第五，建立师德监督机制，加强教师价值观和职业道德的培养，倡导教书育人、立德立身的教育风气。

3. 完善规章制度，营造沟通氛围

青年教师是具有较大潜力的群体，也是思想波动最大的群体。作为高校，应该最大限度地重视青年教师自身的感知。第一，收入分配政策要透明、公开、公正，要能够让青年教师在收入分配上体会到关心，进而对青年教师成长有明确的导向作用；第二，组织程度和方法要透明，诸如领导任命、评奖、评优，让青年教师能够理解、支持；第三，提高组织民主，学校在做决策前要及时与青年教师沟通，听取他们的意见，增加青年教师的参与程度。

沟通是组织管理中的常见现象，组织的任何管理工作都离不开沟通。Bartels 将组织中的沟通气氛细化为群体水平上的沟通气氛和部门水平上的沟通气氛，结果发现这两种沟通气氛通过不同的路径而最终提高了个体的组织认同水平。组织中的沟通内容与沟通气氛等要素对于个体的影响最终都反映在员工的沟通满意度上。教育管理和学校管理部门应该创设条件，促进教师与不同利益相关者之间的沟通和交流，增进相互的理解和支持。学校的领导者应该从自身出发，积极发动自上而下的沟通，创造和谐的沟通氛围，进而提高教师的组织认同和心理健康水平。在与青年教师的沟通过程中，应该更多地采取双向沟通模式，学校组织与青年教师都能够表达自己的想法，做到最大限度地相互了解，消除沟通障碍，营造家庭般的沟通氛围，这些都有利于青年教师提高组织认同。通过沟通可以尽早发现高校青年教师的离职倾向与工作中的情绪问题，并及时采取措施化解，也可以使政策更加人性化。通过短期与长期目标的结合，使青年教师适应学校的发展，减少外部因素对于高校青年教师的吸引和相应的求职行为，组织大型学校纪念活动，丰富文体活动，繁荣校园文化，美化环境，鼓励青年教师参与其中。

4. 加大组织支持力度

组织支持是指青年教师在遇到困难时能够得到组织的支持与

关心。组织应关心青年教师的生活和其最关心的问题，帮助他们妥善处理好各种利益关系。合适的关怀可能会比简单的薪酬待遇取得更好的效果，增强青年教师的组织认同感。青年教师只有在感受到组织对他们的积极支持时，才会逐步接受学校组织的文化和价值观并将之内化为个人的目标与价值体系，对组织的认同感才会进一步增强。

在激励机制上，采取多元激励制度，物质与精神激励并重。物质激励方面，首先，提高青年教师的基本工资及福利待遇，保证教师物质生活的基本需求；其次，薪酬与绩效挂钩，对工作业绩突出的教师给予一定的奖励，以调动教师工作的积极性和主动性。精神激励方面，首先，作为学校的管理者应本着尊重、公平、信任的态度来对待青年教师，给教师树立一个良好的形象以激励教师；其次，设立荣誉奖项，给予工作业绩突出的青年教师荣誉奖励，满足教师自尊和自我实现的需求，激发教师积极进取、努力工作；再次，提供参加学术交流、会议或出国学习深造等职业发展和进修机会，激发教师自身发展的工作热情；最后，要将教师的个人发展与学校的发展目标相结合，使教师明确自身事业发展目标，为教师实现自我人生价值与目标提供机会，激发教师为实现自己和学校发展目标而努力工作的热情。

5. 重视组织自身的声誉影响

一个具有丰厚文化底蕴、学术精湛的高校，本身就对青年教师具有吸引力。北京大学的“兼容并包”、清华大学的“自强不息，厚德载物”已经成为青年教师的向往，这两所高校的百年积淀成就了今日的卓越。组织声誉影响组织认同，是因为组织成员感知组织声誉越多，越容易从认同中获得自尊感。高校的组织声誉良好时，所有的成员都会因归属于这个组织而深感骄傲，会感觉自己拥有社会认可，进而提高成员的组织认同。

对于影响学校声誉的负面事件，也要及时消除影响，如学术腐败、造假等急功近利行为，出现教学事故现象等；有些人将高校作为养老的地方，只完成学校的基本任务，混日子现象也比较普遍，这也是造成一些青年教师组织认同低的主要原因。

五、结语

总之，青年教师是高校未来发展的基石。提高青年教师的组织认同，使他们融入整个高校组织是学校管理的重要组成部分。

参考文献

[1] Cheney G. On the Various and Changing Meanings of Organizational Membership: a Field Study of Organizational Identification. *Communication Monographs*, 1983 (50).

[2] 韩雪松，江云，袁冰. 组织认同研究述评及展望. 商业研究，2007 (3).

[3] 郑海涛，王慧然. 如何培养被管理者对组织的认同和归属. 决策借鉴，1998 (4).

[4] 余娟清，林登平. 高校初任教师入职培训机制探析. 高校师资工作文集（第22集）. 武汉：武汉大学出版社，2010.

[5] Bartels J., Pruyn A., De Jong M., et al. Multiple Organizational Identification Levels and the Impact of Perceived External Prestige and Communication Climate. *Journal of Organizational Behavior*, 2007 (28).

[6] 李永鑫，申继亮，张娜. 教师的沟通满意感、组织认同与心理健康的关系. 心理学探新，2008 (3).

公派出国留学对高校学科建设及教师队伍建设的影响分析

——以北京师范大学为例

崔维佳　张奇伟　范文霞　李　林　刘　洋

（北京师范大学人事处，北京　100875）

摘　要：本书介绍了我国公派出国留学的基本情况，并以北京师范大学为例，分析了公派出国留学对高校学科建设及教师队伍建设的影响，总结了公派出国留学过程中的管理问题，并针对出现的问题提出了政策保障的建议。

关键词：公派出国留学　学科建设　教师队伍建设　问题建议

一、公派出国留学的概念及政策演变

在我国，公派出国留学分为国家公派和单位公派两种形式。1986 年 12 月，国务院批转的原国家教育委员会《关于出国留学人员工作的若干暂行规定》（107 号文件）明确指出，“公派出国留学人员是指根据国家建设需要，得到国家以及有关部门、地方、单位全部或部分资助，通过各种渠道和方式，有计划派出的留学人员。按国家统一计划，面向全国招生，统一选拔、派出，执行统一经费开支规定的出国留学人员，为国家公派出国留学人员（简称‘国家公派’）”；“按部门、地方、单位计划，面向本

地区、本单位招生、选拔、派出，执行部门、地方、单位经费开支规定的出国留学人员（包括个人经本单位同意和支持，通过取得各种奖学金、贷学金、资助等并纳入派出计划的留学人员）为部门、地方、单位的公派出国留学人员（简称‘单位公派’）”。国家公派留学工作体现了国家的规划和发展战略，“我国的国家公派留学主要从四个方面考虑：国家战略、科技前沿、国家急需和短缺的人才、中青年骨干和学科带头人”①。高校单位公派出国留学工作主要服务于学科建设和教师队伍建设需要，重点支持学校重点学科、特色学科、优势学科、新兴学科和具有发展前景学科的发展，重点支持学科带头人、学术骨干、优秀中青年出国进修。在国家留学政策的指导下，高校公派留学工作成为学校学科建设和教师队伍建设、提高学校影响力的主要渠道。因此，各高校在鼓励国家重点学科和承担国家重点科研项目的教师争取国家留学基金资助的同时，还大力支持院、系（所）制定培养计划积极发展校际交流项目，开拓多种经费渠道，选派优秀骨干教师，带着任务出国留学，扩大了公派出国的选派规模。公派出国留学工作推动了高校的教师队伍尤其是高层次人才队伍建设的步伐，为重点学科、合成优势学科的建设提供了有力的人力保障和科研保障，提高了国际合作层次，提升了国际影响力。

为了更具体地说明公派出国留学工作对高校重点学科建设及高层次人才队伍建设产生的积极影响，笔者以北京师范大学2000—2008年出国留学工作为例进行分析。

二、公派出国留学对学科建设起到了推动作用

国家公派出国留学工作对高校的重点学科建设起到了推动作用。以北京师范大学为例，2000—2008年公派出国留学的人次为

① 中国留学工作30年的历程与成就——访国家教育部副部长章新胜．国际人才交流，2008（9）．

819 人，其中国家公派 235 人次，单位公派 584 人次。从派出的学科情况看，主要集中在我校的传统优势学科（如国家重点学科或北京市重点学科）：中国语言文学（国家一级重点学科）派出人数 118 人次，教育学（国家一级重点学科）104 人次，数学（国家一级重点学科）76 人次，地理学（国家一级重点学科）41 人次，心理学（国家一级重点学科）46 人次，物理学（含国家二级重点学科）76 人次，化学（含国家二级重点学科）34 人次，生物学（含国家二级重点学科）35 人次，其他学科 286 人次。

我校公派出国工作的导向目标是明确的，即保证优势学科发展，特别是集中力量建设国家和北京市级重点学科。在此基础上，大力加强其他学科的建设，促进整个学科队伍的发展。图 1 体现了这种趋势：

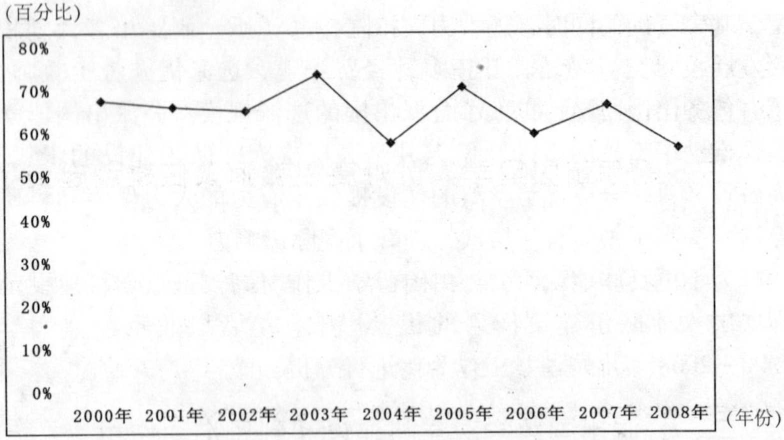

图 1　八个重点学科历年公派出国留学人员占全校比例（2000—2008 年）

从图 1 中能够看出，八个重点学科的公派出国留学人员占全校的比例是非常高的，但是这种比例有一定的下降趋势，表明在重视重点学科建设的基础上，也注意提高其他学科的公派出国留学人员比例。

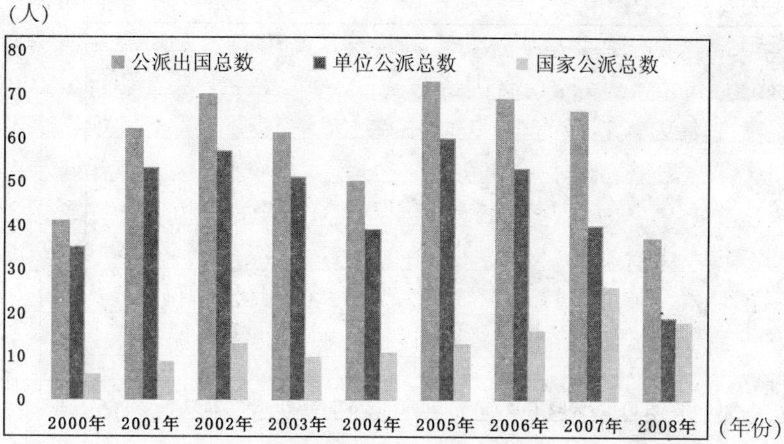

图 2　八个重点学科历年公派出国留学人员总数变化（2000—2008 年）

图 2 显示出，八个重点学科的公派出国留学人员的总人数从 2005 年以后逐年降低，其中国家公派出国人数是缓慢增加的，单位公派出国人数下降明显。

三、公派出国留学人员对高校教师队伍建设起到了积极作用

2000—2008 年，北京师范大学单位公派出国人数总共为 584 人次。从派出的专业技术职务层次看，多为副教授以上职务人员，其中教授 196 人次，以副教授身份派出的共 217 人次，以讲师身份派出的共 123 人次，其他身份为 48 人次。

2000—2008 年，我校各种形式的国家公派出国人数为 226 人次，从专业技术职务构成来看，派出教授 73 人次，副教授 109 人次，讲师 44 人次。我校的单位公派出国和国家公派出国的情况有明显的相似之处，如派出的人员成分主要是副教授以上职务的中青年教师。

图 3 显示，各专业技术职务人员在出国的比例变化上不尽相

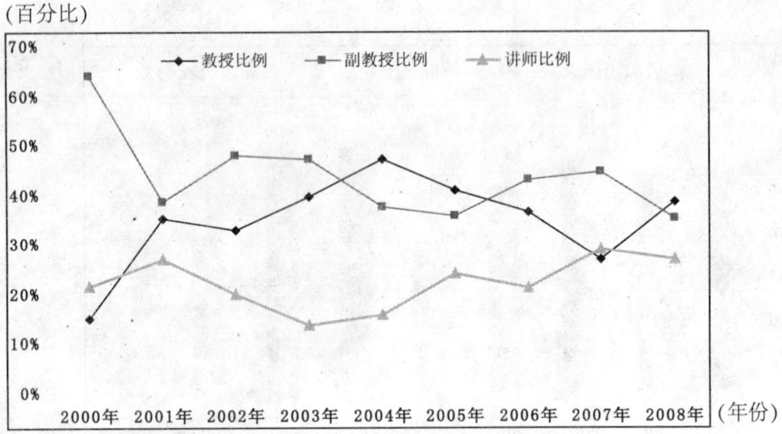

图 3　各专业技术职务人员公派出国留学所占比例变化（2000—2008 年）

同，其中教授的比例略微降低，副教授的比例基本保持不变，而讲师的比例有小幅增加。

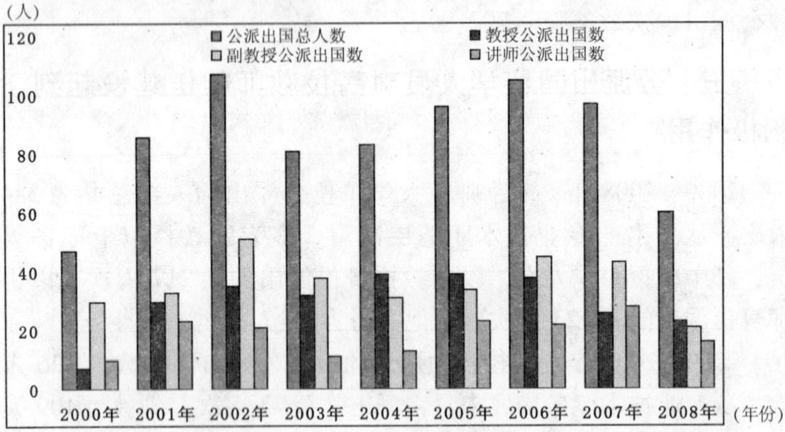

图 4　各专业技术职务人员公派出国留学人数变化（2000—2008 年）

图 4 显示，全校公派出国人员的总数有一定起伏，从 2006 年

开始呈现下降趋势，说明现阶段教师对于公派出国留学的认同在降低。

派出人员的增加，极大地提高了各二级学院的国际化水平，各学院留学半年以上人员的比例有所提高，如数学学院57.7%，物理学院71.9%，化学学院60%，生命科学学院58.2%，地理科学与遥感科学学院38.9%，资源学院52.9%，减灾与应急管理研究院54.5%，文学院61.2%，心理学院44%，认知神经科学与学习研究所68.1%。比例的提高加强了学校教师队伍的建设，开阔了高校教师的国际视野，提高了教师的教学科研能力。

四、公派出国留学管理过程中存在的问题

（一）在外期间的管理

教师公派出国在外期间的管理在现阶段显得较为宽松。由于教师是公派出国的，必然带着国家或单位的任务，国家及单位对其有管理的义务与权利。国家公派出国的教师在外期间主要去我驻外教育机构办理一些待遇、回国等手续，而且鉴于驻外教育机构对出国人员的情况了解不够详细，在外期间与出国人员的联系相对较少，这增加了管理难度。而单位公派的出国人员，主要通过邮件、电话的形式与个人进行联系，而系人员之间及与单位之间的沟通相对缺失，因此不能和单位公派出国人员进行很好的沟通与联系，对其在国外的生活与工作不能够提供很好的支持。

（二）留学成效的检验

教师在公派出国期间的学习及工作成效的检验在现阶段是很难实现的。公派出国人员在出国前，向国家和单位都提供了详细的出国研修计划。研修计划涉及的学科领域不同，一般不具有量化的指标，这就为留学成效的检验增加了难度。教师公派出国期间，单位公派人员影响了学校的教学科研工作安排，而国家更是对国家公派人员提供了大量的资金资助，出国人员在公派期间是否能够在科研上有所提高，提高到什么程度，在检验方面都有很

大难度。

（三）留学成果转化的支持与认定

在出国期间，留学人员会学习新的研究及教学方法，取得相应的数据，收集国外相关研究资料，了解国际的研究前沿方向及动态，出国留学人员在国外的研修会取得相应的成果，但这些成果怎样转化到国内的教学科研中就非常重要了。这些成果是公派出国的目的所在，而学以致用是其基本体现，但是对成果转化的支持与认定在现阶段的总结中存在不足。总结公派出国成果对公派出国这项工作的改进和意义具有促进作用，而且对这种成果转化的支持会取得事半功倍的作用。

（四）出国期间国内待遇的管理

出国期间国内待遇的管理会对出国人员有很大的影响，而相关部门对这方面的重视却略显不足。国家公派出国人员统一得到国家的资助，在外期间的生活能够得到一定的保障；而对于单位公派人员来说，如果没有获得国外的资金资助，在生活保障上就会显得不足了。现阶段，随着国内生活质量的改善及待遇的提高，如果出国期间待遇没有得到保障，会影响到教师出国的动力。近几年教授长期出国的人数逐年下降就是这种情况的体现。是否获得国外资助因涉及每个出国人员的情况不同而有差异，因此出国期间国内待遇的管理在现阶段越来越重要。

五、公派出国留学政策保障建议

（一）加强对公派出国人员在外期间的管理

加强对公派出国人员在外期间的管理主要是为了保证两个联系通道的畅通：一是单位与出国人员之间的纵向联系，另一个是公派出国人员之间的横向联系。在第一个联系通道上，单位与出国人员进行相应的交流，包括单位下达的一些工作要求等，而出国人员则应汇报其在国外期间的学习、工作经历。在第二个联系通道上，要能够使在外的出国人员得到生活、学习、工作等方面的帮助，加快出国人员融入新环境的速度，及早开始工作，并提高工作效率。例如2011年日本大地震期间，北京师范大学通过两种通道来实现了对在日人员的情况调查及帮助，帮助申请赴日人员重新确定了行程。

（二）建立回国人员登记制度

回国人员登记制度的建立不仅是要确定回国人员是否回国，督促其按期回国，更加重要的是让回国人员提交出国期间的总结，包括出国人员在外期间的学习工作经历、出国期间的思想总结、个人体会、工作进展等，也包括在外期间的注意事项，出国期间所碰到的困难、问题及解决方法，出国的收获等，便于国内单位对其出国成效进行检验，同时总结经验，为今后出国人员提供建议及支持。

（三）提供资助来加速成果的转化与认定

出国人员在外工作和学习是宝贵的经历，将这些经历迅速转化成今后的教学科研成果是非常重要的。在成果的转化过程中，相关部门要提供必要的资助，加速这种转化。国家回国人员服务中心对回国人员提供了一定的资助，但是随着时间的延续，仅仅是国家的资助会显得不足，单位的资助就会变得越来越重要。单位通过一定的资助，可以加速成果的转化，使出国人员所学能够转化到学校的教学科研中去，提高学校的整体实力。通过对资助的审核，也能够确认成果的转化效果。

（四）提高出国期间国内的待遇

在出国期间，国内的单位按照各自的规章制度来对出国人员的待遇进行管理，但是总体来说，出国人员在此期间的待遇是降低的。降低的程度因各单位相关规定而不同。现在高级职称人员的出国意愿，特别是教授的长期出国意愿逐年减弱。为了促进高校教师的国外交流，提高高校的国际化水平，必须改变这种情况，因此提高公派人员出国期间的国内待遇就显得很有必要了。这样，不仅在政策上对出国留学有促进的作用，而且能够保证和提高出国人员国外的生活质量，使其更愿意学成后归国，避免造成国家的人才流失。

关于学科带头人队伍建设与培养的一些思考

黄燕梅　翟　娜　王雅正

（西安交通大学人力资源部，西安　710049）

摘　要：为了深入实施“人才强校”战略，培养和引进一大批高水平的学科带头人，全面提升西安交通大学的综合实力与竞争力，增强学校科技创新能力，本文总结了西安交通大学在学科带头人队伍建设与培养工作中的一些做法。

关键词：学科带头人　队伍　建设　培养

拥有一支高素质的具有创新意识和创造能力的学科带头人队伍，是高校学科建设以及师资队伍建设的关键。选择一位德才兼备、视野开阔、学识渊博、能力突出的学科带头人，是带领学科始终走在学科发展前沿的重要保障。因此，选拔和培养学科带头人、建设学科带头人队伍，是学科建设乃至师资队伍建设的重中之重。本文就以西安交通大学为例，对学科带头人及其学科梯队的培养建设工作作一些探讨。

一、学科带头人在学科建设和发展中具有重要的地位和作用

学科带头人，是指在某一学科、专业技术领域取得过具有国

际水平的研究成果者；或对本学科以及相关学科领域发展有较大影响，被国内外同行公认为有创新性成果、业绩者；或掌握某一学科、专业技术领域能影响高新技术产业化的关键技术，并对社会经济和社会发展作出突出贡献者。学科带头人肩负着学科队伍建设和教学、科研的引领、示范重任，对学术优势的形成和保持具有决定性意义，是一所大学或一个学科繁荣昌盛的重要标志。

《国家重点学科建设与管理暂行办法》（教研〔2006〕3 号）规定，申报国家重点学科，必须拥有学术造诣高、具有一定国际影响或国内知名的学术带头人，有一支结构合理的高水平学术团队。由此可见，在学科建设中，学科带头人有着举足轻重的作用。其作用主要体现在以下几点：

其一，引领学科发展。事实证明，优秀的学科带头人就是学科发展的灵魂。学科带头人的个人魅力、发展水平和存留与否，往往决定着这个学科的生存和发展。美国加州理工大学全球闻名的主要原因之一，就是它有实验物理和航空技术两个世界顶级学科，而这两个学科之所以顶级，是因为它们分别有其顶级的教授：一个是密根立——诺贝尔物理奖获得者，一个是冯·卡门——航空技术的引领人。

其二，凝聚培养人才。优秀的学科带头人，具有独特的吸引人才的作用，也具有培养、成就人才的作用。据研究，国际上的诺贝尔奖获奖者存在大量的师承关系。有人对美国 1901—1972 年 92 名获奖者进行了考察，这些人的研究对象涉及物理学、化学和医学，其中有 48 人，即一半以上曾经是诺贝尔奖获得者的学生、博士后或助手。由此来看，科学上的伟大发现并不是完全由单个天才完成的，而是由科学家们代代传承完成的。

其三，创新科学研究。优秀的学科带头人要具有出众的科研能力。要使学科建设上水平，必须以高水平的科研为载体。高校的实际水平，突出表现在其学科带头人的研究成果和学术影响上，其综合实力则反映在科研团队的素质和规模上。因此，实现学科建设目标的关键，就是如何提升高校的科研竞争力，并通过提高科研水平来带动教学水平，进而培养一批骨干人才。

其四，组织学术交流。优秀的学科带头人必须站在学术发展的前端，不仅要积极参与学术交流活动，更要具有能够组织本学科开展学术交流活动的条件和能力。所谓的学术交流，是指为了了解发展信息、分析讨论问题，而在一定层次人群范围内进行的科学探讨、论证、研究活动。学术交流的本质意义是沟通思想、交流观点、启迪思维、激活动力，从而促进和实现学术创新。

二、学科带头人不仅是高校实力形象的代表，而且是德才兼备的人才

学科带头人要具有先进而正确的教育思想、精通扎实的专业造诣、宽广深厚的文化素养和统筹协调的领导能力，有突出丰厚的学术成果，包括奖项、论著、专利等。要成为一个优秀的学科带头人，应该具备以下素质：

一是具有高尚的思想素养与人品。优秀的学科带头人是学科的一面旗帜，其自身所具有的高尚的品行修养和人格魅力是引领学科发展的决定性因素。这不仅能为本学科营造出一种优良的学术氛围和人文环境，同时本人又能成为学科团队成员信任、敬仰、尊重的领头人，成为他们人生努力的方向和奋进的动力，从而带动和促进学科的建设及发展，以尽快达到国内领先或国际先进水平。

二是具有突出的学术水平与成就。在诸多学科带头人的遴选条件中，学历、学位、职称、职务、业绩等条件往往居于首位，但最重要的条件还是看其是否有突出的学术水平和学术成就。具体来说，就是要看是否有能力承担国家重大或重点科学研究与教学研究项目或主持国家重点实验室、国家级科研基金项目和国家攻关项目，以及在本学科领域的同行专家中的知名度和在国际性学会委员或国家学科评议组中的任职情况。

三是具有卓越的组织协调与领导能力。随着当今科学技术的飞跃发展和新的研究领域的不断拓展，许多学科相互交叉、彼此渗透，科学研究日益精细化、复杂化，导致学科建设需要来自不同领域的人才跨学科合作。因此，学科建设的关键不仅仅是需要优秀的学科带头人，更需要人才济济的学科团队。而团队的建设，不仅需要学科带头人的人格魅力和学术魅力，更需要其优秀的组织领导能力，需要把团队成员组织到一起，形成较强的凝聚力，并发挥团队每个人的长处，调动每个人的积极性和创造性的能力，还要协调好与有关部门的关系，有效地调配和整合各类财物资源，使学科资源发挥最大效益，从而把团队带成一个和谐、奋进、高效的集体。

四是具有高远的学术眼光与发展潜质。学科带头人不但是掌握深厚学科知识的人，更应该是能够随着社会的发展不断更新知识面的人，是能够时刻洞察学科发展动态、走在学科前沿的人，是能及时找到学科新的生长点、引领学科不断前进的人。优秀的学科带头人要具有带领本学科赶超或保持国际先进水平的潜质和准备，对本学科的发展和学术研究工作提出创新的构想与计划。

三、学科带头人队伍建设方面的探索以及重要举措

人才是一流大学发展的关键，优秀学科带头人的培养、成长过程是一个不断进取、不断成熟的过程。现有学科带头人的来源，除传统强势学科多年来培养积淀的人才外，近年来，为了全面提升学校发展的核心竞争力，我校采取多种形式加大人才引进与培养力度，加强学科带头人队伍建设。在积极实施国家“千人计划”、教育部“长江学者计划”的同时，还设立专项资金，成立前沿院，推行本校的“腾飞人才计划”和“卓越人才计划”。

第一，设立学科建设“特区”，引进高层次人才。配合国家“千人计划”的实施，2010 年 12 月，西安交通大学成立了前沿科学技术研究院，旨在适应海外优秀人才快速向学校聚集的新形

势，目标是在较短时间内建成一个具有鲜明学科交叉特色、拥有世界一流研究水准的基础科学研究院，同时为我国实现科研体制改革的国家战略目标提供试点和经验。它所采用的和国际接轨的高效科研管理体制，是一套能使前沿院的所有科研人员最大限度地发挥其创造力和主导作用的管理办法。在筹建不到一年的时间里，前沿院已成立了五个研究中心，云集了一批海内外一流学者，产出了一批骄人的成果。

第二，积极实施“腾飞人才计划”和“卓越人才计划”，培养高层次人才。与教育部“长江学者计划”相衔接，从2000年开始，我校实施“腾飞人才计划”，以促进青年学术带头人的成长。每年遴选10～15名优秀拔尖人才，通过3～5年的培养，使其中一部分人能够进入国际教育科技发展的学术前沿，成为学术或学科带头人。十年间共有85名青年学者入选，其中13人入选教育部“长江学者计划”。为了实施“人才强校”战略，加快建设成为世界知名高水平大学，我校从2009年起设立“卓越人才计划”，其中包括卓越人才引进和卓越团队合作计划，聘用国内外著名学者到我校全职工作，担任我校重点学科或新兴交叉学科的带头人；以柔性引进方式聘请国际知名学者及其研究团队，到我校与校内创新团队共建具有国家先进水平的研究实体。目前，学校共引进了10个研究创新团队。

第三，大力支持“学科带头人+创新团队”计划，凝聚高层次人才。我校积极探索新形势下学科带头人的产生规律与选拔方法，以学科带头人为核心形成创新团队的工作机制；探索高校“学科带头人+创新团队”人才组织模式的性质、特点和运行方式，形成了“学科带头人+创新团队”工程建设的中长期发展规划。目前，我校已有12个长江学者创新团队。

近年来，针对高层次人才队伍建设工作面临的新形势、新挑战和新机遇，我校准确地把握时代和社会对高校人才工作提出的新要求进行探索尝试，在高层次人才队伍建设上取得的进步和成就是有目共睹的，一大批高水平、高层次、高素质的学科带头人活跃在学科建设第一线。

四、重视和加强学科带头人及其后备梯队的培养

为了摸清学校学科带头人的现状，为学校学科建设工作决策提供真实可靠的第一手材料，本着实事求是的原则，我校曾在2008 年组织专家组对全校 100 多个一级、二级学科建设情况进行了摸底调查。从调查情况看，学科带头人的确定标准和要求是严格清晰的；学科带头人及其团队建设的强弱层次比例尚在可接受的范畴内，实力很强的占 26.0%，实力较强的占 27.6%，实力一般的占 26.8%，需要加强的占 19.6%；学科带头人的年龄分布也是比较合理的，将近 50% 的学科带头人年龄分布在 45 ~ 55 岁之间，55 岁以上占 25%，45 岁以下的占 25%。然而，学科建设中存在的问题也不少，主要表现在一些学科实力比较薄弱、学科方向比较分散、后备人员的等级偏低，学科带头人的水准有待提高；有些学科新老交替，需要进行学科整合或引进大师级的学者作为有实力的学科带头人；有些薄弱学科科研经费欠缺，学校投入不大。针对这些问题，必须进一步重视和加强学科带头人及其后备梯队的培养。

（一）明确学科建设是各级各类教师的职责任务

学校规定，受聘二级岗位教授的职责，应侧重于学科建设、团队建设、后备人才培养的责任；对二级岗位教师的考核应着重于考察所在学科发展与建设的水平和成就、团队建设的成就等。受聘于三级岗位的教授，应参加本学科的学科建设，主持课程建设或某一二级学科方向的建设，带领所在研究方向赶超国内先进水平，培养建设优秀的研究团队或课程建设团队，对其考核应侧重于考察其在二级学科方向、重点课程、基地和队伍建设等方面的贡献与成就。受聘于四级岗位的教授，应参加本学科的学科建设，主持课程建设或某一、二级学科方向的建设，带领所在研究

方向赶超国内先进水平，培养建设优秀的研究团队或课程建设团队。受聘于五、六、七级岗位的副教授，应参加本学科的学科建设，加入所在学科的教学、科研团队；受聘于八、九、十级岗位的讲师，应加入所在学科教学、科研团队。

由此可见，学校鼓励每一位教师加入一个学科团队，包括刚刚入校的青年教师，通过团队的培养，提高他们的素质。当然，学科团队的组建，在团队成员的选拔组成上，不应只是人数的简单拼凑，还应注意中青年教师的结构比例，以构成最有利于学科发展的梯队。

（二）积极创造有利于中青年学术骨干成长的条件

建立合理的学科梯队结构，是学科建设的基本要求之一。不论是自己培养、选拔还是从海内外引进的高层次人才，如果没有一支结构合理的学术梯队，就不能充分发挥和利用高层次人才自身的作用，以建立一支强势的学科队伍。在学科梯队中，要高度重视对具有学科带头人潜力、能成为骨干优秀青年教师的培养，大胆启用和重点培养中青年学术骨干人才，积极创造有利于中青年学术骨干成长的条件，支持他们承担教学科研第一线的工作，培养他们独当一面的工作能力，支持他们申请研究课题和科研经费。同时，重视对学科带头人的激励，通过设计适当的外部奖酬形式和工作环境，以一定的行为规范和惩罚性措施，借助信息沟通，激发、引导、保持和归化组织成员的行为，以有效地实现组织及其成员个人目标的系统活动，提高培养工作的成效，打好学术梯队的基础。

（三）实施推进一系列青年教师培养计划

建立符合人才成长规律的机制是高校学科带头人建设工作取得实效的根本保证。为了吸引、留住、造就人才，自 2010 年起，西安交通大学对新进的各类教师的科研支持经费都有大幅度的提高，推出了一系列青年教师的培养计划，主要包括以下几点：①实施“青年骨干教师出国研修项目”，选派青年教师以访问学者身份到世界一流大学进行1～2年的合作研究，开拓其研究视野，提高国际交往能力；②实施“青年骨干教师培养计划”，通过特聘方式，选拔优秀青年教师承担高一级职务职责，扩大其学术影响力，争取承担国家项目；③鼓励申报“新世纪优秀人才”，支持青年教师申报教育部“新世纪优秀人才支持计划”，并为入选者提供专项配套经费。为了保证培养计划的落实，学校在重点建设经费队伍建设项目中设立了青年教师培养专项，国家下拨的基本科研业务费主体部分用于青年教师培养。

一系列的青年教师培养计划，重在培养青年教师的能力，提升他们的教学能力、科研能力、组织能力、国际交往能力以及师德素养。在培养中，遵循系统性与阶段性有机结合的原则，分阶段建立健全系统化的青年教师培养体系；遵循培养与使用有机结合的原则，在培养中使用，在使用中培养。此外，刚入校的青年教师对学科建设的知识可能不是很清楚，很有必要对他们进行一些有关学科建设知识的培训。

随着我国高层次人才计划等措施的实施，为了构建高素质高校教师队伍、培养学科领军人才，高校高层次人才队伍建设的工作尤为重要。当前高校高层次人才队伍建设工作面临新形势、新挑战和新机遇，我们应准确把握时代和社会对高校人才工作提出的新要求。

大力加强青年教师的培养 促进师资队伍可持续发展

王　丽

（内蒙古大学人事处，呼和浩特　010021）

摘　要：高等学校要培养全面发展的高素质人才，就必须建立一支高素质的教师队伍，而青年教师是建立高素质教师队伍的关键所在。本文从教学科研、师德师风建设等几个方面对青年教师的培养进行了简单的分析，提出了几点思考，旨在揭示青年教师成长与发展的现状和问题，正确认识青年教师成长发展的趋势，促进师资队伍的可持续发展。

关键词：青年教师　培养　师资队伍　可持续发展

师资队伍的状况是衡量高校科研实力和教学质量高低的最重要的因素之一，而青年教师队伍的培养壮大更是一所学校成败的关键，也是学校可持续发展的根本所在。

青年教师的人数在高校师资队伍中所占的比例逐年提高，他们是学校发展新的增长点和重要支撑。他们大都具有博士学历，毕业于“985”或“211”院校，有的还具备海外学历背景。他们往往具有较扎实的专业基础、广阔的视野和深厚的理论功底。学校要重视对这个群体的管理，一旦忽视了对这支青年教师队伍的培养和建设，学校就会失去发展的动力和后劲。

因此，我们必须把加强教师队伍建设的重点放在加强青年教师的培养上，牢固确立“一主线，三个点”的工作思路。一主线，即以“加强青年教师的培养，促进师资队伍可持续发展”为主线。三个点，一是强化师德师风建设，培养青年教师的事业心和责任心；二是拓展成长渠道，提升青年教师的业务素质；三是建立激励机制，加快青年教师成长的步伐。这样，以点带线，以线带面，促进学校的全面、协调、快速、可持续发展。

一、加强对青年教师教学科研能力的培养，重视梯队建设

（一）重视青年教师，帮助新进青年教师尽快进入角色

青年教师和学术梯队培养是师资队伍建设的重要组成部分，也是改善师资队伍职称、学历结构的重要途径。要结合实际情况，做好培养规划，不断加大对青年教师的培养力度。一方面，发挥教授“督教学、促科研”的作用，增强教授的责任感、使命感，充分调动教授的积极性，使他们转变观念，提高认识，把关注教学科研与关心青年教师成长结合起来，使新教师能够顺利通过“教学关”和“科研关”，尽快进入角色，融入学科，缩短磨合期；另一方面，制定中青年骨干教师的培养方案，制订学习计划，组织对新教师进行追求真理、严谨治学、教书育人和爱岗敬业等方面的思想教育，增强新教师的主人翁意识和责任感，使他们把个人的成长与学校的发展、学科的建设紧密结合起来，自觉地投入到教学和科研工作中去，为学校的长远发展打下良好基础。

（二）注重对青年教师的业务培训，制定科学完整的培训计划

高校应把青年教师的培训作为一项战略任务，根据教师队伍的现状和学科建设需要，综合教师的培训需求，设计出一套完整的业务培训计划，主要包括岗前培训、教学技能培训、教师能力培训、继续教育培训等，并鼓励青年教师参加国内外学术会议、

做访问学者、留学研修和合作研究等。在学习培训期间，学校应从时间、经费、感情等方面给予教师大力支持，并在培训结束后对培训效果进行综合评估和跟踪反馈。此外，定期举行多种形式经验交流会，选出一批在师德规范、专业水平、教学技能等方面综合评价较高的青年教师，组织他们以自己的亲身经历和工作体会为其他青年教师现身说法，以此激励和带动其他青年教师一起成长。总之，学校要从教师人力资源开发的战略高度，有的放矢地规划和落实教师多学科、多领域、多层次、多方式的在职培训，确保将青年教师的培养工作落到实处。

（三）促进青年教师成长，使教学能力与科研水平和谐共进

清华大学前任校长、中科院院士顾秉林教授曾说过：“在高校的教学、科研、社会服务三大功能中，教学和人才培养始终是第一位的，评价一所高校的好坏，要看科研成果，更要看人才培养的质量。”高校的性质和功能决定了很多教师在从事教学的同时，还要承担一定的科研任务。目前在全国许多高校，青年教师既是教学的主力军，也是科研的新生力量。

教学与科研是高校青年教师的双翼，如何处理好二者的关系是青年教师走进高校后不可回避的问题。一方面，青年教师一般教学工作量大、任务重，为了做好教学工作，在上课、备课、查阅资料、批改作业等方面付出大量时间，耗费很多精力，往往无暇顾及科研工作，形成在科研上的相对“落后”；另一方面，量化科研指标现在几乎是高校运转的一支神奇的指挥棒，各校对科学研究给予名目繁多、诱人的倾斜政策，科研成果数量和质量往往在配套项目经费、科研成果奖励以及评职称、核定岗位、确定研究生导师资格时“一锤定音”等。片面强调科研或教学都会走进误区，不利于高校教师的可持续发展。

从根本上说，科研与教学本不应该是矛盾的。高水平大学的教学是在知识创新基础上的教学，对已有知识不断重复的教学不应该被提倡，至少在研究型或教学研究型的大学里不应被提倡。

而知识创新全赖科研，我们无法想象不具备科研能力的教师可以成为好的教书先生。但是我们同时又必须承认，在每位教师固定的时间、精力的分配上，教学与科研又是矛盾的。同时，高校要创新知识必须鼓励科研，高水平的教学需要科研，学校要在竞争中（这种竞争对大多数学校来说将长期存在）生存必须重视科研，因此，就要加快科教体制改革，推进教师以“教”促“研”，使教学能力与科研水平和谐共进。

二、加强师德师风教育，促进教育教学质量的提高

师德师风培养是青年教师培养的首要任务之一，师德建设是促进青年教师成长的前提。“德乃师之魂”，教师的师德师风状况直接关系到高校人才培养的质量。高校教师的师德师风建设不仅关系到教师个人的品质问题，还关系到一代大学生理想人格的塑造，关系到整个高等教育的质量。

（一）新时期加强和改进师德建设的重要性和紧迫性

随着我国社会经济的快速发展，各种社会思潮给教育和教师带来了强烈冲击，在教育系统和教师队伍中出现了一些不和谐的现象，使教育系统和教师的社会评价有降低的倾向。社会生活不断商业化，急功近利的价值观和人心浮躁的社会心理都在不同程度地影响着青年教师的行为。与此同时，学生对优质教育资源的需求日益增长，对教师素质提出了更高的要求，对师德建设提出了新的迫切要求。加强师德师风建设，不仅关系到教师自身的修养，也关系到学生培养的质量，关系到国家和民族的未来。因此，在新的历史时期，加强和改进师德建设已经成为学校一项刻不容缓的紧迫任务。

（二）加强师德师风建设的指导思想和总体要求

要以马克思列宁主义、毛泽东思想、邓小平理论和“三个代表”重要思想为指导，紧紧围绕全面实施素质教育、全面加强青少年思想道德建设和思想政治教育的目标要求，以热爱学生、教

书育人为核心，以“学为人师，行为世范”为准则，以提高教师思想政治素质、职业理想和职业道德水平为重点，弘扬高尚师德，力行师德规范，强化师德教育，优化制度环境，不断提高师德水平，造就一支忠于人民教育事业、为人民服务、让人民满意的教师队伍，为培养“德、智、体、美”全面发展的社会主义建设者和接班人作出新的贡献。

（三）加强师德师风建设的主要措施

1. 开展多种形式的学习，加强思想品德和职业道德教育

一方面，要常抓不懈，把师德培养纳入师资队伍建设计划，对教师进行道德品质、职业精神和思想观念等方面的教育。另一方面，要发挥基层党组织的战斗堡垒作用，在日常思想政治学习中，加强教师的职业理想、形象、责任和纪律的教育，引导教师树立正确的价值观、道德观和人才观，加强教书育人、言传身教的责任意识。

此外，通过开展多种形式的师德师风教育活动，进一步增强师德教育工作的针对性和有效性，对教师进行正确的世界观、人生观和价值观教育，引导青年教师树立正确的价值取向和忠诚于人民的教育事业的信念，不断提高思想政治素质和道德修养，教书育人，为人师表。

2. 通过“师德标兵”等评选宣传活动，建立师德示范机制

举行以树“师德标兵”为主题的评选宣传活动，树立和培育师德先进典型，树立学习的榜样，以榜样的力量来鼓舞人、教育人，充分发挥典型人物的激励、引导、标杆和示范作用。树立典型，以点带面，使广大青年教师学有榜样、赶有目标、超有激情，充分发挥师德师风建设对校风学风、社会风气的带动作用，使高校教师成为全社会的道德表率。

3. 建立考核评价、奖惩激励机制，使为人师表成为青年教师的自觉追求

把教师职业道德考评作为教师考评的重要内容纳入学期或年

度考核中，结合学校实际情况建立一整套完善的师德师风评价体系，这是对教师德才表现和工作实绩的综合检查，是激励督促教师提高自身素质、认真履行职责的有效途径。充分调动每位教师的主动性、积极性和自觉性，鼓励教师积极参与、自我分析、自我完善，并将师德师风考核评价结果与教师聘任、评优评奖、职称评审等挂钩，对师德师风不合格者实行一票否决。建立有利于教师发展的奖惩激励机制，把考核与奖励有机结合，做到考核规范民主、奖励公开合理，对表现优异者要予以表彰奖励，做到奖惩分明，使爱岗敬业、崇教厚德、为人师表成为每一位教师的自觉追求。

三、加强制度、环境建设，以青年教师的培养为抓手促进师资队伍的可持续发展

完善人才遴选、评价、激励与保障机制，形成一套完整的竞争、激励、考核评价机制和收入分配体系，进一步促进“能上能下、能高能低、能进能出”充满活力的用人机制的实现，以人为本，关心引进人才的切身利益，合理配置资源，努力为引进人才创造一个能让他们尽快发挥作用的环境，不断增强学校人才吸引力和凝聚力；努力营造宽松的学术交流氛围，搭建学术交流平台，形成活跃的学术交流环境，促进学科交叉融合，努力培养健康有益、积极向上的校园学术文化；在拓宽渠道引进高层次人才的同时，大力营造高层次人才脱颖而出的环境，进一步以制度建设为抓手，努力营造“事业留人、感情留人、待遇留人”的良好用人氛围和育人环境，用青年教师的培养这一强有力的抓手来促进师资队伍的可持续发展。

综上所述，高等学校要提高教学质量，要增强科研和社会服务的实力，关键在于建设好师资队伍。青年教师是高校建设高水平师资队伍的关键所在，为此，高校要进一步加强师资队伍建设，促进青年教师队伍的健康成长，更好地培养一批青年骨干教

师，为人才梯队建设培养后备力量，为实现学校可持续发展提供人才支撑。

参考文献

[1] 王景平. 关于建立普通高等学校青年教师长效培养机制的探讨. 辽宁科技学院学报，2011 (2).

[2] 吕莹. 论当代高校青年教师的现状及培养. 新学术论坛，2009 (8).

[3] 田苗. 关于高校师德师风建设问题的思考. 成功（教育），2011 (10).

论“微博”时代的高校思政队伍建设

陆 薇

（同济大学，上海 200092）

摘 要：“微博”时代对高校的思政工作提出了新的挑战，高校要充分认识到思政工作进网络的意义，积极打造一支既有较高政治理论素养又具备良好网络业务素质的网络思政队伍，顺应“微博”时代的要求，努力推进思政工作网络化、信息化。

关键词：“微博”时代 思政队伍 高校

2010 年底，国内互联网十大热词榜单出炉，“微博”位居榜首。很多人认为，2010 年是“微博”年，而现在更是进入了“微博”时代。眼下一股股浩瀚的“‘微博’流”无疑对乐于接受和追捧新鲜事物、处于时尚浪尖的大学生的思想与行为产生了巨大的影响，这也给思政教育工作带来了巨大的挑战和机遇，同时也对思政队伍的素质提出了更高的要求。本文着力于探讨“微博”时代下的高校思政队伍建设，研究在新时期如何建设一支高素质的网络思政队伍，以充分利用互联网为思政教育工作服务。

一、“微博”时代对高校思政队伍提出了新挑战

“微博”（新浪“微博”产品谐称“围脖”）是微型博客（Microblog）的简称，用户可通过电脑、手机、即时聊天工具等多种途径随时随地向网站发布文字（不超过140个字符）、图片、视频，也可以实时关注和转发其他用户发布的信息。基于这一平台，用户可以交友、组建个人网络社区，可以更新信息，实现即时分享。

“微博”拥有着与时代和大众相适应的特点，同时能够满足当下大学生追求个性、潮流和抒发情感的需求，因此深受大学生的欢迎。高校思政教育的对象就是大学生，他们在这个“微博”时代自由抒发个人情感的同时，也不可避免地会受到一些非主流的思想文化和低俗叛逆的信息所带来的负面影响。因此，“微博”时代不仅改变和影响着当代大学生的思想和行为，也给高校思政教育带来了新挑战。

（一）对思政教育工作的传统方法构成的挑战

传统的思政教育主要通过课堂教育、树立典型、感染教育等方法，思政教育工作者可有意识地选择合适的材料向教育对象传播含有特定内容的信息。然而，“微博”的出现将使信息的传播逐步脱离学校、思政教育工作者等权威的控制。网络信息的内容与教育者所灌输的信息不同甚至截然相反的现象将非常普遍，这必然会引起大学生思想上的困惑、混乱，思政教育工作可能无法有效地开展。思政教育工作方式再局限于传统模式必将严重落伍。如何利用“微博”等网络服务探索出有效的思政教育新模式，是当前思政教育工作者面临的重要挑战。

（二）对思政教育工作者的素质构成的挑战

传统的教育过程中，教育者处于一种信息优势的地位。而在“微博”时代，思政教育工作的这种信息优势在很大程度上丧失了。大学生可通过“微博”所提供的社区方便地接触到各种信

息，而思政教育工作者却要面临信息劣势的处境，不知道受教育对象在想什么、需要什么，更不知道如何开展教育才有效果。因此，如何提高自身素质、适应形势的发展，是“微博”给思政教育工作者带来的挑战。

二、“微博”时代给高校思政队伍带来了新机遇

“微博”在带给高校思政工作挑战的同时，也带来了机遇。或者说，挑战本身就是机遇，因为否定旧的理念和方法，才是走向新的未来的前提。“微博”的挑战正为高校思政教育工作的变革和创新提供了契机和平台。

（一）凸显现代思政教育的学生主体理念

“微博”是大学生的自由空间，为学生提供了一个极具个性特色的话语环境，学生可以在不受外界控制的情况下自由交流自己的观点，发表自己的意见，真正实现了畅所欲言，从而充分保证了学生的主体人格。主体人格的保存和发展，能够激发学生主动探索世界和自我的兴趣与热情，激发学生创作的天性，使其观察、回忆、判断、审美等能力不断发展。而这正是现代思政教育所追求的，也只有在自由人格的支配下，知与行才能在个人身上达到统一。这是传统思政教育所不能完全体现出来的。

（二）提高学生工作覆盖面，创建和谐师生关系

目前来看，“微博”作为一个比传统媒体更迅速地提供信息的信息载体，拥有巨大的优势。基于这种情况，我们使用“微博”沟通，能使每一个学生得到及时的信息，使学生工作覆盖面大大提高。思政教育工作者不仅可以通过“微博”这一开放的空间了解学生的思想动态，使思政教育内容更加具有针对性，使教育方法更多地考虑学生的接受性；也可以将自己的生活方式和生活观念呈现在“微博”中，吸引学生点击。这样势必拉近与学生之间的心理距离，师生在这种交流沟通过程中会加深信任。思政教育的过程实际上是教师和学生互为主客体的过程，即主体客体

化和客体主体化的双向互动的信息交流过程。思政教育工作者可以很好地利用“微博”这一平台，建立平等、自由的对话，从而把传统的单向式传播变为与学生之间的互动交流，也使师生关系逐渐转变为亦师亦友的和谐关系。

三、“微博”时代，必须进一步加强高校思政队伍现代化建设

随着高校改革和各项事业的快速发展以及科学技术的进步，大学师生的思想观念、思维方法、生活方式都在发生着变化。高校思政教育工作者必须适应这种变化，若对现代化建设缺乏重视，不注重思政队伍自身的现代化建设，思政教育工作就会落后于时代，不能适应现代化建设需要。所以，必须在“微博”时代进一步加强思政队伍的现代化建设。

（一）树立正确的网络思政意识

思政教育工作者要充分认识到网络的极端重要性和紧迫性，有阵地意识。加强网络思政工作，一方面是要抵制与防范其消极因素，另一方面是要充分发挥网络的功能，使之服务于大学生思政教育工作。这不仅是对思政工作方式、载体和手段上的创新，而且也会促进思政工作的深入，拓展思政工作的空间。思政教育工作者要树立正确的网络意识，既不无视网络的作用，使其成为思政教育的“真空”，更不能因为网络存在种种弊端而因噎废食，视网络为洪水猛兽。

（二）提高网络思政教育的能力

“微博”的冲击并不是对高校思政教育工作者的否定，相反，它为高校思政教育工作者的素质提升带来了新的契机，让教育者重新审视大学生思政教育工作的内容、理念和方法，在反思和改变中实现教育的进步。尤其是在“微博”时代下，传统的、直接的、控制式的思想指导方式存在内在缺陷，而思想观念只能通过曲折、复合、间接的作用来实现。在新事物面前，高校思政教育

工作者不得不改变观念，提升自己在网络思政教育方面的专业素养。只有通过与大学生开展良性互动，及时发现问题，防微杜渐，对“微博”中大学生所表现出来的思想动态及时进行疏导，才能使思政教育工作真正起到引导潮流的功效。

“微博”时代为人们的社会生活提供了广阔的前景，也为高校思政教育工作的创新提供了难得的机遇。高校思政教育工作者必须树立战略眼光，不断增强忧患意识，顺应时代要求，积极推进学生思政工作网络化、信息化，牢牢占据“微博”时代的制高点。

参考文献

[1] 范芸芸，毕莹．为大学生思政教育围上一条温暖“围脖”——浅谈微博与大学生思想政治教育．科技资讯，2010（21）．

[2] 张兵．基于微博的大学生思想政治教育探索．枣庄学院学报，2011（1）．

[3] 郝胜杰．思想政治教育如何应对“微博”的挑战．扬州大学学报（高教研究版），2010（2）．

[4] 孙宜山．微博在高校思想政治教育工作中的应用研究．山东省青年管理干部学院学报，2010（6）．

[5] 陈万柏，张耀灿．思想政治教育学原理．北京：高等教育出版社，2007．

[6] 贾洪鉴．我校建设网络思政教育阵地的举措．文教资料，2006（36）．

浅谈高校青年教师培养现状*

翁升兰　王　金　任　洁　曹爱琴

（同济大学人事处，上海　200092）

摘　要：随着青年教师在高校中所占数量和比例的不断增加，70后、80后青年教师已逐渐成为高校师资队伍的生力军。据教育部统计数据显示，截至2010年底，我国高校40岁以下青年教师人数已超过86万，占全国高校专任教师总数的63.3%。如何持续、有针对性地培养高校青年教师应成为目前高校师资队伍建设的重中之重。本文选取美国高校青年教师培养体制中值得借鉴的几种方式进行介绍，并结合国情以同济大学为例介绍国内高校青年教师培养措施，以供参考。

关键词：高等学校　青年教师　培养　美国高校

“少年智则国智，少年富则国富，少年强则国强。”梁启超在《少年中国说》中认为少年是一个国家成败之关键，代表国家的希望和未来。这句话也恰如其分地表达了当代青年教师在高校中

---

*　本文受同济大学“卓越人才培养体系中的师资质量评价与保证”项目支持.

所处的地位，其重要程度不言而喻。

因此，如何培养高校青年教师，让他们大展拳脚，从而带动整个高校师资队伍发展，是值得当今国内高校共同探讨和研究的课题。

一、它山之石，可以攻玉——谈美国高校青年教师培养体系

美国是众所周知的教育强国，在高等教育方面尤为出色，有着世界顶尖的教师团队，以多元化的培养模式和灵活的培养方式成就了一批又一批高校精英。美国高校对于青年教师的培养制度确实有很多值得我们借鉴和思考的地方。

（一）职前培养

20 世纪 90 年代，为适应高等教育对教师的要求，由美国学院与大学联合会和研究生院委员会共同发起，实施了“未来教师培训计划”，旨在将博士研究生培养成为能胜任高校教学工作的人，使他们具有教学、研究和专业服务的职业能力，为他们未来选择教师职业创造一个好开端。由美国教会慈善托管会资助，在高校间建立合作小组，让博士生参加合作学校的工作，并在特定的学校文化背景中实践教师的各种职责，以便于他们能够在真实的环境中了解大学的行政体制并获得教学工作经验。美国教师职前培训所包含的内容较为全面，具体的学科和要求对新教师迅速掌握学科知识、提高专业能力有着较大的意义。

现在我国很多高校都已实行师资博士后制度，即将部分博士后纳入师资队伍管理。师资博士后在合作导师的指导下，以科学研究为主，同时需要履行作为教师的其他职责，例如承担院系安排的一定量的教学任务。师资博士后的培养方式本质上也是一种职前培养模式。因此，师资博士后在正式成为一名高校教师时已经积累了教学经验，易于取得良好的教学开端，同时高校也保证了学生的课堂质量，可谓双赢。

（二）导师制

青年教师“导师制”一般指按照一定的标准及程序，选择一批具有较高学术造诣及业务水平、事业心及责任感强且教学经验丰富的具有高级职称的高校教师对新参加工作的青年教师进行专门指导，帮助新教师迅速提高教学水平和教学能力，使其尽快站稳讲台的一种教师培养制度。在美国，“导师制”是本着自愿的原则自由组合的，教学技能的掌握是其内容之一。导师可以是本校的，也可以是外校的，甚至是高校以外的。美国高校实行教授终身制，这一制度对导师制的实施很有利，对助理教授与副教授的激励作用是巨大的，使得这些教师对提高业务水平的要求既迫切又主动，促使他们主动去寻找指导者或合作者。

导师制既可以充分发挥中老年教师的优势和作用，又能帮助缺少经验的青年教师解决教学过程中遇到的实际问题，更有利于和谐教师集体的形成。国内虽没有类似制度，但是近年来备受瞩目的“千人计划”在一定程度上起到了相似的作用。“千人计划”所引进的人才多为海外高水平大学教授量级的知名学者，是各领域中的尖端人才，计划的实施为国内高校各科研领域注入强大的骨干力量，以此吸引更多优秀的青年人才，形成由“核心教授+创新团队”组建成的具有国际竞争力的学术团队，充分发挥团队效应和资源凝聚作用。

（三）学术休假

学术休假是美国大学教师发展的一种重要制度形式，由哈佛大学首创，是指高校教师经过一段时间的工作后，享受为期半年或一年的带薪休假。在大学教师发展途径中，学术休假在提高教师效能、增进知识创造力和学术能力，以及加强教师的使命感及对大学组织的忠诚方面扮演着不可替代的角色。严格而言，目前在中国还没有一所大学实行真正的学术休假制度。引入学术休假制度需要多方面的配套措施及财政支持，任重道远。

（四）“非升即走”制度

美国高校对大多数青年教师实行“非升即走”的制度，如果其在5~7年内不能通过定期考核，或最终没能取得终身教职身份，就必须离校另谋他职，从而形成竞争和淘汰机制。被辞退的教师在应聘其他高校时会失去优势，即使有幸再次进入高校工作，也要从头做起。可以说，在美国几乎没有高校承担培养教师的义务，主要靠教师自己奋斗。严格的制度和失业的压力，使美国青年教师更加积极主动地投身于教学和科研工作中，不断提高自我，从而保证高效师资队伍的质量与活力。“非升即走”这一现象在美国强手如云的研究型大学里表现得尤为突出，比如麻省理工学院每个聘期的淘汰比例就高达50%。相比之下，国内高校就显得尤为安逸，甚至有部分人视教师这一职业为“铁饭碗”，胸无大志，只求当一天和尚撞一天钟，放任惰性滋生。“非升即走”制度虽然严酷，但笔者认为这绝对利大于弊，很值得国内高校学习和借鉴。

二、剖析自我寻发展——以同济大学为例浅谈国内高校青年教师培养措施

（一）新教师岗前培训

新教师的岗前培训旨在帮助教师掌握必要的教学技能和了解、熟悉新环境。同济大学每年定期举办新教师岗前培训，培训对象为近一年内入职的教师、教辅人员。当然，这样的培训体系存在一定的缺陷，由于培训每年举办一次，导致部分教师进校很久才能接受学校统一培训，造成信息滞后。另外，短时间的集中培训也无法给予新教师充分实践教学的机会。笔者认为，新教师培训绝不应只在学校层面进行，而是需要全校每个学院的支持与协助，例如在新教师上岗前，学院应给予他们充足的学习及锻炼教学技能的机会，按照不同的学科类别对症下药，采用模拟教学、课堂录像、教学咨询、讲座和讨论会等多种途径让教师迅速

掌握如何设定课程及模块的教学目标，如何根据教学目标来组织和开展教学，以及如何给学生反馈和评价等，做到真正意义上的岗前培训。除此之外，在每个新教师入职时附赠一个电子版的进校指南也是很贴心的做法。

（二）青年英才系列计划

青年教师由于刚步入社会和工作角色不久，生活、工作上都还刚刚起步，收入、住房、进修等问题都困扰着他们。为了解决青年教师的后顾之忧，为他们的学术发展创造条件，同济大学从2010年起实施“同济大学青年英才系列计划”，通过持续、有针对性的投入和支持，为建设一支高水平的师资队伍提供后备力量。

“同济大学青年英才系列计划”由“1＋3”模式组成，即在2004年已经实施的“同济大学优秀青年教师计划”基础上，再增加“同济大学优秀青年教师培育计划”、“同济大学青年教学科研骨干计划”以及“同济大学攀登高层次人才计划”。构建多层次、全方位的同济大学青年英才资助培养体系。对于入选者，学校将给予3.5万～8万元/年不等的岗位津贴，资助年限为两年。同时，在工作量和成果等方面，对入选的青年英才也提出了明确的考核要求。这一系列计划自实施以来，对我校青年教师起到了极大的鼓舞和激励作用。

（三）35岁以下青年教师申请晋升正高优惠政策

为了加强师资队伍后备人才储备建设，我校2011年度专业技术职务评聘首次对35岁以下具有真才实学、发展潜力明显的青年教师申请晋升正高职务实行优惠政策，包括评聘额度单独下达、破格晋升者的科研论著要求略低于35岁以上申请破格晋升者等。

这样的激励措施无疑给35岁以下的青年教师打了一剂强心针，鼓励青年教师在事业发展的黄金时期铆足全力出成绩，为自己积累资本的同时也为学校的发展锦上添花。

（四）岗位培训：中芬教学法、双语培训

好教师不是天生的，正所谓教学相长。高校应给予教师岗位培训足够的重视及支持。为适应“4 + M”国际人才培养等战略对高水平英文授课课程师资的需求，同济大学于今年4月启动了2011年中芬合作师资培训项目。该项目旨在通过“一对三”的辅导形式，将新教学法、教学理念和工作方式应用到我校教学中，大力提升教师的教学水平。中芬合作师资培训项目为“卓越工程师培养计划”在教学法方面的推进开了一个好头。通过培训，促使教师针对自己的课程教学重新思考，将创新教学法的理念结合自己所教授学科的特点进行融合与再设计，带给学生全新的课程体验。除此之外，我校每年选派20名左右的优秀教师赴国外接受英语教学强化培训，通过提高学校骨干教师使用英语授课的能力，使我校的双语教学工作得以深入开展。

（五）国内外交流：访问学者、香江学者

同济大学还有多个青年教师培养途径。在学术交流方面，我校积极组织优秀青年教师申报上海市高校青年骨干教师国内访问学者项目、上海市高校国外访问进修计划以及内地与香港联合培养博士后研究人员计划等一系列青年教师访学项目，并取得了良好进展。

今日的种子是明日的栋梁，给青年教师多一些机会，需要高校用发展的眼光做好青年教师培养和职业规划，立足国情，汲取美国先进理念，取长补短。此外，我国高校应尽快建立相应的激励和考核机制，例如将青年教师接受培训与职称晋升相挂钩，在鼓励和吸引更多年轻教师参加各类培养计划的同时，保证培训收益最大化。

参考文献

[1] 刘肖芹. 浅论国外高校青年教师教学能力培养模式的特点——以美、英、澳、印为例. 四川职业技术学院学报，2010（3）.

［2］朱瑞刚，冯晨昱．美国高校教师培训的经验及启示．世界教育信息，2007（10）．

［3］赵志鲲．美国大学教师聘任制度的特点与启示．高等理科教育，2011（5）．

择优激励 实现高层次人才可持续发展

——同济大学青年英才计划实施工作的实践与思考

沈 丹 吕培明 倪 颖 陆 艳

（同济大学人事处，上海 200092）

高层次人才是知识创新和科技创新的核心力量，对高层次人才的培养也是人才强国战略的关键举措。我校响应党中央“要把培养造就青年人才作为人才队伍建设的一项重要战略任务，加大工作力度，完善工作制度，采取及早选苗、重点扶持、跟踪培养等特殊措施，使大批青年人才持续不断涌现出来”的号召，坚持“人才优先、以用为本、创新机制、面向未来”的原则，并结合同济大学的实际情况，从 2010 年起实施了“同济大学青年英才系列计划”。

一、同济大学青年英才计划实施背景

高层次人才工作，要一手抓引进，另一手抓培养。赢得青年，就赢得了未来。近年来，我校顺应国家大力吸引海外高层次人才回国工作的热潮，积极推进高层次人才的引进工作并已取得

一定成效。然而，人才引进工作固然重要，但人才培养工作才是根本。只有创造出人尽其才和让人才脱颖而出的良好机制与政策环境，人才工作才能实现可持续发展。

青年教师是高校教师队伍中一支最活跃的生力军，是学校教学工作、科学研究、行政管理的重要力量。同时，青年教师普遍处于事业与家庭双负重阶段：作为一名青年教师，他必须投入大量的时间、精力在教学和科研工作上；作为一名年轻人，他需要积累一定的经济基础对家庭尽责、对长辈尽孝。然而，对物质需求较高的青年人才，由于工作时间较短，积累较少，经济条件也必然捉襟见肘。以我校为例，青年人才总体来说具有人数多、收入少、压力大的特点。我校现有教职工总数为 6 194 人，其中专技岗教师 4 229 人；在专技岗教师 4 229 人中，青年教师（1969 年 4 月 20 日以后出生）的人数为 1 793 人，占专技岗总人数的42.4%。占教师系列近一半人数的青年教师，其收入甚至达不到校内专技岗教师的平均水平，但却承担着教学、科研任务中的重头戏。因为还得兼顾照顾家庭、抚育小孩、赡养父母等责任，青年教师往往身心俱疲、顾此失彼。

鉴于我校青年教师为数众多，学校要实现青年教师的工资普遍增长也是心有余而力不足。为兼顾公平与效率，择优激励便成为两全其美之策。

二、同济大学青年英才计划于 2010 年适时推出

（一）原则与指导思想

目标导向：以我校“十二五”发展规划为指导，培养造就规模适度、结构优化、布局合理、素质优良的青年人才队伍，确立我校在“985 工程”同类高校的人才竞争优势，为实现“把我校建成国际知名大学”的战略目标奠定人才基础。

分类指导：同济大学青年英才系列计划申请人员分为教学科研型、教学型和思政型，基本涵盖学校各类教学人员，从而能保

证各类人才在各自的岗位上充分发挥潜能和作用。修改后的计划进一步综合考虑学科发展规律和特点，将申请类别分为理工、人文和管理三大类。

择优激励：一方面通过经费资助的方式提高青年人才的待遇，为其科研工作提供资金保障；另一方面充分调动青年教师的积极性和创造性，为建设一支高水平的师资队伍提供后备力量。

台阶管理：同济大学青年英才计划分为培育、优青、骨干和攀登四个系列，每个系列都针对特定的青年人才群体，同时各个系列之间具有阶层式递增关系。青年人才通过逐次申请各系列计划，最终成功攀登长江学者、杰出青年等高层次人才计划。

（二）同济大学青年英才计划简介

同济大学青年英才计划由“同济大学优秀青年教师培育计划”、“同济大学优秀青年教师计划”、“同济大学青年教学科研骨干计划”以及“同济大学攀登高层次人才计划”四个系列构成，每个系列人选分为教学科研型、教学型和思政型三种类型，各系列具体入选条件及资助额度见表1。

表1　同济大学青年英才计划入选条件及资助额度

名称	选拔类别	年龄	工作年限	重要条件	资助额度及年限	备注
培育计划	教学科研 教学 思政	33周岁（含）以下	一年及以上	高水平论文	3.5万元/年；资助两年	宽进严出
优青计划	教学科研 教学 思政	35周岁（含）以下	两年及以上	至少1项国家项目，不少于3篇高水平论文	4.5万元/年；资助两年	严进宽出
骨干计划	教学科研 教学 思政	38周岁（含）以下	两年及以上	至少2项国家项目，不少于5篇高水平论文	6万元/年；资助两年	严进宽出

（续上表）

名称	选拔类别	年龄	工作年限	重要条件	资助额度及年限	备注
攀登计划	教学科研 教学 思政	42周岁（含）以下	两年及以上	至少3项国家项目，不少于10篇高水平论文	8万元/年；资助两年	严进宽出

（三）计划实施情况

2010年同济大学青年英才计划按照一定比例分配下达各单位推荐额度，各单位择优上报人选，经学校审核、专家评审、公示人选等环节，最终评选出青年英才176人，其中优秀青年教师培育计划人选81名、优秀青年教师计划人选45名、青年教学科研骨干计划人选27名、攀登高层次人才计划人选23名。

三、计划实施效果评估、存在问题及改进措施

（一）计划实施效果评估

2010年英才计划评选出青年英才总计176人（女性占31%），占专技岗青年教师人数的9.81%，其中优秀青年教师培育计划人选81名（女性占26%），优秀青年教师计划人选45名（女性占42%），青年教学科研骨干计划人选27名（女性占33%），攀登高层次人才计划人选23名（女性占17%）。各个学科的人才梯队基本上呈现金字塔结构，但是个别学院的人才梯队呈现倒三角结构，人才断层现象普遍存在，突出表现在1965—1970年出生的年龄段。

2010年是英才计划实施的第一年，计划的资助和鼓励对英才选手的各项工作都起到了积极的推动作用，并且在项目、奖项、文章取得上有了新突破，为青年教师申报省部级乃至国家级项目或人才计划奠定了扎实的基础。

（二）存在问题——同济大学青年英才计划调研工作

1．学科差异问题，文科专业准入条件过高

文科专业目标不及理工科专业明确，与理工科专业相比缺乏具体表现形式，英才计划的设置对于文科专业来说准入条件过高。

2．资助类别设置的合理性问题

原计划的资助类别分为教学型、教学科研型和思政型，但由于纯粹教学型人才与高校教学和科研两手抓的目标不相符，因此这种类型的设置不利于青年人才的真正发展。同时，这三种类型的划分没能体现理工类和人文类学科的差别。

3．名额分配问题

各学院（系）优青层次、培育层次的后备人选充足，但是下放到学院的名额不足以满足更多优秀青年教师的需求。

4．过分强调工作年限

过分强调工作年限，限制了刚进校不久却符合其他申报条件的青年人才的申报。这样既限制了青年人才尽早成长的机会，也不利于实现该计划实施的公平性和竞争性。

5．资助年限问题

两年的资助年限较短，尤其体现在对攀登计划中较年轻入选者的后续支持问题。计划设定的资助年限为两年，但实际上，两年时间对于青年人才顺利攀升到更高层次的计划尚有难度。

（三）改进措施——同济大学青年英才计划实施细则（2011修订版）

1．根据分类指导原则，调整选拔范围

新细则中适用类型分为以下三大类：第一类适用于理学、医学与生命科学、工学Ⅰ、工学Ⅱ（含艺术类工科型设计类学科）专业技术类教师系列人员；第二类适用于人文、社科、经济与管理、艺术类学科专业技术类教师系列、思政系列人员；第三类适用于管理岗人员及专业技术类教辅系列人员。原计划分为教学型、教学科研型和思政型三类。

2. 依照人文社科专业人才的成长规律，修改该类型人才的申请条件

（1）骨干、攀登系列申请年龄分别放宽至42周岁和48周岁，原为38周岁和42周岁。

（2）科研项目及发表文章等要求更符合文科专业领域的实际情况。科研项目的等级及数量均根据实际情况有所调整，发表文章数也随刊物性质（A类或B类）有所变化。

（3）培养措施更能发挥激励效果。资助方式有所调整，学校先发放二分之一的岗位津贴，剩余的岗位津贴待资助期末考核合格后再予以发放。改变原来每学期发放一定额度，两年发放完毕的形式。

（4）考核方式机动灵活，更有利于文科类入选者的成长与发展。骨干和攀登计划入选者如果两年内不能完成考核指标，在本人提出申请并征得所在单位同意后，可酌情给予半年至一年宽限期。第三年内完成考核指标者，仍可享受前两年内的全部岗位津贴。对于期终考核优秀且满足当年度申报年龄条件的攀登计划入选者，学校延长资助两年，资助额度不变。

3. 加强对管理和教辅类优秀人才的激励作用

将管理和教辅类人员纳入英才计划，切合实际提出业绩方面的基本入选要求。学校给予入选者相应岗贴，入选者能优先参加各类境内外职业能力培训。

4. 放开名额和工作年限限制

为充分调动新进人员的工作积极性，由各学院根据实际情况申报人选，优青计划、骨干计划及攀登计划的进校年限都定为“原则上一年及以上”，原计划这三个系列的进校年限都为“两年及以上”。权力下放，充分发挥学院对入选者的严格把关作用。审核权下放到学院，由学院公示候选人信息，人才办负责审核与抽查，并公示最终入选者名单。如发现作假情况，将取消该单位

申报青年英才计划的资格。

5. 加大培养力度，增加科研项目资助

对于理工类入选者给予科研费额度：培育人选 10 万元，优青人选 20 万元，骨干人选 20 万元，攀登人选 30 万元。对于人文社科类及思政系列入选者给予科研费额度：培育人选 6 万元，优青人选 12 万元，骨干人选 12 万元，攀登人选 18 万元。

6. 与高层次人才引进工作有效衔接，人才、工作形成完整工作链接

同济大学青年英才计划的重要特色之一就是为青年人才成长搭建机制上的平台，让青年人才的发展目标更明确、发展步子更紧凑。计划为青年人才各阶段的发展设置了具体指标，而攀登计划最终对接的就是长江学者、杰出青年等高层次人才计划，能较好地实现人才的长远发展。

四、进一步的思考

青年英才计划归根到底是在现有人事制度之下的小修小补，解决青年人才的培养问题的出路是建立符合高等教育规律的大学人事制度。现代大学人事制度的建立需要不断深化人才制度、用人制度、职称制度和分配制度改革，为人才成长和发展营造宽松和谐的环境氛围。人事制度改革中人才制度改革是重中之重。只有建立科学、合理的人才引进、激励和培养机制，才能做到人尽其才、各尽其用，为高校发展源源不断地输送高水平的优秀教育人才。

高层次人才引进

高校海外高层次人才引进工作的探索与思考

蔡 瑞 文 鹏

（武汉大学，武汉 430072）

摘 要：本文从海外高层次人才的重要性和特点归纳出发，介绍了国内高校在创新引才机制和优化引才环境等方面的探索工作，进而提出下一步急需解决的用才机制问题，以及可推广使用的“人才特区”模式。

关键词：高校 海外高层次人才 引进

2008年12月，中央办公厅转发《中央人才工作协调小组关于实施海外高层次人才引进计划的意见》，要求各地各部门解放思想，抓住机遇，大力引进海外高层次人才。随后，中央逐步实施“千人计划”、“青年千人计划”等海外高层次人才延揽计划，北京、上海、广东、湖北等27个省市也陆续出台了地方性引才计划。这些计划的出台为海外优秀人才来华工作提供了良好的政策支持和外部环境，国内各高校迎来大规模引进海外高层次人才的历史契机。

一、高校大力引进海外高层次人才的重要性和紧迫性

（一）大力引进海外高层次人才是国家战略需要

“人才资源是第一资源。”随着科技的进步和经济全球化的不断发展，国家之间综合国力的竞争更多体现在科技、人才等综合实力的竞争上，世界各国纷纷从国家战略层面推出高层次人才的开发、利用战略，构筑人才高地，抢占人才制高点。如美国奥巴马政府加紧实施《加强21世纪美国竞争力法》，计划3年内每年从海外吸收19.5万名科技人才；德国投入巨资培养青年人才，在金融危机情况下还将政府奖学金数额从2008年的1.132亿欧元增加到2009年的1.323亿欧元；韩国实施WCU计划，锁定了来自海外的284名顶尖学者，计划5年内为他们提供8 300亿韩元的资助。我国推出的“千人计划”，计划用5～10年的时间，引进一大批能够突破关键技术、发展高新产业、带动新兴学科的战略科学家和领军人才。高校大力引进海外高层次人才正是响应国家战略需要的体现。

（二）大力引进海外高层次人才是“人才强校”战略顺利实施的重要保障

据统计，2010年高校申请获批国家杰出青年基金的131人中有114人有海外留学经历，占总人数的87%；2009年度国家自然科学奖第一完成人中，留学归国人员的比例达到60.7%；在承担国家重大专项项目的负责人中，33%的人有海外工作、学习经历，其中传染病、转基因专项的这一比例更是超过了60%。这些数据表明海外归国人才已成为我国科技创新的核心力量，高校通过大力引进海外高层次人才，可以迅速提升该学科的研究水平，引领和带动整个学科领域的快速发展，加速实现“人才强校”的战略目标。

二、高校不断创新引才机制，优化引才环境

与其他种类人才群体相比，海外高层次人才主要有三个特点：一是稀缺性，海外高层次人才具有国际视野，已经做出或有能力做出重大原始创新性研究成果，对社会的进步与发展产生重大影响，居于人才金字塔结构的高端，属于稀缺资源；二是流动性，海外高层次人才可以在国际间自由流动，哪里的人才理念、人才评价、人才激励等人才环境好，科研平台高，有利于创造性的激发，海外高层次人才就会流向哪里；三是事业性，经过多年的沉淀与积累，海外高层次人才更有成就事业的雄心壮志，迫切需要展现科学理想的舞台。因此，要想在激烈的人才竞争中抢占先机、建立优势，高校必须要创新现有人才工作机制，优化引才育才环境，完善保障体系，积极搭建有利于海外高层次人才实现抱负的事业平台。在这方面，国内高校进行了一些有益的尝试。

（一）设立引才工作办公室，提供引才“一站式”服务

通过设立引才工作办公室，使其全面负责高层次人才引进和服务工作，为引进人才提供“一站式”服务，从先期联络沟通，到人才项目的申报指导和引才程序的审批，再到进校手续的办理以及科研经费、安家费等学校各项优惠政策的落实，引才工作办公室急人才之所急、帮人才之所需，为引进人才解除后顾之忧，使其安心工作。事实证明，引才工作办公室的设立极大地提高了引才工作的效率和质量。

（二）明确引才层次，统一引才标准

将引进人才按层次进行划分，不同层次设置不同的资助标准，使引才工作更加规范和透明，对身处引才一线的学院具有重要的指导意义。引进人才一般划分为三个层次：杰出人才、学科带头人、学术骨干，详见表1。

表1　引才层次划分表

引才层次	一般要求
杰出人才	海外高水平大学的终身正教授 海外著名研究机构资深研究员 国内两院院士 人文社科领域国内外公认的拔尖人才 “千人计划”入选者 ……
学科带头人	海外高水平大学的副教授或助理教授 海外著名研究机构研究员 国家重大项目负责人 长江学者或杰出青年基金获得者 创新团队学术带头人 各类国家级和省部级人才项目入选者 人文社科领域国内外公认的优秀学术带头人 “青年千人计划”入选者 ……
学术骨干	海外高水平大学博士后 海外著名研究机构助理研究员或研究骨干 新世纪优秀人才计划入选者 创新团队研究骨干 取得突出成绩的海外博士 ……

（三）依托专家评审，强化学术评议

在人才评审方面，一些高校与国际接轨，调整了以往以人事部门和校领导行政审批为主的引才程序，通过实行导师推荐制、同行专家评议制和专家顾问组评审制进一步增加了人才引进的透明度，扭转了“外行评审内行”的尴尬局面。

导师推荐制。要求引进人才候选人提供2～3封由博士生导师和博士后导师亲自撰写的推荐信，信中需明确推荐应聘的岗位和对候选人学术水平、学术能力及工作态度的评价。导师推荐制主要针对优秀学术骨干和比较年轻的学术带头人。

同行专家评议制。学校从专家信息库中选取 5 名左右的与候选人学科相近的校外同行专家，请他们对候选人材料进行评议，评议内容一般包括现有工作基础、学术背景、代表性论著水平、科研能力和发展潜力等。同行专家评议制主要针对学术带头人及以上层次。

专家顾问组评审制。专家顾问组一般由校内本领域著名专家组成，负责对重大人才项目和高端人才引进进行把关。

（四）实行合同管理，注重聘期考核

高校对引进人才采取合同制管理模式，通过签订聘任合同，明确聘任双方的权利、义务以及具体的工作目标任务，具有法律效力。引进人才在享受学校提供的薪酬、津贴、启动经费和安家费的同时，也需要遵守学校的岗位工作纪律，认真完成合同规定的岗位目标任务，接受考核。考核内容一般包括教学科研情况、人才引进与培养情况、参与学科建设和团队建设情况、实验室建设情况、社会服务情况等方面。考核分为年度考核、中期考核和聘期考核。引进人才需要足够的适应和成长时间，在考核时应适当弱化年度考核和中期考核，重视聘期考核，注重对长期成果和高质量成果的考量。

三、深入改革用才机制，加快建设“人才特区”

各高校虽然在引才机制上进行了大量探索，但囿于现有财务制度、行政制度和人事制度等方面的制约，海外高层次引进人才在科研经费使用和人员选聘上缺乏自主权，科研活动受行政干预过多，工作难以有效开展，“水土不服”、“南橘北枳”的现象并不鲜见。通过设立“人才特区”，在“人才特区”内实行项目负责人制和人员聘任制，赋予海外高层次引进人才经费管理权和人员聘用权，是当前进一步优化人才环境的有效途径。

（一）项目负责人制

项目负责人制来源于PI制。PI制在英文中的全称是Principal Investigator，强调实验室在PI组长的带领下进行教学、科研等各项工作。PI组长全面负责包括项目申请、装备采购、人员招募在内的一系列实验室建设工作，对自己的实验室拥有高度的责任权、管辖权和治理权。PI制模式可充分调动科研人员的积极性，保证其所承担项目的顺利完成，自引入中国以来，在中国科学院、北京生命科学研究所等科研院所试行，取得了良好的效果。近年来，清华大学、北京大学、上海交通大学等国内多所一流高等院校也推行了PI制，并取得了成功。以上海交通大学基础医学院为例，其自2007年7月起实行PI制，仅用1年时间就取得了巨大的效益，2008年共获得科研项目经费5 000多万元，是2007年的5倍多；新立项的国家自然科学基金28项，是2007年的2倍多。

在“人才特区”内实行的项目负责人制可参考PI制模式。“人才特区”设置在某一个前沿研究领域，聘任国际知名专家担任首席科学家，同时根据研究方向的需要设置多个研究中心，每个研究中心各聘任一位项目负责人，面向海内外公开招聘高层次人才。首席科学家负责选聘项目负责人，但需征得其他项目负责人的同意，同时协调各研究中心进行重大项目攻关。项目负责人全面负责本研究中心的研究方向把握、研究方案制定、工作进度安排、人员选聘与调度、经费使用以及劳酬分配等。

（二）人员聘任制

教师聘任主要分为“终身轨道制”和“讲座教授制”两种模式。美国的大学教授一般都是“终身轨道制”，博士毕业生申请到非终身制教职后，有6年的时间争取终身制教职，6年期满如未能争取到终身制教职必须离开，转而申请其他高校的职位。日本的大学属于“讲座教授制”，教师享有公务员的法律地位，学校不能随意辞退，同时严格控制教授、副教授职数，无特殊原因一般不予更改。

"人才特区"内实行的人员聘任制，主要参考"终身轨道制"进行设计，按岗位的不同分为固定和兼职两种形式，都签订聘任合同。固定岗位人员每三年进行考核，考核合格可以续聘，考核不合格则聘任合同自动解除；第二次续聘时可申请签订无固定期限合同，即长期合同。兼职岗位人员实行流动制，其聘期由研究中心根据科研需要确定，以保证吸收更多、更高水平的研究人员前来从事科学研究。

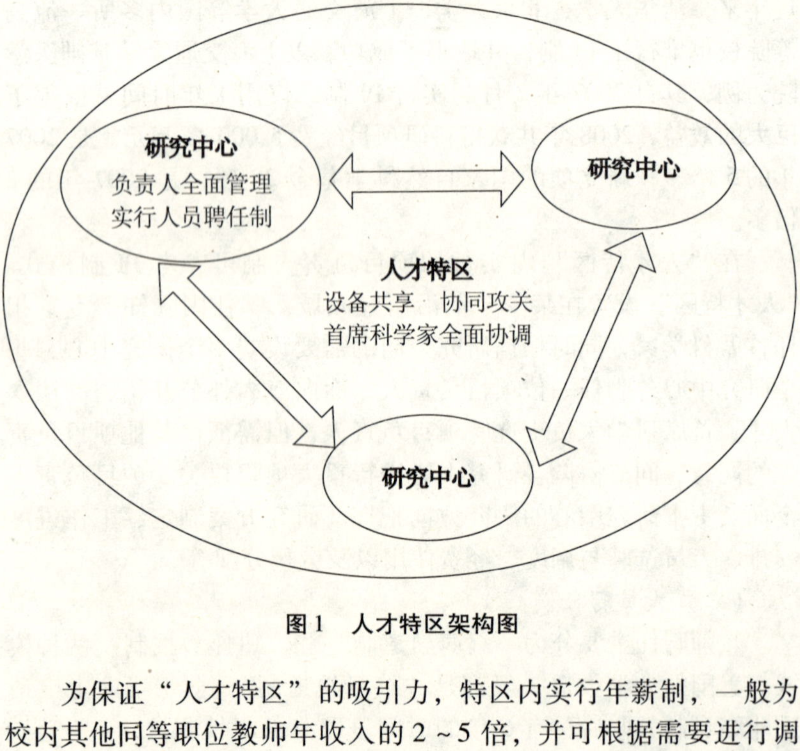

图1　人才特区架构图

为保证"人才特区"的吸引力，特区内实行年薪制，一般为校内其他同等职位教师年收入的2～5倍，并可根据需要进行调整。校内其他单位的教师也可竞聘"人才特区"的固定岗位，考核合格可续聘，考核不合格仍回原单位，在第二次续聘时同样有权申请签订无固定期限合同。

参考文献

[1] 秦亮生. 我国高校人才引进工作探析. 华南农业大学学报（社会科学版），2007（3）.

[2] 陆道坤，白勇，朱民. 海外高层次人才引进问题与对策研究——基于10所高校“千人计划”入选者的分析. 国家教育行政学院学报，2010（3）.

[3] 程洁，袁孟红，羌杰明，沈良安. 高校高层次人才引进工作的问题与对策研究——以东华大学为例. 学理论，2011（27）.

[4] 李星云. 新形势下我国高层次人才引进的思考. 江苏行政学院学报，2010，54（6）.

[5] 陈巧巧，卢永嘉. 浅析PI制的含义及发展. 学理论，2011（14）.

[6] 周勇，郭根荣. 我国高等院校青年教师培养模式研究. 继续教育研究，2010（8）.

高校高层次人才引进及管理的若干思考

李乐燕

（同济大学人事处，上海　200092）

21 世纪的竞争是人才的竞争，在当今全球化不断加深的形势下，人才资源的重要性不断体现，而高校承担着培养国家未来科技主要力量的职责，人才特别是高层次人才决定了高校的影响力和竞争力，对于高层次人才的需求不断加大，对人才的管理的要求也在不断提高。在党中央不断出台“科教兴国战略”、“人才强国战略”等战略性政策的情况下，我们更应做好相关的配套落实和管理工作。近年来，随着改革开放的深入推进，我国各项事业蓬勃发展，为各方面优秀人才提供了前所未有的发展空间和广阔舞台，吸引大批海外高层次人才的时机已经到来。在这些高层次人才的引领下，我校营造了更好的、更完善的人才引进氛围，也进一步树立了尊重知识、尊重人才的理念，并在重点和优先发展领域形成人才优势或人才高地，更有利于进一步扩大我校在科技方面的对外合作和交流。

一、高层次人才的引进

国家近些年来不断发布如“长江计划”、“千人计划”等一系列的高层次人才引进政策，为高校吸引并开发人才资源打下了坚实的基础。高层次人才的加入不断地给高校带来教育和科研的新思路、新信息、新办法，开设新学科，也提升了高校的学术声誉。除此之外，在他们的带领下，各高校建立了一支适应新世纪、新形势、新任务需要，符合研究型大学水准，具有全球视野、领先意识、创新能力、敬业精神的高水平师资队伍。我们相信，在学校总体发展规划及这些高层次人才的指导下，未来我国高校的总体水平将会有很大提高。与此同时，解决高层次人才的后顾之忧，满足他们生活的各种需求，也是各种政策中必然提及的内容，而我们则需进行相应的落实和根据实际情况进行调整。

（一）高层次人才引进的必要性

高层次人才引进能带动国家相关学科及领域的建设和发展，使我国在这些学科领域的科研水平快速达到国际水平，同时能带动和培养一支具有国际水准的科研队伍，而且这支队伍的辐射作用是不可估量的。一段时间后，他们对我国学术界的影响就会显示出来，可以促进和改变我们现有的科研思维方式，以及研究生培养的方式和理念；可以净化我们现今的学术风气，改善我们日益恶化的学术环境。除此之外，这些举措带来的成果还可以告诉人们：足够的科研经费是科研稳定发展的条件之一。

（二）高层次人才引进方法和要求

1. 根据各校实际情况，有的放矢引进人才

高校引进高层次人才的最终目的是为我所用，为高校的学科建设作贡献，但目前很多高校对于引进高层次人才缺乏一个明确的目标和指导思想。因此，高校在高层次人才引进过程中应该有的放矢，做到目标清晰、原则明确，避免盲目攀比。有的高校不顾自身实际需求，忽视对办学模式、学科特色、发展方向、现有

师资结构等方面的深入研究，导致学科发展严重不平衡。

2. 对于引进高层次人才要“慎重”，需从多方面考虑

高校在引进高层次人才时，往往以学历及已取得的成果作为衡量标准，但这些静态的指标并不能全面地反映一个人的实际科研能力、敬业精神、团队意识及道德水平。如果引进的人员不善于与人沟通合作，或有才无德，那么仅有的高学历和几篇文章并不能发挥积极作用。

3. 利用各类渠道，主动出击，积极引进人才

对于具有较高学术地位和国际声望的学者，各高校都在激烈竞争，被动等待就会失败。对于某些具有较强实力的重点高校而言，在高层次人才引进过程中要主动出击寻找目标。高校可以通过多种手段，如学校主页、招聘网站、新闻媒体、人才热线等，面向全球发布人才需求信息。除此之外还可以主动出击，“走出去”寻找合适人选，例如组织招聘团出国招聘或通过海内外校友会与校外高层次人才接触，吸引高层次人才来校工作。

（三）高层次人才的引进程序

一般是用人单位向有关部门申报，例如中组部“千人计划”的申报还需海外人才提供个人的相关证明材料，主要是科研业绩或创业成就、回国（来华）后的工作设想，包括创新、创业的内容、目标、方案以及现有基础、团队等情况，也可提出工作条件等方面的特殊要求。然后由有关部门组织专家进行评审和综合遴选。最后中组部会同有关部门组成海外高层次人才引进工作小组（设海外高层次人才引进工作专项办公室负责日常工作），对拟引进人选进行审批。

二、高层次人才引进后的管理

在不断加大力度进行高层次人才引进的同时，如何用好并留住这些人才也是关键问题之一。高层次人才的专业方向和性格特征互不相同，管理起来自然需要一定的技巧和措施。

（一）对高层次人才实施“人性化”管理

高校的人才管理是高等教育界永恒的话题。吸引人才流入后如何管理以使他们各尽其力作出最大贡献，这一问题总是困扰着高校管理者。每个学者都有不同的性格、不同的专业，这使得我们不能使用单一、死板的管理方法。出于对他们的尊重和对他们所作出的贡献的回报，管理高层次人才应该针对具体情况作出人性化的调整，为他们解决实际问题。当学者感受到了高校的诚意和热情后便会对高校产生感情，这远比单纯地使用金钱来维系双方关系更好。两者兼顾，同时满足人才的物质需求和精神需求才能留住人才。学者适应新的环境并有足够的精力和时间用于学术及创新、创业后，便能更好地作出贡献。

（二）对高层次人才进行定期定量并且从各方面考核

高校必须定时定期对高层次人才进行考核，如进行中期考核。定期考核不仅可以使引进人才在固定时间内进行合理的工作规划，而且可以增加引进人才的压力，促使其不断努力前进。由于近年来高校的道德素质和学风建设备受瞩目，相关问题的曝光也使得中国的学术形象受到不小的损伤，针对现在存在的各种问题，应该建立“学术为主，坚持品德”的考核制度。对于抄袭和编造现象绝不姑息，同时对个人品行要把握大方面，对于原则性问题不能有任何动摇，而对于一些小的瑕疵做出适当的引导和容忍，具体情况具体对待。在政策和工作方面应保留充分的弹性，以防止部分优秀的学者由于性格或生活习惯问题被限制了创造力的发挥或者在专业学术方面受到不必要的影响。德才兼备的学者自然应该受到推崇，而对那些有所不足的学者也应该提供相应的环境，不能斤斤计较，要着眼于整体。

（三）对高层次人才实行激励机制，明确奖惩

对为学校作出贡献的学者应给予相应的激励，激励机制应注意“效率优先，兼顾公平”，不能一味地搞“平均主义”，这样反而会使学者丧失不断进取的动力。在对学者进行奖励的同时也要

关注效率，使有限的资源得到最大化的利用。同时，激励机制要兼顾物质和精神两个方面，让学者可以切实感受到付出的回报，不能只单一地使用物质奖励，而更应实实在在地为他们着想，这样才能更好地激发他们的工作动力。而他们进一步作出的贡献也会为学校带来声誉和专业学术方面的回报，这样才能形成一个良性循环，创造一个双赢的局面。

（四）为高层次人才营造良好的校园学术氛围

高层次人才的引进很大部分是为了给在校学生创造良好的学习环境和学习目标，而一所拥有良好学术氛围的高校也必然能够吸引更多的人才前来，同时也容易培养出符合社会现实需要的创新型杰出人才。学术氛围的建设应着重于在校学生的学习习惯和品德教育，激励学生的学习积极性、主动性和创新性，加大学生自主学习的培养力度，增加学生和高层次人才的交流与互动，让学生切实感受到高层次人才的优秀和突出之处，同时也能让学者感受到中国新一代大学生的活力和对学术的追求。学生和学者双方相互促进、共同进步，在引进外来学者的同时也要兼顾高校本身学者的开发和培训，为社会提供更多的人才。

总而言之，高层次人才队伍的建设是高校师资队伍建设的重要组成部分，高层次人才的引进和管理涉及多个方面，具有很强的政策性和复杂性，需要不断投入精力进行探索，因为一个长远的计划和政策所产生的问题绝非一朝一夕便可解决的。妥善落实政策和加深管理的人性化能够使高校与学者受益更多，而相关配套措施的不断出台和改进将会为未来学者的不断增加及其融入高校环境打下扎实的基础。管理者对于将来可能出现的各种情况要发挥实事求是精神，灵活面对困难，坚持人性化管理，为高层次人才提供可以发挥自己特长的平台，同时也给学生以成长的环境和机会，促进校园和谐发展。

参考文献

［1］周威. 浅谈高层次人才引进工作中应注意的几个问题. 中国高校师资研究，2009（5）.

岗位设置与聘用管理

当前高校教师职务聘任中若干问题的探析

边金鸾　蔡　强

（武汉大学人事部，武汉　430072）

摘　要：作为高校人才发展、队伍建设的基础与保证，高校教师职务聘任制度的改革与发展尤为重要。本文以武汉大学为例，对岗位设置、聘任条件、聘任程序、聘后考核四个方面进行了分析，提出需加快建立完备的高校教职工养老、医疗等方面的社会保障体系，全面实行人事代理制度，弱化教师对学校的依附关系，这样才能真正确保教师职务聘任制度的实施，确保高校教师队伍建设符合国家人才战略发展需要。

关键词：高校教师职务　聘任　若干问题

2010年5月召开的全国人才工作会议在分析目前我国人才工作不足的基础上，强调要将深化改革作为推动人才发展的根本动力，要构建与社会主义市场经济体制相适应、有利于科学发展的人才发展体制、机制。作为承载高层次人才培养与发展的各类高等学校，应当积极思考与探索同国家人才发展规划、人才队伍建设部署相配套的发展战略。而作为高校人才发展、队伍建设的基础与保证，高校教师职务聘任制度的改革与发展显得尤为紧迫。

近年来，包括武汉大学在内的各兄弟院校积极贯彻中央有关文件精神，在岗位设置的基础上进一步推进教师职务聘任制度改革。随着大部分高校岗位分级聘任工作的顺利完成和“以岗定薪、岗变薪变”收入分配制度的基本确立，教师职务聘任制改革迈出了关键的一步，岗位管理的理念逐步深入人心，高校原有的“终身制”、“铁饭碗”在一定程度上被打破，初步形成了“能上能下、优胜劣汰、合理流动”的竞争激励机制。

在取得较好成绩的同时，改革也面临着一些困难和问题，例如部分岗位设置不尽科学、人才流动的“出口”不太通畅、动态管理体系尚未完善等。本文主要通过对高校教师职务聘任中相关环节的分析，结合武汉大学及其他高校的实践经验，对教师职务聘任制的相关问题进行一定的探讨。

一、科学设岗：教师职务聘任的前提条件

岗位设置管理是当前高校人事制度改革的重要内容，也是高校转换用人机制、深化教育制度改革的内在要求。岗位设置制度的目标在于彻底改变因人设岗的现象，从人才培养、科学研究和社会服务的需要出发，统筹学科建设，兼顾各类人员结构，从而实现人力资源配置的最优化。

科学合理地进行岗位设置，首先应与办学目标紧密结合。当前国内岗位设置的主要模式有以下三种：①学科建设为主型，以二级学科为设岗基本单位，根据学科的现状和学科发展的要求，按比例设置教师职务岗位。如武汉大学教师高级岗位按二级学科点设岗，设岗学科分为 A 类（博士点学科）、B 类（硕士点学科）和 C 类（一般学科），A 类学科教授岗位控制在本学科教师编制数的 25% 以内，B 类学科控制在 15% 以内，C 类学科控制在 10% 以内。②任务为主型，以教学、科研、实验技术等任务为依据，根据任务的难易程度、水平差异和层次确定岗位。如西安交通大学的 A 类岗位是教学科研型岗位，B 类岗位是科研为主型岗位，

C 类岗位是教学为主型岗位，B、C 类岗位的比例原则上控制在教师岗位总数的 15% 以内。③综合模式，以学科为主，兼顾教学科研任务，确定岗位。

各类专业技术职务结构比例问题是岗位设置的关键所在，各高校在结合自身办学目标、现有基础和发展方向的基础上进行了不同的设计，例如武汉大学 A 类学科二至四级岗位之间的结构比例为 2:3:5，B 类学科结构比例为 0.5:2:7.5；而西安交通大学结构比例则是浮动的，二级岗位名额总体控制在正高职务人数的 10% 以内，三级岗位数以学院为单位，以实有教授人数为基数，按 18% 的比例在平均分配的基础上，根据学院近三年人均科研经费额、本单位重点学科占有率和本单位博士点学科占有率按照一定的计算公式分配。无论采用何种方式，专业技术职务结构比例的确定，重点应在于提升高校教师的水平和质量，而不应盲目追求数量和提升高级岗位比例。具体而言，还应处理好以下几种关系：

（一）发展与稳定的关系

从身份管理到岗位管理，不仅仅是管理制度上的转变，更重要的是思想上的转变。在改革过程中，部分教师仍停留于原有的单位所有制体制的认识层面，对岗位管理理解不足，接受缓慢，抵触情绪较强，急于推进改革，容易影响学校的整体稳定。这就需要高校管理工作者做好宣传工作，以稳定为落脚点，以发展为最终目标，稳步推进定编定岗工作的实施。

（二）各级教师间的关系

高校教师队伍发展强调梯队性，因而在岗位设置时应当注意各级专业技术职务的比例，既要保证现有教授队伍的稳定，也要考虑到青年教师的职业发展，为青年教师职务晋升提供一定的岗位空间。而当前我国高校，特别是重点高校，教师专业技术系列岗位中存在严重的岗位不平衡现象，整体上高级岗位比例接近或超过国家控制目标，高级岗位余量较少，年轻教师晋升空间有限。

（三）各类学科间的关系

各高校内部各类学科之间普遍存在发展不平衡的局面，传统学科、强势学科中教授比例较高，而部分新兴学科、弱势学科高级岗位比例较低，各学科间人员学术水平不均。如何在保障各有侧重、共同发展的基础上，不压缩优势学科的岗位空间，同时又为新兴学科发展提供稳定的岗位支持，这需要高校管理工作者全盘部署，统筹协调好各类学科发展的关系。

（四）不同系列间的关系

虽然国家相关文件明确规定了各级系列间的比例，但当前国内高校中普遍存在教辅人员超编的现象。部分高校在进行岗位设置时首先压缩教辅系列岗位数量，以保障整体平衡，这势必会影响到教学科研工作的正常发展，违背了科学设岗的初衷。

二、聘任条件：宏观标准还是微观设计

高校教师聘任条件是为满足教学、科研等工作需要，聘任教师来承担本单位相应岗位职位中所规定的岗位职责、任务目标等时，事先应对应聘教师所必须具备的资历、能力、水平等提出具体要求或定出标准。目前，国内各高校聘任条件的制定基本遵循契合岗位职责和岗位需要的原则，采取刚性条件和柔性条件相结合的方式，在分类明确的基础上，按照不同的教师队伍建设思路制定聘任条件。以武汉大学为例，我校将教师岗位分为基础教学型、教学科研并重型和科研为主型三类，在规定学历、外语和任职年限等条件的基础上，针对不同的岗位类型制定相应的细化条件，包括教学、科研、社会服务等各方面，在各单位岗位限额内符合聘任条件的教师通过相应的聘任程序即可获得聘任。从近年来的实践看，我校的教师职务聘任条件呈现出以下变化趋势：①注重提高教师队伍的国际化水平，例如，要求教师聘任教授、副教授时必须有一年以上的海外研修经历。②在科研条件上，在

定量的基础上，注重定性的导向，鼓励多出精品，以质取胜，例如在原来SCI论文的基础上，引入SCI分区评价，一篇高区位的SCI论文可折抵多篇低区位的SCI论文。③提高教学条件要求，教学条件上不仅有数量上的要求，而且规定应聘者所承担的课程在学术教学评价体系中的得分不得低于本单位的平均水平。从今年开始，对于新进教师，学校将统一组织试讲评估，不合格者将不得聘为讲师，将教学质量与职务聘任真正挂钩。

与武汉大学微观设计精细化的职务聘任条件的做法相对应，国内不少高校采取了宏观设计的模式，即不制定具体的条件，仅针对各类岗位制定基本的入门条件，在职务聘任过程中，各级聘任组织对符合条件的教师的教学科研业绩进行横向比较，择优聘任。

教师职务聘任条件是采用宏观标准好还是进行微观设计好呢？在实践中，两种模式都表现出其特点和优势，也有各自的不足。应该说，宏观模式更富竞争性，定性评价更符合学术评价的规律性要求，尤其对于高水平的综合性大学而言，宏观模式更为适合。武汉大学在建设国内外知名高水平大学的过程中，在时机成熟的时候，可以考虑采取这种模式。当然，这种模式的不足之处在于实际操作难度较大，容易引发争议，一旦采用，需要在制度设计上进行充分考虑。

三、聘任程序：学术主导还是行政把关

国内各高校教师职务聘任程序基本上都包含公开招聘、审核评价、聘任管理三个环节。

在教师职务聘任过程中，处理好学术评价与行政审查的关系非常重要。学术评价是一种定性评价，而职能部门的资格审查更多的是一种定量考察，两者的价值取向并不完全一致，甚至存在一定的矛盾。要处理好这种矛盾，一方面，必须充分尊重学术评价的权威性，应聘者符不符合聘任条件，该不该聘任，应该由专

家说了算，由学术评价组织说了算。学校和学院应该充分尊重学术评价的权威性，减少行政干预，把学术评价意见作为聘任的主要依据。另一方面，必须遵守作为聘任条件载体的文件，资格审查要为精确地进行学术评价提供参考和服务。简言之，就是以学术评价为主导，行政把关服从于和服务于学术评价。如何通过程序上的安排实现这一原则，我校在聘任程序上的有效实践找到了解决这一问题的钥匙。在教师职务聘任中，我校原来的做法是，基层单位资格审查后，经学院专业技术聘任委员会评议表决，将候选人上报学校，再经职能部门资格审查，上报学校专业技术聘任委员会。在实际运行中，这种程序设计模式暴露出一定的问题，例如学院评审中由于圈子小、人际关系太近等原因导致推荐结果与聘任条件要求存在偏差，职能部门在资格审查过程中由于压力过大难以有效把关，学校专业技术聘任委员会由于人员组成等原因在聘任过程中学术取向不足等。近年来，我校改变了一些做法，在职能部门资格审查和学校专业技术聘任委员会之间增加了校学术委员会的程序，凡未通过职能部门资格审查的候选人，一律提交给校学术委员会，只有校学术委员会评议表决通过的，才能提交给学校专业技术聘任委员会。这样，一方面充分发挥了资格审查环节的作用，过滤掉了一部分未达到聘任条件的应聘者；另一方面发挥了学术主导作用，克服了定量评价的弊端，使一些在学术研究上的偏才、怪才不至于因为刚性的聘任条件而被埋没。

为实现学术权与行政权的协调，我校还坚持以下两点做法：一是对争议的处理也仅涉及聘任组织的组成是否符合规定、各项程序是否到位和是否存在学术不端行为等事项，而不涉及学术评价的内容；二是赋予校长一定的岗位调节机动权，对于特别优秀的人才，可以不受单位岗位限额的限制，经校长特批，报聘任委员会通过后，按相应程序聘任。

四、聘后考核：强调定量还是定性

聘后管理作为检验教师队伍质量、提升教师业务水平的重要手段，是推行教师岗位管理制度的重要保障，对于维护教师队伍稳定与促进其发展具有重要的作用。教师职务聘任制度能否实施到位，取决于聘后管理水平。聘后考核应遵循客观公正、分类操作、着眼发展的原则，努力建立科学的聘后考核体系，构建完备的以业绩贡献和能力水平为导向的教师评价制度。但目前高校竞争形势加剧，高校排名与评价体系以量化指标为主，国内高校聘后考核普遍存在过于注重量化指标的问题，重数量轻质量；加之部分高校考核评价体系设计过于简单，使考核流于形式，难以保证客观公正。

要做好聘后考核，需把握好以下两个方面：一是考核方式。目前国内高校达成的共识是聘后考核应当注重分类评价，依据不同的学科特点和岗位职责，注重对教师进行教学、科研和社会服务等方面的综合考核，防止“一刀切”的考核方式，注重定量考核与定性考核相结合，提高评价的科学性。考核既可以因人进行，也可以因事进行，因人考核强调尊重学者之间的差异性，依据学者的能力水平、工作态度与工作业绩采取不同形式、不同频率的考核方式；因事考核则注重考核的规范性，强调依据岗位工作目标、任务部署与完成情况，按固定的时间阶段进行考核。两者之间的差异是个性化与规范化的问题，规范化的考核方式有利于学校管理工作，但是过分强调规范一致容易导致考核过于频繁、考核效果有限；个性化的考核方式尊重学者本身以及岗位目标与任务的差异性，但在学校管理、考核结果比照和考核具体实施等方面需要投入较大的精力。二是考核频率。国内高校考核形式可分为年度考核、中期考核、聘期考核、随机考核等，考核采取自我评价、学生评价、同行评价、专家评价和领导评价等多种方式。要把握好考核的频率，既保证教师工作的连贯性，避免急功近利，又实现学校对教师的有效管理，需要考虑学科类别、教师层次以及岗位任务等多方面因素。目前武汉大学聘后考核的发展趋势是，强调年度述职，重视中期考核，严格聘期考核，简化学术评价环节，适当延长评价周期，以促进教师潜心教学研究，投身于原创性研究与科研难题攻关。

科学的考核体系是聘后考核的载体，而考核结果的运用则是聘后考核功能发挥的关键。科学合理地运用考核评价结果，应当严格依据考核标准，规范合同管理，实行“能上能下”的竞争择优机制和分级流转机制。但由于高校的事业单位性质，教师的人身附属关系明显，工资福利、住房、医疗保险和养老保险都由学校负责，教师自身并没有完备的社会保障体系。如果出现分流、辞聘等情况，教师离开高校之后将失去生活保障。这种现象又进一步导致了考核评价结果运用效应不佳，管理者对于辞聘、解聘都较为谨慎，这不利于教师资源合理配置，难以增强教师队伍活力。

目前国内各高校正在现行体制下积极探索各类解决方案，例如部分高校已推行的师资博士后制度和人事代理制度。笔者认为下一步应当针对高校现有人员，加快建立完备的高校教职工养老、医疗等方面的社会保障体系，全面实行人事代理制度，弱化教师对学校的依附关系，这样才能真正确保教师职务聘任制度的实施，确保高校教师队伍建设符合国家人才战略发展的需要。

以岗位设置管理为契机
提升教师队伍建设质量

范文霞　李　林　刘　洋　崔维佳

（北京师范大学人事处，北京　100875）

摘　要：岗位设置管理工作是国家人事制度改革的重要举措，以岗位设置管理为契机，围绕学校发展尤其是教师队伍发展目标，设立岗位设置的导向性标准和依据，构建科学的考评体系，建立支撑政策，提升教师队伍建设质量。

关键词：岗位设置管理　教师队伍建设　目标导向

2007年，原国家人事部、教育部相继印发《关于印发高等学校、义务教育学校、中等职业学校等教育事业单位岗位设置管理的三个指导意见》（国人部发〔2007〕59号）和《教育部直属高等学校岗位设置管理暂行办法》（教人〔2007〕4号），为各高等院校岗位设置及管理实施提出了明确的指导思想。2010年7月，中共中央、国务院印发的《国家中长期教育改革和发展规划纲要(2010—2020年)》（以下简称《教育规划纲要》）明确提出"加强学校岗位管理，创新聘用方式，规范用人行为，完善激励机制，激发教师积极性和创造性"，"努力造就一支师德高尚、业务精湛、结构合理、充满活力的高素质专业化教师队伍"，契合了高等院校岗位设置的最终目标，即合理配置人力资源，加强高层次人才队伍的建设，提高用人质量与用人效益，真正促进教师队伍持续、健康发展。

一、以岗位设置为契机，提高人力资源管理效益

岗位设置管理是我国事业单位改革，尤其是人事制度改革的重要突破口。它是指“按需设岗、竞聘上岗、按岗聘用、合同管理”，实现由身份管理向岗位管理的转变。科学合理地开展岗位设置工作事关高校用人制度改革的深入推进和收入分配制度改革的顺利实施，事关学校人力资源配置的成效和广大教职工的切身利益，对加强高校人才队伍建设、充分调动和发挥各类人员的积极性具有重大意义。

（一）科学设计，提高管理质量与效益

针对岗位设置与聘用改革，在国家及主管单位的指导下，各高校根据教职工编制总量及学校的发展战略，科学规划了不同系列、不同层级的岗位总量、结构和比例。岗位管理和聘用追求程序规范化、管理法制化、考评体系科学化，以实现精干高效的管理目标。在根据学校的发展目标而设定岗位聘用资格条件的基础上，公开招聘，择优聘用，合同管理。聘用合同中明确聘用双方的权利和义务，设定合理的岗位职责和任期目标，实行有效的目标管理。建立科学、实用的考评体系，明确学校对个体的目标导向和价值期望，进行有效的绩效管理。通过科学的制度设计，使教师更加积极主动地承担人才培养、科学研究、社会服务、文化传承与创新等任务，努力提高自身素质和水平，产出更多的优秀学术成果，不断提高工作绩效，提高岗位管理质量以及高校办学水平和办学效益。

（二）目标合理，激励教师个体自觉发展

研究表明，如果个体受到激励，就会很容易把个人奋斗目标和组织目标结合起来。个体的激励涉及薪酬待遇、个体成长与发

展、组织评价等多方面因素。岗位聘用通过设定合理目标，至少在以下两方面对教师队伍起到了激励作用：一是薪酬待遇差异体现对人才的尊重。岗位等级的划分和聘用，实际上明确了不同等级岗位的用人质量和用人标准，以及相应的差别化薪酬待遇。这种对人力资源的差异化待遇方式更能体现岗位聘用的公平性及对优秀人才的尊重。二是职业发展的上升通道适度拓宽。以教师岗位为例，多年来一直遵循“助教→讲师→副教授→教授”的发展路径，大部分教师在某一个专业技术等级上徘徊很多年，甚至直至退休。因此，晋升无望导致教师工作热情减退、积极性降低、职业发展目标缺失。实行岗位管理，特别是将专业技术发展路径在过去四个层级的基础上细分为 13 个等级，较好地弥补了原有晋升路径中阶段性职业发展目标设置的不足，能在一定程度上激励员工不断争取，实现在短时间内达到难度不太大的目标，促进个体自觉发展。

教师个体的行为成效在得到正确的组织评价后，会对组织产生强烈的归属感和持久的积极努力动机，使个体目标与组织目标达到进一步统一。

二、以岗位设置为导向，提高教师队伍建设质量

一所大学的导向性政策的制定和实施，来源于学校对现有发展状况的认识和未来发展目标的明确定位。与世界一流大学相比，目前我国高校存在高水平学科带头人普遍缺少、具有国际影响力的科研成果产出明显不足、解决重大科学问题的能力不强等现实问题。因此，我校于 2007 年颁布了岗位设置管理的暂行办法。在充分测算现有教师的任职年限、承担的科学研究项目、取得的教育教学成果的基础上，结合学校的学科和队伍建设发展规划，制定了可行的岗位设置工作依据和标准。这不仅为开展岗位分级工作提供了政策依据，更体现了我校教师队伍建设的目标导向。

（一）教学导向

高校教师只有通过传授知识，才能完成大学和社会赋予的使命，才能真正体现教师这一职业的内涵，同时要把科学研究成果渗透到教学内容中，使学生可以了解到学科前沿的情况。教师教育教学水平的高低也直接决定了人才培养的质量，因此我校一直坚持教师要把教学作为首要任务。在暂行办法中，教授二级、三级岗位申报基本资格条件之一为“承担主要的教学科研和人才培养等任务，为学校的发展作出重大贡献”，对获得教学类突出奖励和承担教育教学项目的申请人在晋升高一级岗位时给予缩短年限的鼓励，包括国家级教学名师、国家级精品课程负责人等。通过设立具体而明确的目标激发广大教师的教学热情，也为青年教师明确了努力的方向。

（二）科研导向

提高自主创新能力，建设创新型国家，迫切需要提高科研创新能力。高等学校是国家创新体系的重要组成部分，承担众多大型、高尖端科研任务。我校坚持鼓励教师从事科学研究，勇担重任。在岗位聘用办法中，教授二级、三级岗位聘用对获得科研突出奖励以及承担重大项目的申请人给予缩短申请年限的鼓励，包括申请人获得国家科学技术奖（含自然科学奖、发明奖及科技进步奖）二等奖及以上奖项、获得北京市自然科学研究成果奖特等奖、国家社科基金项目优秀成果奖二等奖及以上奖项、担任国家重大与重点科学研究计划项目首席科学家或专家组负责人、承担国家哲学社会科学基金重大或重点项目等。

自2007年岗位设置聘用开始，通过获得科研奖励和承担重大项目而成功获聘教授二级岗位的比例不断攀升，极大地调动了教师科学研究的积极性。

（三）社会服务导向

《教育规划纲要》强调要“增强社会服务能力”，“高校要牢固树立主动为社会服务的意识，全方位开展服务”。高校对社会服务能力的导向作用体现在鼓励教师、学者发挥智囊作用，积极参与政府、社会规划决策。我校的岗位管理暂行办法中对高水平学术兼职的教师给予了申请教授二级、三级岗位缩短任职年限的政策倾斜，包括兼任国家重点实验室主任或工程技术中心主任、国家级教学团队负责人等，以调动广大教师参与社会服务的积极性。

（四）高层次人才队伍建设导向

着眼于学校高层次优秀人才总量的增长和整体素质的提高，我校岗位管理暂行办法提出对于申请者入选“人才项目类”的政策倾斜，如受聘为“长江学者奖励计划”特聘教授和讲座教授、入选“国家杰出青年科学基金计划”、入选“教育部跨世纪优秀人才计划”等项目的优秀教师在申报教授二级或三级岗位时任职年限要求将有所放宽。自2007年首次开展岗位设置管理工作以来，我校利用政策优势引进了长江学者特聘教授和国家杰出青年基金获得者若干名，有力地推进了高层次人才队伍建设的步伐。

上述导向性标准、规定提高了广大教师尤其是中青年优秀骨干教师在教学、科研、社会服务方面的主动性和积极性，越来越多德才兼备的中青年骨干教师成为学校建设的中坚力量。自岗位聘用工作实施以来，获聘教授二级、三级岗位的任职年限也在逐步缩短，获聘者年轻化态势逐步显现。

实践证明，岗位设置政策的导向性积极推动了教师队伍建设质量的提升，它以标准具体明确、目标可见可达、实施环境人性化而凝聚了一大批优秀人才，从而实现了学校和教师个人发展的双赢。

三、完善岗位聘后管理工作，夯实教师队伍建设基础

实施岗位设置与管理，建立健全岗位聘后考核评价工作机制，是今后一段时期内高校人事管理工作的重点内容。只有完善岗位聘用后的管理工作，才能保障教师队伍建设质量的进一步

提高。

（一）构建科学、可行的考核评价体系

考核评价是对岗位受聘者的角色活动满足岗位要求与个体发展的程度进行考查核实，并作出综合判断的活动。科学、可行的考核评价对于教师的人才培养、科学研究、社会服务能力和质量的提高以及对于学校的建设与发展具有积极意义。按岗位进行的考核在制度设计时要坚持公平公正、分类分层、绩效优先、和谐发展等原则。我校岗位考核工作分为两部分，即年度考核与聘期考核。年度考核以人才培养、社会服务工作完成情况为主要内容，主要由院系完成，由学校进行适度的监控。院系根据所承担的学校教学、科研任务情况及未来发展目标制定本单位教职工考核指标体系，成立具有广泛代表性的考核工作委员会。与年度考核一起构成岗位考核评估体系的是聘期考核，从教学、科研、社会服务等多方面评估岗位获聘人员在整个聘期内的工作情况。对未通过续聘考核的人员给予缓聘乃至低聘至下一层次岗位的处理，真正做到岗位的“能上能下”。

（二）制定与岗位聘用相配套的支撑政策

岗位聘用并不是一蹴而就的工作，它既包括聘用标准的制定、合同的规范等，也需要有一系列的保障配套政策促进岗位聘用工作的顺利推进和效益的最大化，使获聘的教师在岗位上不断积累经验、提升能力，获得更大的突破。我校颁布的优质业绩奖励计划明确了对在教学、科研工作中作出重大贡献和突出业绩的人员进行奖励，其中大部分项目均在岗位设置条件中有所体现。这一文件与岗位聘用办法相互呼应。教师们在工作中以岗位设置条件为奋斗目标，其间取得的成果还会不同程度地得到学校的奖励，受到激励的教师在职业生涯中获取了更大的动力，成功获聘高一级岗位的几率增大，教师个体不断发展的同时自然也会推动学校发展目标的实现。

总之，随着高等教育改革的快速发展，高校人才队伍建设处于由数量增加向质量提升的转变。因此要从有利于加强学校人才队伍建设的战略高度，科学合理地设置各级岗位，科学设定岗位聘用条件和岗位职责；以优化结构、提高效益、突出业绩贡献和能力水平为导向，构建公平竞争的人才选拔机制，实现人员的合理流动，从而促进高校教师队伍的可持续建设与发展。

参考文献

[1] 张健祥. 对岗位设置管理与人员分级聘任的深层思考. 中国高等教育，2009（15，16）.

[2] 梁旭等. 专业技术岗位设置与分类管理初探. 中国高校师资研究，2010（2）.

[3] 阎小民，邵癸. 我国高校教师岗位聘任管理模式研究综述. 教育与职业，2010（11）.

[4] 吴白莉. 岗位设置在教师专业职务聘任中的导向性研究. 重庆大学学报（社会科学版），2009（4）.

浅析国外高校教师岗位设置和分类管理

边金莺　袁　泽

（武汉大学人事部，武汉　430072）

摘　要：岗位设置和教师分类管理是高校人事制度改革实践中的一个重点问题，本文在介绍国外终身轨道制和讲座教授制两种代表性教师管理体系的基础上，为当前我国高校的岗位设置与分类管理研究提供了有益的思考。

关键词：国外高校　岗位设置　分类管理　比较分析

高校岗位设置与教师分类管理的方式体现了一个国家、一所高校所秉持的高等教育发展理念。分析不同高校各具特色的岗位设置与教师分类管理方式，总结有益的实践经验，对于构建符合国情、校情的高校岗位设置与教师分类管理方式有着十分重要的意义。

国外高校教师岗位设置主要分为两种体系：终身轨道制体系与讲座教授制体系。终身轨道制体系主要应用于北美地区，高校在各项教师管理事务中享有高度的自主权。讲座教授制体系主要应用于英国、德国、日本等高等教育相对集权的国家，政府对高等教育干预程度相对较高，教师具有参照公务员的法律地位。

一、终身轨道制体系

终身轨道制体系教师岗位主要分为终身制教职与非终身制教职两类，终身制教职主要为专任教师，从事本科和研究生的教学、指导、研究等工作；非终身制教职主要侧重于本科生课程教学与研究助理或专职研究工作，不参与部门决策。

（一）终身制教职

终身制教职主要分为终身制助理教授、副教授、教授与特聘教授四种类型。这四种类型虽然有高低区别，但是都能独立开展教学、科研活动，且都具备指导博士研究生的资格。终身制教职所基于的理念和原则是教师队伍，是学校的生命力，其核心思想是保护学术自由和言论自由，使持不同学术观点和意见的教师不用担心因此而被解雇。终身教师制在大学教师专业化的认可、学术自由的捍卫、职业的保障等方面都有着十分积极的意义。终身制教职遵循的是一套严格、明晰、客观、公正的评选标准和程序。一个教师被高校聘用后，可以有六至七年的时间为成为终身教授而奋斗，如期满未能获得终身教职，则必须在一年内离开。

（二）非终身制教职

非终身制教职主要分为助教、教学研究员、兼任讲师、专职研究人员等类型，属于教师体系中较低层次的岗位，往往是依据教学、科研的具体实际而设置。非终身制教职往往不涉及在任期内或传统意义上要完成一项研究，其主要作用为辅助终身制教职教师更有效地完成教学科研工作，承担本科生教学或专职科研工作等任务。由于准入程序少，薪酬要求低，以兼职人员为主，流动性强，非终身制教职一直是北美教师队伍的重要组成部分。以斯坦福大学为例，2005 年斯坦福大学拥有 1 775 名教师，其中仅有 54% 已经获得了终身教职，剩余 46% 均为助教、教学研究员兼任讲师等非终身教职员工。①

表1　美国高校教师职务系列的一般设置

类型	岗位	职责
终身教职	部分有终身制申请权的助理教授	独立开展教学科研活动，且都具备指导博士研究生的资格
	副教授	
	教授	
非终身教职	无申请权的助理教授	基本集中于低学衔职位，约有90%的专职讲师属于这种类型
	绝大部分为专职讲师	
	专职研究人员（Research Fellow）	专攻研究项目，同时也指导各类研究生

二、讲座教授制体系

讲座教授制体系将大学的研究单位分为各个讲座，每一个讲座仅设一名教授，下设部分副教授、高级讲师与讲师（或助理教授）等岗位，主要在英国、德国、日本等国家设置。虽然各个国家的讲座教授制体系设置并不完全等同，但都有强调讲座教授的崇高地位、等级森严、学者晋升路径明确等共性。

以德国为例，德国教师岗位设置主要分为教授与学术中层人员两类。一个讲座只有一个教授，教授自主权极大，作为该学科或专业的负责人，不仅承担开设课程的任务，还可以独自决定讲座内的人、财、物的使用；本讲座内的高级讲师、学术助手、学术雇员及非特殊任务教师的任免都处在正教授的领导之下，且排除在高校管理的决策过程之外。因而，德国教授的准入与选拔制

① *World University Rankings 2005*. The Times Higher Education Supplement, October.

度异常严格，享有国家公务员的身份，获得教授资格意味着拥有了终身教职，只有当教授因故空出席位时，才需要招聘。招聘方式采取校外招聘，而不采取本校成员内部逐步升迁的办法，教授的最终任命权在各州州政府手上。

而学术中层人员具体可分为高级讲师、学术助手、学术雇员与特殊任务教师四类。

表2　德国高校学术中层人员的一般设置①

职位	应聘资格	工作任务	比例
高级讲师	教授备选资格	独立承担研究与教学任务	2%
学术助手	博士学位	在教授领导下完成研究和教学任务	7%
学术雇员	大学毕业	在教授的指导下从事研究和教学任务	86%
特殊任务教师	专业知识	独立从事实践知识和技能的教学	5%

其中学术雇员与特色任务教师主要以合同制为主，大部分为兼职人员。而学术助手与高级讲师则是通往教授道路的必然阶段，博士生毕业后进入大学担任学术助手是其基本学术生涯的开始，学术助手在任职期间（六年）必须申请获准大学授课资格，否则就失去了继续职业道路的机会。获得大学授课资格后两三年，就可升级为高级讲师。但是想要成为教授，还必须参与严格的竞争。

三、国外高校岗位设置与教师分类管理的特点

无论是终身轨道制体系还是讲座教授制体系，都已经在国外高校实践数百年，对于国外高等教育的发展、师资队伍的培养、人才资源的优化都有着决定性的作用。虽然这两种体系在岗位设

① 许庆豫，葛学敏．国别高等教育制度研究．徐州：中国矿业大学出版社，2004．117～119．

置，特别是教授岗位设置上有所区别，但实际上都有着相通的特点。

（一）教授岗位准入严格

由于往往是在现有教授岗位出现空岗的情况下才开启公开选拔招聘工作，因而招聘周期长、程序多，且以学者治学为主就成为国外教授管理的特色。教师递交书面终身制申请，并开始汇集申请终身制材料，在规定时间内交给学校终身制评审委员会；由评委会向副校长递交是否推荐的书面决定；副校长向校长、校长再向学校董事会上报征求最后批准。如果申请没有通过，就只能另谋出路了。以法国为例，教授招聘程序能长达15~18个月。①

因此，除非出现新型交叉学科或部分校外捐赠设置的岗位，一般而言，国外高校教授数量都是相对固定的，慕尼黑大学2008年教授总人数为657人，2010年教授总人数仅为700人。②

（二）兼职教师队伍庞大

从专职和兼职的角度来划分，国外高校中大部分本科教学、实验课程教学与研究助理等类型的教师往往都聘请兼职人员，兼职教师成为了重要的师资补充。美国教育部的统计资料显示，从1977年占34%上升到1997年占43%的发展趋势看，兼职教师已日益成为美国高等教育的重要力量。1991年，日本各大学共有教师22.1万人，其中兼职教师9.5万人，约占教师总数的43%，国立大学中的兼职教师占33%，私立大学的占51%。③ 兼职教师的工资成本低，聘任和解聘程序简单，他们多数来源于高校，但也有很多其他领域的专业人才。以社区学院为例，兼职教师一般由社区内的企业家、某一领域的专家及生产一线的工程技术人员

① 胡佳，严同辉. 2007年法国综合大学改革述评. 高等教育研究，2008（3）.

② 慕尼黑大学统计年报. http://www.uni-muenchen.de/ueber_die_lmu/zahlen_fakten/index.html.

③ 彭红玉. 发达国家高职院校聘任兼职教师的国际比较. 中国职业技术教育，2005（11）.

或管理人员等构成。正是由于兼职教师的大量存在，解决了教师工作时间分配上重视科研还是重视教学的矛盾，也缓解了教师评价中教学与科研并重的困惑。外聘的兼职教师专注于教学工作，把生产实践中的知识带进课堂，丰富了教学内容。专职教师主要讲授专业课，将某一学科的前沿知识和科研成果带到课堂，有效地结合了科研和教学工作。

四、国内外高校岗位设置与教师分类管理比较分析

（一）与终身轨道制体系的比较分析

终身轨道制体系国家属于相对分权的类型，重视市场对学校的调节权，高校教师职位数也受控于市场，例如在美国，教师职位设置的依据主要有三个：一是社会需要和学科发展需要；二是学校可能提供的经费；三是历史因素。同时，学校本身高度自治，个性化特色鲜明，因此，其教师构成分类相对较为复杂：既有终身制、非终身制两条轨道，每条轨道内又有若干教师类型。相对而言，国内高校的自治权受控于国家管理权，教师职位设置受国家编制控制，全职教师与学校之间具有明显的隶属关系，都属于所在学校的事业编制，是一种事实上的“终身制”。

在终身轨道制体系的高校，终身轨道制内各类教师也大致有一个比例划分，比如教授占多大比例，副教授占多大比例，类似于国内高校的岗位设置比例划分。在晋升通道上，虽然终身轨道制的教授任职资格要求很高，但与讲座教授制国家极度刚性的岗位晋升相比，还具有一定的空间。只要你足够优秀，达到了相应的任职资格要求，在不超出设岗比例的情况下，还是可以晋升的。在教师的分类管理方面，由于教师的岗位职能在岗位设置过程中就已经确定，例如在美国，基础课和实践课的教学大部分由非终身教职人员承担，而作为终身教职的教授则既承担专业性教学任务，也承担科研任务，没有孰轻孰重之分，因此也不必像国内高校一般要作基础教学型、教学科研并重型和科研为主型的

分类。

（二）与讲座教授制体系的比较分析

讲座教授制体系国家属于相对集权的类型，国家对高等教育干预程度相对较高，在高校教师聘用方面体现了较强的政府意志，教师具有公务员的法律地位。因此，日本高校的所有教员不论职务高低都实行终身制，德国的教授也实行终身制，这与国内高校教师事实上的终身制类似。在教师编制方面，一般实行严格定编、定岗的管理制度，例如在日本，国立、公立大学实行国家公务员制度，编制严格受中央政府的控制，一般不得更改，国立大学的教授、副教授有一定的职位数限制，只有当教授、副教授退休需替补或新专业、新学科开设发生缺额时才会有晋升空额，这一点与国内高校相对宽松的晋升通道相比还是有区别的。

在讲座教授制体系国家的高校，教授同样是既搞教学又搞科研，比如在德国，教授作为高校教学科研的核心力量，具有开课、主持考试、确定科研项目、组织教学、科研实施、参与院系和研究所的管理职能，而且一个讲座只有一个教授，再作教学或科研方面的划分既无可能，也无必要。

综观以上两种体制，应该说都是与各自国家的历史传统、文化传承和教育理念相适应的，也均有各自的优势和特点，也都有值得我国高校借鉴的地方。事实上，我国高校在自身的发展实践中，也的确在学习和借鉴着这些发达国家的高等教育发展经验和模式，例如，国内不少高校已经实行事业编制与人事代理并存的用人体制，对高级别的教师岗位采取事业编制，而且经历若干个（一般为两个）聘期即可签订无固定期限聘任合同，对管理岗位、教辅岗位和低级别的教师岗位实行人事代理，这种管理模式就有一些终身轨道制体系的痕迹；还有很多高校设置一些特殊岗位，比如特聘研究员、特聘教授、PI负责人等，其目的在于保障教师在相对稳定和较少竞争的环境下安心从事研究、教学工作，同时他们也承担着明确的学术责任。从这种目的性来看，与讲座制体系国家的（讲座）教授似有不谋而合之处。

五、结语

“它山之石，可以攻玉。”对比国外高校的先进做法和经验，也为我们思考和解决现实存在的问题提供了思路。

2003年，清华大学在物理系试点进行终身教职预备制（Tenure-track），采取“新人新办法，老人老办法”的策略，对所有新聘教师实行终身教授预备制度。考察期一般为六年，到时必须接受评审，如果通过，同时获得晋升和终身职；通不过，一般必须离开而去寻找新工作。这一制度被人形象地称为“非升即走”。新制度下，教师的聘任完全由物理系学术委员会和全体教授会决定，充分体现了“教授治学”的原则。在终身教授申请评审中，采取国内外同行评审的国际惯例。

其他部分高校虽未直接提出终身轨道制，但也通过“双轨制”即特聘研究员制度和现行聘用制并用方式对教师聘用制度进行探索，如北京大学、浙江大学、上海交通大学等。

目前我国高校对教师聘任制度的改革趋势大体是参照北美的终身轨道制模式，至今未见有讲座教授制的尝试。除终身轨道制外，国内高校还可以在建立一支专、兼结合的教师队伍上做更多工作，比如大量的公共基础课和专业基础课的教学可以由兼职教师来承担，专职教授队伍纳入事业编制管理，兼职教师队伍实行聘任制，设计不同的发展通道，这样既能科学地配置人力资源，又能节约办学成本，实现办学效益的最大化。

参考文献

[1] 许庆豫，葛学敏. 国别高等教育制度研究. 徐州：中国矿业大学出版社，2004.

[2] 顾建民. 美国大学终身教职制度改革. 清华大学教育研究，2006（1）.

[3] 周作宇. 美国终身教授制的变迁与启示. 高等教育研究, 2001 (3).

[4] 吕玉刚. 全面实施岗位设置工作　积极推进聘后规范管理. 中国高等教育, 2008 (24).

[5] 曾雄军. 关于完善高校岗位设置管理工作的若干反思. 黑龙江教育（高教研究与评估）, 2010 (4).

[6] 张欣, 刘幸菡, 骆琪. 校院两级管理体制下高校岗位设置与分级聘用若干问题研究. 中国人力资源开发, 2010 (2).

[7] 余琼. 高校岗位设置管理工作的原则和措施探讨. 江苏教育学院学报（社会科学版）, 2010 (1).

[8] 胡佳, 严同辉. 2007 年法国综合大学改革述评. 高等教育研究, 2008 (3).

[9] 孙殿明, 尹开拓. 顺利实施高校岗位设置管理工作的若干思考. 中国高校师资研究, 2008 (1).

[10] 刘晓峰, 江擒虎. 高校岗位设置和管理工作的思考与探索. 中国高校师资研究, 2009 (5).

[11] 彭红玉. 发达国家高职院校聘任兼职教师的国际比较. 中国职业技术教育, 2005 (11).

[12] *World University Rankings 2005*. The Times Higher Education Supplement, October.

绩效考核和薪酬分配

高校建立职业年金制度初探

陈　彤

（复旦大学人事处，上海　200433）

摘　要：事业单位工作人员养老保险制度改革即将在上海展开试点，试点方案明确指出，事业单位要建立工作人员职业年金制度。论文根据改革的思路，通过改革前后养老办法的对比，对可能会产生的问题作了一些初步的剖析，并结合高校自身的特点，对建立高校职业年金制度提出了一些探索性的想法。

关键词：事业单位养老制度改革　高校　职业年金

一、前言

2008年2月29日，国务院总理温家宝主持召开国务院常务会议，讨论并原则通过了《事业单位工作人员养老保险制度改革试点方案》，确定在山西、上海、浙江、广东、重庆5省市先期开展试点。试点的主要内容包括以下几个方面：养老保险费用由单位和个人共同负担、退休待遇与缴费相联系、基金逐步实行省级统筹、建立职业年金制度、实行社会化管理服务等。

改革的思路非常明确：新设定的事业单位养老保险制度，其筹资模式、计发办法等均与目前的企业职工基本养老保险制度模式一致，并可彼此衔接。

二、改革前后养老办法对比

大家最为关心的问题是，按照该思路进行改革，事业单位职工退休之后拿到的养老金与现行制度计发的养老金相比较是多还是少。那么，我们以试点城市上海为例，来看一下现行事业单位养老制度是如何计发养老金的。

根据《上海市机关和事业单位一九九三年工资制度改革后离退休人员计发离退休费的实施办法》的精神，目前，上海事业单位工作人员退休后的养老金由全额计发养老金、按比例计发养老金和增发养老金三部分组成。当职工的工作年限满 35 年时，养老金的总和基本相当于退休前工资（不含单位自己发放的奖金或津、补贴）的 90% 以上，如有副高以上职称的，更可以达到 95% ~100%，养老金替代率是相当高的。

而企业职工退休后又是如何计发养老金的呢？根据《上海市人民政府关于调整本市城镇企业基本养老金计发办法的通知》的精神，基本养老金由基础养老金和个人账户养老金两部分组成。其中，基础养老金月标准如下：以办理申领基本养老金手续时的上一年度全市职工月平均工资为基数，缴费年限每满一年发给 1%。个人账户养老金月标准如下：个人账户储存额除以规定的计发月数。按照这种模式，当职工的工作年限满 35 年时，养老金相当于退休前工资的 60% 左右。

按照改革试点方案中与企业职工养老制度相衔接的思路，事业单位职工退休后如果按照企业养老模式计发养老金，那么养老金的替代率将会比改革前下降 30% 左右。

三、职业年金应当成为事业单位养老体系的第二支柱

决策部门也意识到新的改革试点方案将会导致事业单位养老金水平下降的现象出现，所以提出了“事业单位建立工作人员职业年金制度”的主张。

（一）什么是职业年金

我们先要了解一下年金的概念。年金即补充养老保险，指单位在参加国家基本养老保险的基础上，依据国家政策和本单位经济状况建立的、旨在提高职工退休后生活水平、对国家基本养老保险进行重要补充的一种养老保险形式。在我国，为了与企业年金相区别，职业年金只是指公职人员的补充养老保险。按照我国养老制度改革进程的安排，目前的职业年金指的是事业单位的补充养老保险。

（二）职业年金的作用

那么，职业年金怎样来弥补改革后养老金的巨大落差呢？首先，让我们了解一下职业年金的运行机制。国家人力资源和社会保障部社会保障研究所的崔少敏研究员在一次演讲中谈到，关于职业年金如何建立，现在比较一致的看法是实行和企业年金一致的职业年金制度，单位和职工共同缴费，国家提供税收优惠，各级财政给予相应的补助。在管理上实行个人账户管理，在基金的运作上实行市场化运作。

如果实行和企业年金一致的职业年金制度，参照中华人民共和国劳动和社会保障部发布的《企业年金试行办法》的规定：“企业年金所需费用由企业和职工个人共同缴纳”，“企业缴费每年不超过本企业上年度职工工资总额的十二分之一。企业和职工个人缴费合计一般不超过本企业上年度职工工资总额的六分之一”，“企业年金基金实行完全积累，采用个人账户方式进行管理。企业年金基金可以按照国家规定投资运营。企业年金基金投资运营收益并入企业年金基金”，“企业缴费应当按照企业年金方

案规定比例计算的数额计入职工企业年金个人账户；职工个人缴费额计入本人企业年金个人账户。企业年金基金投资运营收益，按净收益率计入企业年金个人账户”。我们可以大致计算一下，单位和个人要往年金个人账户里缴存多少钱，才能弥补改革后带来的近30%的落差。

假设，年金缴费按月缴纳，缴费基数为月平均工资；职工自建立年金账户起，连续缴费满35年；职工退休年龄为60岁，按照2007年上海市的平均寿命81岁来计算，个人账户中年金约分252个月领取；职业年金收益率为0；年金替代率为30%（弥补落差）；可以由公式“缴费期间月平均工资＊缴费率＊12＊35＝退休后年金月均领取额＊252”推算得出，缴费率＝（退休后年金月均领取额/缴费期间月平均工资）＊252/12/35＝30%＊252/12/35＝18%。

也就是说，在不考虑年金投资收益的情况下，职工在退休之前，年金要连续缴费满35年，并且每个月单位和个人要按月收入18%的比例缴费，这样退休后才能按90%的替代率（改革前的水平）来领取养老金。

四、建立合理有效的高校职业年金制度

（一）建立职业年金制度要解决的问题

问题已经浮出水面：如果退休职工的年金缴费年限太短怎么办？在改革之前参加工作、改革之后退休的“中人”都存在这个问题；按照目前上海市在职人员的“四金”个人缴费比例：养老金8%，医疗金2%，失业金1%，公积金7%，总共有18%的收入被代扣代缴，如果年金的个人缴存比例过高，造成个人负担过大、生活水平下降怎么办？根据目前上海市社保的规定，单位每年要按当年工资总额的37%支付社保统筹费，如果再加上年金缴费，这些经费的来源怎么解决呢？

现实已经摆在面前，当前已经不是要不要做年金，而是怎么

做年金的问题了。结合高校的具体情况，让我们来探讨一下，如果在高校建立职业年金制度，那么应该怎么来解决这些问题。

（二）高校建立职业年金制度的指导思想

首先，解决这些问题的前提是“平稳过渡”，也就是说养老金水平相比改革前的水平不能下降太大。温家宝总理在国务院常务会议上特别强调了一个原则，即“妥善处理好改革前后待遇水平上的平稳衔接”，这也是《事业单位工作人员养老保险制度改革试点方案》中的关键内容。此外，教师在高校从业人员中的比重过半，而《中华人民共和国教师法》早有明确规定：“教师的平均工资水平应当不低于或者高于国家公务员的平均工资水平，并逐步提高……教师退休或者退职后，享受国家规定的退休或者退职待遇。”也就是说，教师退休后的养老金水平也至少应该与公务员持平，并不应该向企业靠拢。

其次，解决这些问题的基础是政府在财政上的支持。高校作为公益性的全额拨款事业单位，国家政府拨款仍然是目前高校经费的主要来源。然而目前高校普遍存在因资金供给的结构性缺陷导致专项经费与专项需求之间的刚性缺口增大的资金短缺问题，最典型的就是社会保障专项费用的短缺，如社保统筹费等。如果要保证改革前后的平稳过渡，并建立起职业年金制度，政府部门就需要在专项经费拨款上给予大力支持。

最后，解决这些问题的重点和难点是如何在国家制定职业年金试行办法的指导下，根据本单位具体情况，设计合理有效的职业年金制度。比如，应该以多大的缴费率来缴存？缴费的基数应如何构成？单位和个人的缴费比例应如何分配？这些都直接影响到职工退休后养老金的高低。

（三）建立合理的高校职业年金制度

根据上述指导思想，我们再回过头来看一下建立职业年金所面临的那三个问题。对于“中人”养老金的问题，人力资源和社会保障部养老保险司综合处处长郭建华在一次事业单位养老保险制度改革座谈会中指出，现有改革方案的重点在于“中人”过渡性养老金计发办法和职业年金的制度构建。可以看出，管理层也已经注意到，在改革之前参加工作、改革之后退休的“中人”养老金的缺口无法完全由职业年金来填补，而应该在基本养老金和职业年金之外，再增加一块过渡性养老金。这块过渡性养老金的计发办法和经费来源应由试点的地方政府制定、解决。

年金个人缴存比例的确定，是高校在制定职业年金制度过程中必须慎重考虑的问题之一。既要体现单位和个人共同缴费的原则，又要考虑到职工的承受能力。参照《企业年金试行办法》中的规定：职工个人缴费可以由企业从职工个人工资中代扣。而上海市在职职工个人负担的各项社会保险费用（总计达到月收入的18%）以及人均5%的工薪税（按2007年全市职工月平均工资2 892元计算），也要从个人工资中代扣、代缴。如果职业年金的个人缴费比例定得过高，就会造成个人负担过大、可支配收入下降。

根据上海市统计局公布的数据，上海市2007年城市居民人均消费支出为17 255元，约占本市当年职工年平均工资的50%。也就是说，每个月在扣除了“四金”、工薪税以及生活必需支出之后，职工还有30%左右的收入可供支配。如再扣除每月正常的储蓄存款［按照我国的居民储蓄率（可支配收入的储蓄比率）51%来计算］，最后只剩下不到15%的可支配收入。综合考虑到物价上涨等因素，如果要保证职工的实际收入水平不至于有太大的下降，个人的年金缴费比例不应该超过月收入的5%。

个人的年金缴费比例确定后，单位的缴费比例也就相应地确定下来了。依据“平稳过渡”原则，套用前文的测算模型，如果每个月按照职工月收入的18%进行缴费，当个人的缴费比例定为5%时，则单位的缴费比例相应地为13%，一年的缴费支出相当于全年工资总额的13%。这样也势必给单位带来较大的资金压力，对于全额拨款的事业单位——高校来说，问题尤为突出。如要切实有效地建立起职业年金制度，建议政府部门充分发挥公共财政职能，以减轻学校的资金负担。

（四）建立有效的高校职业年金制度

职业年金作为未来高校薪酬福利体系中的一部分，除了具有养老保障功能外，还具有有效增强薪酬的长期激励作用，能提高学校的凝聚力和竞争力。这就要求职业年金制度的制定必须做到公平和效率的有机统一，其中最关键的问题就是如何确定每个职工的年金缴费基数。

如果参照上海市社会保险费缴费基数的确定办法，在职人员缴纳社会保险费的缴费基数（以下简称“社保基数”）是按本人上一年度月平均工资确定，最高不超过上一年全市月平均工资的300%，最低不少于上一年全市月平均工资的60%。

按照这一办法确定的社保基数既包含了职工的基本工资，也包括了各类补贴、岗位津贴和奖金，这个数字已综合反映了该职工的工龄、职务职称、岗位、绩效等各方面的因素和工作情况，充分体现了效率和公平相统一的原则。

如果把职工个人的社保基数作为他的年金缴费基数，不仅能使职工的年金缴费与社会保险缴费相衔接，并且从操作角度来讲也是比较方便和合理的。

关于职业年金制度中的其他方面，诸如参加人员范围、资金筹集方式、年金的管理、领取条件、转移衔接等内容，相信在之后出台的职业年金试行办法中会有明确的规定，留给高校的自主空间不会很大。

目前，年金制度在我国实行的时间不长，建立年金计划的企业也并不算多。企业年金的规模、覆盖人数、基金总量都不大，管理机制和投资机制也还不太规范。而与企业相比，公益性事业单位建立职业年金，还面临资金来源等诸多问题。作为养老制度改革试点城市的高校，我们只能在学习和摸索中寻找一条适合自己的改革之路。

参考文献

[1] 上海市社会保险管理局. 上海市机关和事业单位一九九三年工资制度改革后离退休人员计发离退休费的实施办法. 上海市社会保险管理局，1994.

[2] 上海市人民政府. 上海市人民政府关于调整本市城镇企业基本养老金计发办法的通知. 上海市人民政府，2007.

[3] 张左己. 领导干部社会保障知识读本. 北京：中国劳动社会保障出版社，2002.

[4] 劳动和社会保障部. 企业年金试行办法. 劳动和社会保障部，2004.

[5] 向运华. 事业单位养老保险改革：很急很低调. 中国改革，2008 (8).

高校教师考核评价体系的研究

刘 洋 范文霞 李 林 崔维佳

（北京师范大学人事处，北京 100875）

摘 要：建立、健全一套科学、合理、完善的高校教师考核评价体系，是推动高校发展的内在动力。本文分析了当前高校教师考核评价存在的主要问题，提出高校教师考核评价应遵循公平公正、导向性、发展性和多样化原则，构建以教师为本的高校教师考核评价体系。

关键词：高校教师 考核评价

近10年来，我国高等教育事业实现了跨越式发展，在国家有关部门的指导下，高校在岗位设置、聘任制改革、收入分配制度改革方面进行了积极探索。与此同时，围绕校内业绩津贴、岗位管理等内容，高校不断开展了以教师考核评价为重点的教师考核评价制度改革。《国家中长期教育改革和发展规划纲要（2010—2020）》提出："改革人才评价选用制度，树立科学人才观，建立以岗位职责为基础，以品德、能力和业绩为导向的科学化、社会化人才评价发现制度。"因此，对于高校教师考核评价体系研究的需求显得十分迫切，建立、健全一套科学、合理、完善的高校教师考核评价体系，是推动高校发展的内在动力。

高校教师是国家高层次人才队伍的重要组成部分，是高等教育贯彻科教兴国和人才兴国战略的主力军，是推进高校管理体制创新的重要力量。高校教师考核评价是教师评价主体在一定的教育价值指导下，对其在教学、科研和社会服务中所从事的活动、效果及其专业发展能力进行的事实和价值判断，是对教师角色活动作出的价值活动判断过程。高校教师考核评价是提升高校宏观管理的有力手段和高校竞争力的有为策略①，是促进教师专业发展、自主发展和全面发展的内部动力。

目前，高校在教师考核评价方面积累了一些经验，取得了一定的成效，并逐步向科学化、制度化、规范化方向发展。但与此同时，由于理论的不成熟和实践的不完善，存在的问题也日益凸显，严重影响了高校教师队伍的建设，也制约了高等教育事业的发展。

一、当前高校教师考核评价体系的主要问题

（一）重主体，轻客体

学校的发展战略目标是制定高校考核评价的依据，教师考核评价制度须服从并服务于学校的发展战略，因此，高校的教师考核评价制度注重评价的合法性和操作的简便性，机制刚性过度，缺乏弹性和宽容性。这种组织目标优先的原则，使得教师作为评价客体的参与程度降低、自主发展受到损害。

同时，考核评价一般是由学校行政部门和院系组成的专门人员进行，教师在考核评价中处于被动地位。由于评价者缺乏将教师视为主体的理念，教师的知情权和监督权被弱化，导致教师对评价结果的接纳程度和信任程度不高，尤其是年度考核和聘期考

① 王光彦，李元元，邱学青，李敏．高校教师绩效评价指标体系的实证研究与思考．中国高教研究，2008（2）：46～49.

核流于形式，使得评价考核工作难以取得实质性成效。

（二）重结果，轻过程

目前高校考核评价制度一般是终结性的、以奖惩为主的考评制度。[①] 这种考评形式以高效、实用为目标，重视教师工作评价结果，并将考评结果运用于教师晋升、聘用、奖惩和薪酬分配等，最大限度地实现考核评价的激励效果，但忽视了评价过程，失去了在评价过程中对教师进行改善、调整的机会，对教师的专业发展失去了实际的指导意义，削弱了考评的作用。

（三）重定量，轻定性

回顾我国高校考核评价制度演变的历史，定量和定性的关系一直贯穿始终。从改革开放以前对教师定性考评的过度强化到改革开放以后对定量考核的过度追求，片面性的考评标准未能准确反映高校教师的实际工作。

在现行高校评价体系中，教学科研工作主要以“量”为标准，定量评价具有评价指标具体、可操作性强、结果清晰等特点，但过度量化的评价带来了一定的负面影响，如教学工作的评价标准主要以完成的学时数和指导学生数为标准，而教学的效果以及教学过程中内容的更新、方法的改进、质量的提高却被忽略；科研工作的评价标准主要以申请项目和发表论文的级别及数量作为标准，而项目的实际应用价值和论文的质量却被忽略。在这种利益的驱动下，高校教师为达到相关标准，盲目地、大量地发表论文和申请项目，这是导致高校教师师德水平下降、学术风气浮躁等现象时有发生的根本原因。

（四）重统一，轻差异

从考核原则公平、公正和考核程序简易的角度出发，考核评价需要统一的标准，然而，教育是一个复杂的过程，呈现出巨大

---

① 黄泰岩，程斯辉．关于我国高校教师考核评价的几个基本问题．武汉大学学报（哲学社会科学版），2008（1）：131～137.

的差异性：一是学校之间的差异性。目前，大部分高校的考核评价体系趋于雷同，不顾自身学科发展水平实际盲目地移植其他学校的评价考核指标，导致高校教师不能以正确的“指挥棒”作指导，偏离了学校学科发展的方向。二是学科之间的差异性。现行的考核评价标准一般区分了人文类学科和理工类学科之间的差异，但是两类学科领域内不同学科之间没有绝对的可比性，由于学科之间的科研方式、途径、时间、周期以及本学科的发展阶段是不同的，采用一个考核标准考核不能有效地反映本学科需要的学术贡献。三是教师队伍结构层次的差异性。不同类型、不同层次的教师承担的任务是不相同的，即使同类型、同层次的教师个体也存在差异，采用统一标准衡量所有岗位和层次的教师，忽视了教师的学术成长规律和个体差异性的特点，不利于教师的发展。

二、高校教师考核评价体系的构建原则

原则是事物的本质，是我们观察问题、处理问题的一种基本准则。高校教师考核评价体系的原则是从事高校教师考核评价的主体及客体对教师活动的价值认同，是一种规范和约定，同时也是对考核评价工作提出的基本要求。具体来讲，构建高校教师考核评价体系主要应遵循以下几个方面的原则：

（1）公平公正原则。要做到教师评价的标准、程序、方法、结果人人平等，这是考核评价体系构建的首要原则。

（2）导向性原则。考评政策的制定和实施应将学校的整体发展目标逐级分解，真正体现对教师的尊重和理解，激发他们的积极性和主动性，引导其努力完成承担的教学、科研和社会服务等工作，从而实现教师的个人绩效和学校的整体绩效的提高。

（3）发展性原则。高校教师考评的重要目的就是促进教师的发展，通过围绕教师发展制定考评政策，以教师的发展促进学生的发展和学校的发展。同时，为适应新形势、新需要，考评制度

本身也需要不断地发展和创新。

（4）多样化原则。树立多元开放的原则，确定考评目标、标准和主体的多元化，尊重教师的学科、类型和个体的差异性，强调考评形式的多元性和开放性，适应教师全面发展的要求。

三、构建以教师为本的高校教师考核评价体系

构建高校教师考核评价体系应结合当前考评体系不足的实际，遵循构建基本原则，建立以教师为本的高校教师考核评价体系。

（一）定量评价和定性评价相结合，建立突出优质、鼓励创新的评价指标体系

如前所述，为克服定量评价和定性评价单方面评价存在的不足，高校教师的考核评价体系必须根据高校教师工作的特点和学术发展规律，将定量评价和定性评价有机结合，合理设置量化指标，明确定性评价、定量评价的评价范围，教学、科研和社会服务方面的指标可以给予教师明确的量化指标，而对于教师的工作态度、学术道德和教学科研质量等则须引入具有权威性的评价主体进行定量评估。通过合理构建、综合运用，正确处理数量与质量的关系，使对教师的评价更为科学合理和公正客观。

在制定评价指标体系时，应突出优质、鼓励创新，增加高质量、创新型成果的比重，拉开不同档次业绩的标准，对于在教学、科研和社会服务等某一方面或某一领域作出突出贡献的人才，如在《自然》、《科学》等具有较大影响力的刊物发表学术论文，或获得省部级教学科研成果一等奖及以上者等，不论其成果数量多少，都应予以积极鼓励，通过特殊形式的考核评价，使其特性得以充分展示。高校制定的评价体系应把这类人员“筛选”出来，并给予其创造的机会。

（二）建立分类考核评价指标

高校教师工作因教学岗位类型、学科差异较大，无法制定统

一的标准，因此，建立、健全教学类型和学科体系类型分类设计考核评价指标体系尤为重要。

1. 按照教学岗位类型

教学岗位类型{公共课、专业课、术科课}

- 公共课
- 专业课
- 术科课

按照教师所教授课程的类别，大致可以分为公共课、专业课和术科课，不同授课类型考核评价指标的侧重点有所不同。对讲授公共课的教师的考核评价应集中在教学课时量、教学成果的获得情况，特别要对其教学效果进行重点考核。讲授专业课的教师分为两类：一类是教学科研并重岗位，主要考核教师承担的教学任务和科研成果的数量及质量、承担科研项目的能力以及对学科建设等方面的贡献；一类是以科研为主的岗位，这类岗位可适当承担较少量的教学任务，重点考核教师发表成果的数量和质量以及承担科研项目的能力。讲授术科的教师应当以研究创作的作品或在专业比赛中所获得的奖励以及取得的社会影响力作为评价的重点。

2. 按照学科体系分类

基础学科
- 自然科学：数学、物理、化学、生物等
- 社会科学：经济、政治、社会等
- 人文科学：文学、历史、哲学、艺术等

应用学科：工学、医学等

技术学科：建筑、新闻、管理等

事实上，目前还没有统一的、规范的教师所属学科划分标准，按照美国的学科专业目录（Classification of Instructional Programs）中的学科划分，一般分为基础学科、应用学科和技术学科。不同学科体系考核评价标准应有所不同，一般而言，基础学科教师的评价重点应集中在原创性成果如论文、专著等，应用和技术学科教师的评价重点应集中在成果的应用价值、转化及推广等。此种分类方式是一种非线性的分类方式，学科之间互有交叉，高校应根据各自的学科发展实际情况，充分调研和分析现有学科教师发展水平，结合本校发展的目标和学科领域教师的总体水平，制定合理有度的学校总体考核评价指标。在此基础上，高校还应鼓励各学科在不低于学校总体考核评价指标的基础上制定各学科内部的考核评价指标，充分体现各学科发展特点、发展目标和研究规律，真正发挥对教师发展的导向性作用。

（三）严格同行专家的遴选制度

同行专家评议是高校广泛采用的一种考核评价方法，对于尊重学术评价、淡化行政评价发挥了积极的作用。在构建高校教师考核评价制度中，需进一步严格同行专家遴选制度，建立同行专家库，选择具备较高科学道德水平、客观公正、认真严谨、熟悉评价专业、具有较高专业素养和较强专业判断力的专业人员进入专家库。在选择同行专家时，应根据考核评价内容和阶段，遵循回避和随机的原则，实行任期制，适时选择相关的专家。对评审信的数量和内容、评审机构同行专家的组成结构、评审结果的使用都应有明确的规定，最大程度地保证评价结果的客观、公正。

（四）建立以团队为单位的评价机制

学术团队在学校发展中的作用日益凸显，在构建新型高校教师考核评价机制中，高校可以将评价对象从个人扩大至团队、研究院，甚至到院系。[①] 团队考核由于不是针对个人的考核，也不是针对某个系列的考核，评价指标体系应更全面、更系统、更客观，也需具有可操作性。学校可根据学校发展管理目标，对团队进行整体评价，再由团队对内部教师个体进行二次评价，从而促进团队的建设和发展。

---

① 张林瀛．关于高等学校教师评价机制建设的若干思考．中国高校师资研究，2010（1）：46～49.

（五）扩大院系考核评价工作权限，充分调动院系和教师的积极性

伴随着高校规模的迅速扩大，多学科综合性大学不断涌现，旧的“整体式”的集中考核评价模式已成为制约高校考核发展的瓶颈，逐步扩大院系考核评价工作权限，充分调动院系和广大教师的积极性和主动性是高校考核评价工作的突破点。校级人事管理负责制定考核评价的发展规划和总体政策，统筹正高级专业技术人员、高级职员及技师的晋升和续聘考核与重大突出业绩奖励津贴考核等。各院系所根据学科发展和实际岗位的需要，在学校规定的大原则框架内自行制定不低于学校标准的考核政策，全面负责全体人员的年度考核，对于副高级及以下专业技术人员、中初级职员和高级以下技术工的晋升与续聘考核以及本单位的一般业绩考核等，给予院系和教师更为宽松的政策空间，切实增强基层单位人才队伍建设的自觉性和主动性。

四、结语

我国高校发展改革的外部环境日新月异，国际竞争日趋激烈，对高校的人才培养提出了新的更高的要求，迫切需要通过全面提高高校教师管理水平，探索与建立一套符合高等教育办学规律和人才成长规律、促进教师职业发展的教师考核评价与激励机制。针对当前高校教师考核评价存在的问题，要构建以教师为本的考核评价体系，适应不同教师的发展需求，通过促进教师的全面发展推动高校的全面发展。

参考文献

[1] 王光彦，李元元，邱学青，李敏. 高校教师绩效评价指标体系的实证研究与思考. 中国高教研究，2008（2）.

[2] 黄泰岩，程斯辉. 关于我国高校教师考核评价的几个基本问题. 武汉大学学报（哲学社会科学版），2008（1）.

[3] 张林瀛. 关于高等学校教师评价机制建设的若干思考. 中国高校师资研究，2010（1）.

[4] 刘广青，李文中，刘传宇，李显杨. 研究型大学教师评价体系问题分析及分类指导的教师评价体系研究. 中国高校师资研究，2010（3）.

[5] 陈玉琨. 教育评价学. 北京：人民教育出版社，1999.

关于高校教师聘后考核与管理的思考

苏小四　梅永峰　张立奇

（安徽大学人事处，合肥　230039）

摘　要：聘后考核与管理是高校人事制度改革特别是聘任制改革工作中一个不可或缺的重要环节。针对高校岗位设置后教师考核与管理工作中存在的突出问题，本文着力从按需设岗、编制完善的“个人化”聘用合同，职称评定与岗位聘用相分离，岗位职责分类分层设计等几方面提出建设性的构想和对策。

关键词：高等院校　岗位设置　聘后考核与管理

2010年，岗位设置和全员聘用工作在包括安徽省在内的地方高校全面开展并完成，但这仅仅是一个开始。在高等学校实行全员岗位聘用制度后，依法科学地进行聘后管理，对于巩固全员岗位聘用成果、建立长效机制、进一步调动教职工的工作热情、不断实现学校各项事业发展目标具有重要的意义。教师队伍作为学校人力资源的主体，其聘后考核与管理工作尤为重要。本文针对这一问题，结合国内高校岗位设置与聘用工作实际，谈几点思考。

一、高校教师岗位聘任制溯源

国内高校原有的人员管理制度形成于新中国建立初期，长期以来，高校主要用管理干部的模式管理教师，录用、使用和调配都通过行政计划手段来进行。教师身份管理和职务终身制等问题日益突出，严重制约了高校人才队伍的健康发展。1986 年，专业技术职务聘任制开始在全国范围推行。1993 年通过了《中华人民共和国教师法》，其规定："学校和其他教育机构应当逐步实行教师聘任制，教师的聘任应当遵循双方地位平等的原则，由学校和教师签订聘任合同，明确双方的权利、义务和责任。"1998 年通过的《中华人民共和国高等教育法》进一步规定："高等学校实行教师聘任制。教师经评定具备任职条件的，由高等学校按照教师职务的职责、条件和任期聘任。"2000 年，国家人事部发布《关于进一步深化高等学校人事制度改革的实施意见》，提出破除职务终身制，在高校全面推行聘任制；2002 年，发布《关于在事业单位试行人员聘用制度的意见》，明确"通过实行人员聘用制度，转换事业单位用人机制，实现事业单位人事管理由身份管理向岗位管理转变，由行政任用关系向平等协商的聘用关系转变，建立一套符合社会主义市场经济体制要求的事业单位人事管理制度"；2006 年，发布《事业单位岗位设置管理试行办法》和《〈事业单位岗位设置管理试行办法〉实施意见》，对事业单位岗位设置与管理提出明确规定，为全员聘用制的全面实施提供了政策依据。2007 年底，教育部直属高校率先基本完成岗位设置和全员聘用工作。

二、做好教师聘后考核与管理工作需要厘清的若干问题

高校教师聘后考核与管理一直是当前高校师资管理的一个薄弱环节，与其本应承担的职能不相匹配。正如一位人事管理同仁

所指出的："现在存在的较为普遍的现象是，教师职务聘后，几乎万事大吉；聘后职务能上不能下，干好干坏一个样，缺乏激励教师继续发挥其创造性的有效机制。"由于事业单位改革是一项系统工程，其他诸多配套改革政策尚未跟上，岗位设置管理政策也未完全与以往施行的部分政策对接与糅合，教师聘后考核与管理中仍然存在诸多问题需要加以厘清和解决。

（一）高校编制核定与岗位设置、职称评定与岗位聘用的关系问题

本次岗位设置与人员聘用工作中，一个明显的问题就是高校编制数与岗位设置数的矛盾问题。高校年年扩招造成人员规模不断扩大，而主管部门编制核定工作多年未开展，致使大多数高校的教职工人数超过编制数。为解决编制问题带来的设岗矛盾，事业单位首次设岗时的临时解决办法是，空编单位按编制数为基数计算，超编制单位按实有人数为基数计算。然而，问题尚未解决。一方面，事业单位的编制核算工作何时进行、如何核算，目前不得而知；另一方面，超编制单位虽然按照实有人数计算，但诸多政策性拨款仍与编制挂钩（而不是与岗位），尤其是为支撑学校事业发展而由学校自主聘用的人员成本，要由学校自主消化。由这一问题出发，我们需要厘清的是，既然事业单位改革是以岗位设置管理为基础的系统性改革，那么，高校的岗位设置与编制核定到底是什么关系？如果二者本质上是一致的，岗位基数即编制基数，那么在岗位设置管理推行后，政府直接进行岗位管理即可，还有无必要再重复进行一次核编工作？如果二者有本质差别，差别在哪里？二者同时施行的必要性和重要性何在？

关于职称评定与岗位聘用二者的关系，目前较普遍的做法是"以聘代评"、"评聘合一"。然而，检视一下职称评聘工作以及首次岗位设置与人员聘用工作实际，我们不难发现，所谓的"以聘代评"、"评聘合一"，现状仍然以职称评审为主导、以岗位聘用为附设。除此之外，由于教师"以聘代评"、"评聘合一"，在岗

位有限的情况下，一方面它会阻碍人才的发展通道，使教学科研能力和水平达到高一级者不仅“望岗兴叹”，连职称也得原地踏步；另一方面，它使高一级在岗者无形中兼具岗位与职称双重资源保障，极易导致岗位（职称）终身制。就目前二者的关系来看，岗位设置与人员聘用工作尚无法真正实现教师“能上能下”、“优上劣下”的格局。此外，由于“以聘代评”、“评聘合一”，在有岗位空缺的情况下，教师个体自然会通过职称评定而在聘期内受聘高一级岗位，这样又给其聘后考核与管理带来很多问题，比如聘期考核，到底是按照低一级岗位还是高一级岗位对其考核？或者按其在岗时间分段考核？

总之，由于上述两个问题在改革的政策层面尚未厘清，要真正落实“按需设岗，公开招聘，平等竞争，择优聘任”的岗位设置管理原则，几乎不可能，而这也必然会给“严格考核，合约管理”的教师聘后考核与管理以及岗位设置与人员聘用工作的可持续性带来一系列问题。

（二）教师聘后考核指标与岗位职责、聘用合同的关系问题

我们简单审视国内高校部分人事管理同仁的研究文章后就会发现，对教师聘后考核指标（体系）与教师的岗位职责、聘用合同关系问题，大家几乎都未厘清。比如一位研究者在文章中提到：“学校须依据聘用合同对教师进行考核、奖惩等管理，而教师也必须按照聘用合同开展教育教学、科学研究及公共服务等工作。”但在随后的文章中又说：“考核指标体系是教师绩效考核的根本依据，是对教师岗位职责和工作目标完成情况的全面检查和科学评估，也是促进教师努力工作和持续发展的目标导向。”再看另一位研究者的认识：“绩效考核是指考评主体（学校）对照工作目标或绩效标准，采用科学的方法，评定教师的工作任务完成情况、教师的工作职责履行程度和教师的发展情况，并且将评定结果反馈给教师的过程。”又说：“考核指标体系是教师绩效考核的根本和依据，是绩效考核目标和内容的具体化，是对教师岗

位职责和工作目标完成情况全面检查和科学评估的重要依据，也是促进教师努力工作和持续发展的目标导向。”

从他们的表述中，我们可以看出，他们一方面认为应以教师的受聘岗位职责或者聘用合同作为主要依据进行教师聘后考核，另一方面又竭力想发展一套考核指标（体系）来作为主要依据。显然，这种认识是相互矛盾的。由此思路出发，再以实践观照，他们的最终落脚点一般都放在考核指标（体系）的打造上，无形中弱化甚至忽视了教师岗位职责或聘用合同的规范化、精细化和合理合法化问题。实际上，从依法治校角度而言，教师的岗位职责和其聘用合同即是也理应是其聘后考核的主要依据，而不必再耗费心力打造什么考核指标（体系）。我们在科学考核方面，缺乏的不是指标（体系），而是比较完善的岗位职责和聘用合同以及一套包含程序、方式、方法在内的考核评价办法。

（三）教师年度考核与聘期考核的关系问题

无论我们是以岗位职责、聘用合同对教师进行聘后考核，还是以考核指标（体系）来考核，一个无法回避的问题是教师的年度考核与其聘期考核均为同一依据，那么，如何体现二者要求的本质区别？如何避免聘期考核成为年度考核的一种简单叠加，或者年度考核成为聘期考核的一种简单切分？如果聘期考核与年度考核的要求不一致，那么其依据——岗位职责、聘用合同或考核指标（体系）是否也需要编制两个不同的版本？

1993 年的《教师法》规定：“学校或者其他教育机构应当对教师的政治思想、业务水平、工作态度和工作成绩进行考核。教育行政部门对教师的考核工作进行指导、监督。”1998 年的《高等教育法》规定：“高等学校应当对教师、管理人员和教学辅助人员及其他专业技术人员的思想政治表现、职业道德、业务水平和工作实绩进行考核，考核结果作为聘任或者解聘、晋升、奖励或者处分的依据。”目前，省级人事主管部门对各事业单位受聘人员统一要求进行年度考核，考核内容为“德、能、勤、绩”四个方面："'德'主要是指教师的政治素质和道德修养等；'能'即业务水平，指与教师所承担的岗位相适应的知识水平和业务能力，即教师完成岗位职责所需的教育教学能力和水平、改革创新能力、科学研究能力、社会服务和管理能力、团队协作能力等；'勤'即工作态度，包括教师履行岗位职责的工作积极性、事业心和责任心及其具体表现等；'绩'即工作业绩，包括教师在本岗位工作中所取得的工作实绩和作出的贡献，如所完成的教学工作量、教学效果、科研成果、发表论文、获奖等。"显然，无论是权威的法律文件还是政府部门的行政行为，均未对上述问题进行解答。

从我们检视的部分人事同仁的研究文章来看，大家试图对二者关系进行厘清，主张过程与目标考核相结合，代表性的观点有两种：一种认为"过程考核包括日常考核、年度考核，目标考核包括年度考核、聘期考核。两种考核相互交叉并以阶段考核为主。其中，日常考核、年度考核应以教学情况及师德的表现情况为核心，对聘期要求的标志性成果不宜做硬性要求；聘期考核主要考核聘期目标中标志性成果的完成情况"。另一种观点认为"考核的方式应该是日常考核、年终考核和聘期考核相结合，以聘期考核为主。日常考核以群众评议为主要方式，主要考核内容是'德'；年度考核以个人总结为主要方式，主要考核内容是'能'和'勤'；聘期考核以完成约定的岗位职责和工作任务为主要考核内容，即以个人的实'绩'为主"，与此相似的观点还有："考核的方式不应再搞集中式的评比，应以分级管理、逐级考核、以老带新、系主任负责下的委托制方式。将日常考核、年度考核与聘期考核结合起来，以聘期考核为主。其中，日常考核以群众评议为主要方式（如教学质量调查等）；年度考核以个人总结为主要方式，由系主任或系主任委托职位较高的教师对受聘教师的总结进行个别审核评价；聘期考核以个人总结和考核小组的评议为主要形式，将决定是否续聘，以及对续聘时的岗位职责和待遇提出建设性意见。”

当然，高校人事管理同仁的这些观点有其合理性，但有两个问题：一是如何在主管部门统一安排与要求下变更年度考核内容与方式？二是如果以聘期考核为主，相应教师的岗位职责、聘用合同或者考核指标（体系）也应该是“聘期式”的而非“年度式”的，那么教师的年度工作目标和任务如何确定？将其聘期目标和任务按年度进行均分显然不妥。

三、厘清关系、把握实质，做好教师聘后考核与管理工作

除上述三大关系问题外，做好教师聘后考核与管理工作还需要解决很多其他问题，比如从各高校刚刚完成的首次岗位设置与人员聘用工作来看，大部分高校的岗位聘用条件缺乏可持续性。有同仁已在文章中指出：“在实际设岗聘用工作中，由于限定了各类各级岗位的比例和数量，许多高校采取通过核定出的岗位数量圈定岗位人选和聘用条件，这种聘用条件只能一次性、一个聘期内使用，没有长远考虑可持续性发展问题。这样不但不能选拔优秀的人才到合适的岗位上工作，提高工作绩效，还会给聘用制的后续管理，尤其是岗位绩效考核带来很大困难。”另外，还有不少研究者提到的教师分类分层考核问题：“建立科学的岗位评价体系要重视对考核对象分类，因为对象不同，考核的重点也不同。以往高校的人事考核，常常机械地采用大致相同的标准模式去衡量所有不同种类、不同层次的工作人员，不能真实反映被考核主体的真实情况。”“实施聘任之后的教师考核工作从形式到内容都会与过去有很大的不同。比如在考核时间上，可能不再是集中在学期末考评，而是根据个人的聘任起始时间而有所不同。受聘教师的考核工作是以个体为考核对象，以工作任务书规定的应承担的职责和工作任务为标准，它不再是群体性的相互考评或教师之间的相互比较。聘后考核的主要目的是及时总结工作，检查

聘任双方是否全面履行职责，为今后的工作提出改进意见，而不是仅仅为了评先进。由于工作任务书是教师聘后考核的主要依据，因此，教授、副教授、讲师、助教等不同职务的教师的工作职责、目标、任务均不相同，考核时应分类进行。即在个体考核的基础上，按职责适当分类进行评价，只有这样才能更好地体现客观、公正、准确的原则。”因此，结合上述所作的分析，我们认为，只有在充分厘清各种矛盾关系的基础上，把握事业单位岗位设置管理改革的实质，才能做好教师聘后考核与管理的各项工作。

（一）真正按需设岗、明确责任，编制完善的“个人化”聘用合同是做好教师聘后考核与管理的基础

一般认为，“教师聘任制，淡化了编制管理和身份管理，强化了岗位管理”，而“所谓的聘后管理是对受聘人员所聘岗位履职情况的总结和检验，是实行聘任制的一个不可或缺的管理环节”。很明显，总结和检验的效果如何，取决于岗位设置的合理与否、合需与否，进而取决于岗位职责的明确与否、合理与否。

如果说我们在首次岗位设置与人员聘用过程中，主要着眼于制度入轨、照顾现状，那么，从长远考虑，我们就既不能按照所谓的编制来设岗，也不能按照现有人员数来设岗，而应结合各自高校的定位、特点、优势和阶段发展目标，逐步做到按需设岗，即本着“精简高效”的原则，根据人才培养、学科建设以及教学科研工作的实际需要设立相应的岗位。在设岗过程中，可以由学校大致确定不同类别（如教学型、科研型和教学科研型）、不同层次（如助教、讲师、副教授、教授等）教师的基本岗位职责和工作目标与任务，再由院（系、部）结合不同学科特点及其发展目标定位，细化每一类别、每一层次乃至每一等级（如教授二至四级）教师的岗位职责。在不同的岗位职责基础上，学校和院（系、部）共同编制针对每位教师的完善的“个人化”聘用合同，利用合同来切实进行“聘约管理”。

做到了以上这些，教师的聘后考核与管理就有了合法的依据，而“分类分层考核”问题也迎刃而解，无须再耗费精力打造什么分类考核标准与指标（体系）了。正如一位研究者指出的：通过聘约管理的方式，“教师作为具有自主行为决策的民事个体，不再是被动地执行学校指示、完成工作任务，而是根据自己的工作目标任务和岗位职责，有充分的自由度把感兴趣的研究纳入工作计划中，潜心于教学活动和学术研究工作。这样不但可以保证教师对工作投入的自觉性，并且营造出一种竞争与激励的氛围，有效地激发教师的积极性和创造性。学校则根据合约条款的规定实施对教师的考核管理”。

关于聘用合同，有国内高校人事管理同仁做了详尽研究，认为它“应当包括双方的权利、义务、聘期、违约责任等。此外，作为一种目标管理的方式，合同中应当对教师的聘期目标、岗位职责、工作任务、考核方式和评价指标作出相应规定。同时对学校应为受聘教师提供的工作条件、工作报酬和待遇作出明确规定”，“通常情况下应当包括以下主要内容：①教师的权利和义务。即教师享用学校资源的权利和承担岗位职责的义务，如教师享有学校的办公、实验等设施的权利，有对学校管理工作的咨询权和知情权等，同时教师应接受学校的行政管理和学术管理，高质量地完成规定的教学、科研、社会服务等工作任务的义务。②学校的权利义务。学校有依法对教师实施行政管理的权利，有对教师完成岗位职责所带来的效益进行支配的权利。比如学校对教师职务成果的知识产权的拥有权和支配权。同时学校有为教师提供必要资源条件、支付合理的工作报酬和生活福利的义务，有听取教师各种意见和建议的义务等。③教师岗位职责的主要内容。对于具体的工作任务和指标要求，如：教学工作量、科研到款数、发表论文数、成果数、培养研究生人数等可以另附工作任务书，作为教师工作考核的依据。④教师的工作报酬和福利待遇。应当与教师岗位职责相适应，体现以岗定薪的原则。⑤聘任合同的有效期限。即教师的聘期。聘期的长短可根据岗位的不同而有所差别，聘期满后，聘任合同自动终止。⑥违约责任。如学校或教师因自身原因而单方面不能履行合同或不完全履行合同应当向对方承担的赔偿责任。⑦解决聘任合同争议的办法。在教师和学校因聘任合同而发生争议时如何处理，这就要求仲裁、诉讼等渠道畅通。⑧学校和教师的承诺。即双方的签名、盖章等”。

（二）教师职称评定与岗位聘用分离是做好教师聘后考核与管理的关键

对于教师的专业技术职务（俗称职称）评定与岗位聘用（以往叫职务聘任）的关系，有国内人事管理同仁在很早以前就进行了区分：“其实职称与职务是两个不同的概念，两者有联系，但不能等同。职称属于人才评价范畴，职务属于人才使用范畴。职称（专业技术资格）是反映专业技术人员学术技术水平的一种特定标志和称号、凡是符合国家规定的标准条件，达到某种程度学术技术水平的人，都可以通过评审机构评审认可或参加全国统一的资格考试获得某种专业技术资格。它不受数量和指标的限制，同时，一旦授予，终身享有。而职务则是一种岗位或职位的代名词。受聘职务，必须履行相应的岗位职责，并且有一定的任期，享受相应的工资等待遇。”

如前文所述，目前国内高校教师职称评定与岗位聘用大多实行的是一种“评聘合一”方式。以高校实践来分析，我们不难发现在这种方式下竞争上岗根本无法实现，其结果必将导致岗位形同虚设，达不到岗位管理的效果，原因就在于它混淆了“人才评价”与“人才使用”这两个不同的范畴。如果想要在科学按需设岗的基础上，真正实现“公开招聘，平等竞争，择优聘任”原则，必须在制度层面上确保教师在能力、水平相近情况下能够站在“同一起跑线”上——达到同一级别职称评定条件者，能够取得相同职称，而这就要求我们改革目前“以聘代评”、“评聘合一”的政策，实行职称评定与岗位聘用相分离政策，使职称评定成为一种资格，承担起本应承担的“人才评价”功能，而岗位聘用承担起本应承担的“人才使用”功能。

当然，从技术及操作层面来说，实现教师职称评定与岗位聘用分类很容易做到，有研究文章就提出：“对于资格的评审，应设置独立的评审委员会。所谓独立，就是委员会成员跟被评聘人没有直接的利害关系，必须有相当大比例的外单位甚至国外的资深学者组成，并且行政人员不得入选。评审委员会负责把评审过程中不规范的行为和判断上的误差尽可能地降低，对参评人的学术造诣、专业水平做出客观、全面、公正的评价。对于聘任，则相应设置由大学校长、院系主任、行政主管领导为成员的聘任委员会，根据学校发展、人员比例、岗位设置情况，结合教师学术特点、技术专长，按需聘任。教师评、聘分别设置委员会有利于促使大学管理中学术权力与行政权力相对分离。”然而，问题的难点在于目前教师的职称评定由政府部门主导，且评定条件也未有一个全国统一的标准，即便在安徽省内，像安徽大学与其他省属高校就不一样。因此，从理论和政策角度而言，只有政府主管部门进一步强化职称制度改革，将其纳入事业单位整体人事制度改革中尤其是理顺其与岗位聘用的关系，且从有利于高校教师“人才合理流动”角度出发实施全国统一的职称评定标准，高校岗位设置管理工作才能落在实处，发挥“择优”效用。

（三）立足发展目标，岗位职责分类分层是做好教师聘后考核与管理的落脚点

如前文所述，目前高校人事管理同仁均认识到实行教师分类分层考核的必要性。而各高校刚刚结束的首次岗位设置，也都在政府主管部门的指导下实现了初步的分层；分类工作也在逐步探索与实施之中。但检视一下各高校公布出来的岗位职责不难发现，职责的分类分层远未实现。比如教授层级岗位与副教授层级岗位，大多数高校规定的职责仍然如过去一样从教学任务、科研项目与成果、人才培养等方面加以规定，表面上看似乎很不同，

实则属性上未有区别，最多只是量的多少和质的高低不同罢了。与之相应，对其考核也是按照统一的“德、能、勤、绩”四大块内容进行。

其实，无论是在目前教师为院（系、部）所有还是未来教师为院（系、部）所用的格局中，一个合理、具有创新精神和较强教学科研水平的教师队伍总是梯队式的，教师个体之间的差异和优势都很明显。从社会分工角度来说，每个教师个体均应根据自己的特长，选择适合自己的岗位，承担自己能够发挥作用的职责，而不是大家都去承担只有数量和质量要求不同的相同或相近的工作。因此，这就要求我们，在科学按需设岗后，应立足学校和院（系、部）的发展目标与需求，将任务合理分工，赋予不同类别岗位、不同层级岗位以不同职责，着力最大程度地发挥每个岗位的功效。国内高校一位人事管理同仁曾在文章中提出如下思路：“根据其岗位等级的不同，在教学、科研和服务能力上应各有侧重，在正高级岗位中应将体现学术能力和水平的科研能力和指导团队能力作为重要的评价指标，在副高岗位中应将教学和科研能力并重，突出科研能力，在中级及以下岗位应注重教学能力、实践能力和协作能力的培养。”

实际操作中，这可以和目前不少高校正在探索施行的校—院二级管理体制改革结合起来。以我校为例，实施校—院二级管理体制后，学校将根据办学目标和阶段发展目标定位，将院（系、部）确立为真正的办学主体，对各单位进行目标管理与考核，不再直接对教师个人进行管理与考核。在这种体制下，院（系、部）将可以结合学科特点和发展需要，具体拟定比较完善的各类各级教师岗位职责，对其实施管理与考核。与学校相比，院（系、部）所拟定出的教师岗位职责，将更加符合学科特点与实际需要，更能体现岗位设置管理的“按需设岗”原则。

围绕分类分层的教师岗位职责，我们目前首次岗位聘用中的统一聘期做法也需要进行重新审视。从岗位职责出来，我们原则上赞同一位人事管理同仁的认识："教师的聘期分为短期（半年、一年）、长期（三年、五年）和无固定期限。一般短期聘用的是职位较低的教师（如助教、讲师等），长期和无固定期限聘用的是较高职位的教师（副教授、教授）。根据国外一些高校的做法，对未取得终身职位的副教授以下的教师，每年都应接受考核评估；对教授则主要是进行聘期的考核评估。对取得终身职位的教师则是三年进行一次考核评估，决定工资的晋升。但日常的考评（如教学活动的质量评价）是人人都要做的。这种做法值得我们借鉴。对新聘教授可以在三年内每年进行一次考核，三年都合格者，今后将是每三年进行一次考评。主要的好处是给教授更大的自由度去争取大课题和搞基础研究，避免为应付每年的业绩考评而产生短期行为。"由此思路出发，我们上文所述的年度考核与聘期考核的矛盾基本可以解决，即岗位级别较低的教师岗位，其聘期尽可能采取短期（一般最好为一年），其年度考核与聘期考核可以合二为一；而对于岗位级别较高的教师岗位，其聘期一般为长期（三至五年），其考核应为目标考核，即聘期考核，年度考核可以不作要求，只进行必要的日常考评。这也有国外的做法相类似："讲师聘任合同为一年，助理教授为三年，还可续聘三年，到期后，如通不过专门委员会对其教学效果、科研能力、论文及著作水平以及咨询服务质量等方面的考察，就得被解聘离校。"

四、结语

目前，岗位设置管理工作刚刚起步，受制于政策与高校实际，尚有诸多问题需要理顺并解决。在此背景下，做好教师聘后考核与管理工作会遭遇多方面的障碍。作为高校人事管理部门的成员，我们期望相关配套政策及早出台，也期望各项政策之间包括新出台政策同已有政策之间能够完善对接与糅合，同时更期望能以此为契机，将高校人事管理制度推向一个新高度，进而促进学校事业的健康、快速发展！

参考文献

[1] 吴育新，张小红. 高校教师职务聘后管理工作探微. 中国高校师资研究，2003 (3).

[2] 崔慧淑. 关于岗位聘用制及聘后教师管理的思考. 国家林业局管理干部学院学报，2009 (4).

[3] 刘一，徐新阳. 关于加强教师聘后管理的探索与思考. 中国高校师资研究，2008 (6).

[4] 陈攀峰. 高校教师聘后管理考核机制的构建. 甘肃科技，2010 (10).

[5] 陈天宁，雷利利. 浅谈受聘教师的聘后管理、考核与待遇. 中国高校师资研究，2002 (3).

[6] 刘 宁. 高校岗位设置聘后管理工作的机制建设. 皖西学院学报，2009，25 (1).

[7] 韦明刚. 深化高校职称改革必须解决的三个问题. 广西大学学报（哲学社会科学版），1996 (3).

[8] 徐璟，郭子宝. 现代大学制度建设中的教师聘任. 重庆教育学院学报，2009，22 (4).

[9] 谭渊. 中美高校教师聘任制的比较及启示. 广东水利电力职业技术学院学报，2010 (1).

关于高校薪酬激励机制的探讨

聂少鹏　朱　虹　江　慧

（同济大学人事处，上海　200092）

摘　要：薪酬是高校与职工最敏感的问题，薪酬制度的不合理是如今许多高校存在的问题。要使单位的薪酬制度起到很好的激励效果，就必须引入以激励为导向的科学的薪酬体制。本文就现行高校薪酬现状出发，针对存在的问题，找寻原因并结合相关资料，探讨激励机制在高校薪酬中的应用。

关键词：高校　薪酬　激励

一、高校薪酬现状及存在的问题分析

现今我国高校实行的事业单位薪酬制度，是以1993年事业单位工作人员工资制度改革方案为主体形成的，多年的实践也体现了此次改革提高了事业单位薪酬管理的效果。但随着我国经济发展和市场经济体制的逐步完善，现行的高校薪酬管理机制所面临的问题与挑战也越来越多，有些甚至严重影响了高校收入分配制度的效果，对引进人才和提高人力资源竞争力起到了阻碍和消极的作用。这些问题主要表现在以下几个方面：

（一）职务等级工资制在体现个人价值方面失去平衡

职务等级工资制是按照教职工所任职务分等级确定劳动报酬的一种基本工资制度。工资标准的等级差别，是根据职务高低、工作难度、责任大小和业务能力等综合因素考虑后确定的。这种以资历决定薪酬的方法，无法完全体现出员工的实际价值，更无法达到激励员工的效果，同时也意味着薪酬效应中的激励作用完全无法发挥。1993年事业单位工资分配制度改革前后，薪酬的主体是这种以资历为中心的薪酬模式，对技术人员实行与职称挂钩的专业技术职务等级工资制。尽管这种工资分配制度强调了要加大工资结构中体现工作量的部分，但是，随着与职称挂钩的地方性津贴的增长，实际上固定薪酬的比例在整个工资中的比例并不高，薪酬水平的主要决定因素仍是资历。

（二）高校本身缺乏自主分配的权力

现行的高校工资增长与调整，由国家根据财政状况、国民经济发展统一进行，由政府人事部门统一制定分配模式并需经逐级审核批准。这种工资分配管理模式，使高校职工工资收入与各种指标脱节，缺乏激励机制，没有利益驱动力，难以调动单位和职工的积极性。一旦国家财政能力有所下降或无法满足单位职工最基本的需求的时候，那么问题就出现了，而且还不容易解决。

（三）各级工资分配模式雷同，平均主义倾向严重

职务职称是教师个人收入分配的重要依据，国家工资根据专业技术职务而确定，其晋级由工作年限决定，而不与业绩挂钩。国家工资、地方性津贴补贴、校内津贴都以职务职称为分配因素之一，造成重复设置、管理繁琐、平均主义严重，淡化了薪酬与业绩挂钩的激励机制。

（四）薪酬体系不注重外在竞争性

由于高校长期沿用国家统一的工资标准，工资水平的确立也脱离了市场价位，缺乏竞争力，其中最具竞争力的核心职位、关键职位上的优秀人才的薪酬水平更远远低于市场价位，使得目前

高校工资收入呈多元化趋势：工资收入项目繁杂、名目繁多，且部分比例失调，国家工资占个人工资收入的比例不断降低，工资外收入的比例越来越大。因此，低比例的国家工资已经失去了调节与激励的职能。

二、如何引入薪酬激励机制

（一）理顺薪酬体系，建立适应不同群体的多元化分配机制

遵循薪酬激励的科学原则，建立公平合理的薪酬制度。要用好薪酬这一激励的手段，发挥它的最大效用，还需要讲究一些原则和方法，以达到既节约人力成本又调动员工积极性、实现组织的目标的目的。因此，在进行薪酬激励时需要遵循一些科学合理的原则。

1. 经济性原则

高校所有的收入都是由财政拨款的，国家和地方政府一直背负着很大的包袱，而国家的财政能力是有限的，所以激励薪酬的设定要与市镇的财政能力相当，最好能为国家节约人力资本。

2. 公平原则

当员工对薪酬激励机制感觉公平时，会得到良好的激励并保持旺盛的斗志和工作的积极性；当员工对薪酬机制感觉不公平时，可能会采取一些类似降低责任心、辞职等消极的应对措施，不再珍惜这份工作，对单位的亲和力降低，寻找低层次的比较对象以求得暂时的心理平衡。因此，需要对高校所有岗位员工的职责以及市场上相应职位的薪酬水平有一个比较充分的了解，并在此基础上依照公平原则进行薪酬激励机制的设计。

3. 目标原则

在薪酬激励机制中，设置一个一定的薪酬水平所要达到的某种激励目标是一个关键环节，目标设置必须体现设置这种薪酬的初衷。比如，哪种水平的薪酬要使享受这种薪酬的人为组织作出怎样的贡献，要达到“酬有所值”。

4．弹性原则

应保持薪酬激励的灵活性。市场经济是以市场来实现资源的优化配置的，其优势在于它是一个以供求关系来平衡的动态过程。这就要求在进行薪酬激励的时候，要掌握好固定收入和浮动收入的比例，并且固定薪酬和浮动薪酬的比例应与岗位的特点相结合。一般而言，岗位对组织总体的目标绩效影响越大，则该岗位薪酬的浮动比例越大，反之则越小。

（二）改善薪酬结构，增强激励效能

健全以岗位和绩效为基础的薪酬制度，把基本工资、附加工资、福利工资、补贴、额外津贴、晋升机会、员工心理、发展机会等个人和岗位因素统一起来，作为整体薪酬来考虑和衡量。必须把以业绩为主的薪酬理念作为基础，在保健效应与激励效应之间实现平衡，以满足员工对非现金薪酬成分的需求，从而有效地将各类人员的特点和薪酬有机结合起来，也在客观上增强了职工自身的主动性和积极性。

（三）做到以岗定薪、岗变薪变

岗位工资简单理解就是以岗位确定工资，是指对单位内岗位客观价值作出的评价。这一制度突破了过去按身份、职务给予报酬的形式，根据能力确定岗位，并取得相应岗位的薪酬。科学设置内部机构、合理进行岗位设置、充分做好岗位评价、完善岗位聘任程序是做好此项工作的基础，突破身份界限，才能真正做到以岗定薪、岗变薪变。

（四）实现薪酬制度的灵活性和市场化

在高校薪酬制度的设计中应引入现代薪酬管理理念。现代薪酬管理是将公平理论应用于薪酬制度，即外部公平、内部公平和个人公平。因此，在高校薪酬制度的设计中要实现这三种公平。薪酬政策外部公平实现的关键是要为高校的各个工作岗位确定一个与市场水平一致的薪酬标准，要实现与市场接轨，就需要对市场薪酬进行调查。薪酬调查是现代薪酬管理的重要内容和技术。

简单地说，就是各种组织运用某种正常途径，将从企业或个人处所获得的有关薪酬的信息进行统计计算，得到的结论可以用于企业薪酬水平的市场定位，从而帮助企业更好地吸引、激励和保留有价值的员工。

因此，要使高校员工的薪酬水平具有外部竞争力，需要解决以下两个问题：一是了解市场经济体制下与高校相关行业付给员工的报酬水平是多少，可以根据目前薪酬调查机构调查的相关报告或由单位领导对其他兄弟单位的实地调查，确定相同岗位人员的工资收入是多少，以便实现公平的待遇，减少差异；二是根据与高校相关行业付给员工的报酬水平设定高校的薪酬标准，根据调查的结果和本单位的实际情况确定最后的薪酬水平。目前高校人员工资收入相对偏低，应逐步提高工作人员的工资收入水平，使高校工作人员与企业单位同类人员的工资水平大体持平。通过逐步建立符合中国市场经济体制的高校薪酬制度，使高校工作人员薪酬水平的提高与国民经济发展和国家财力相协调，从而达到吸引人才和留住人才的目的，推动高校人才发展战略目标的实现。

（五）建立科学的考核评估机制

建立以能力和业绩为导向、科学合理的绩效考核机制，确定客观公正的绩效考核指标，结合工作岗位流程和工作完成质量，使不同工作岗位上的员工的工作业绩得到合理的比较，使绩效考核结果和员工的薪酬收入真正挂钩，使薪酬中的活的部分真正活起来，充分发挥高校薪酬制度的激励和导向作用。

首先，做好绩效管理循环。要使绩效薪酬制度发挥作用，必须首先做好绩效考评工作，保证绩效考评的客观性和准确性。对于在本岗位中作出突出业绩的要给予合理的回报，必须充分拉开差距，在单位内部形成有效的激励机制。应该注意的是，绩效考评不是鼓励性的考核工作，它是绩效管理循环中的一个环节，因此要做好绩效考评工作必须做好绩效管理循环。

其次，建立科学客观绩效考评机制。当前，应进一步完善现有的考核方法，逐步形成制度化、科学化、实用性强、适应单位特点的绩效考评机制，这是人力资源管理工作中的重点内容之一。绩效考评机制的科学客观一是在考核指标的设计上，对员工以及管理者的考核一般应包含三个方面：工作态度、工作能力和工作业绩，应该按照合理的权重来设计三方面的考核指标。工作态度主要包括职业道德、责任心、敬业精神、进取意识、奉献精神和团队意识等；工作能力主要指知识、技能、经验、组织力、判断力、领导力、计划力、协调力、执行力等；工作业绩是指所完成工作目标的程度、完成工作目标的质量与数量、工作业绩的改进程度及对组织目标的贡献程度。二是在考核方式上采取定性和定量相结合的策略，增强考核的可操作性和准确性。三是将考核结果与员工利益紧密结合，以实现对员工的激励和约束。

三、总结

“激励”功能是薪酬管理的核心功能，是薪酬管理的最主要目标。首先，具有激励作用的薪酬制度可以保证学校具有竞争性，能够吸引优秀的、符合学校所需的人才；其次，对职工的薪酬激励可以留住职工，提高职工工作的士气，为学校创造更大的价值；最后，通过薪酬激励，将学校短、中、长期经济利益相结合，促进学校的利益和职工的利益，使得学校的发展目标与职工的发展目标相一致，从而促进学校与职工结成利益共同体关系，最终达到双赢。

参考文献

[1] 邱江．高校工资制度的历次变迁与改革思考．绍兴文理学院学报，2006，26（2）．

[2] 杨燕绥，沈群红，刘婉华，袁汝梅．构建适合高校教师职业劳动特点的薪酬制度研究．中国高教研究，2004，15（S1）．

[3] 陈霞．我国薪酬管理问题研究．科技资讯，2006（31）．

基于绩效管理的高校执行力建设*

王晓峰

（南通大学人事处，南通 226019）

摘 要：当前，我国基于绩效管理的高校执行力建设在高校执行主体、执行环境、执行力文化等方面均存在问题，在绩效管理中也存在体制不健全、主体执行能力弱、教师参与度不足等具体问题。因此，在实施对策中，应完善有利于提升执行力的环境，进一步加强执行主体的素质与能力建设；完善高校激励竞争机制，促进形成科学、合理的高校执行力绩效考评体系；加强绩效管理的执行力文化建设，提高绩效管理的沟通功能。在高校绩效管理中，只有做到议而决、决而行、行必果、上下贯通，我国高校才能“赢在执行”，获得又好又快的可持续发展。

关键词：高校 执行力 绩效管理

近来，执行力建设逐渐成为高校关注的重要课题。高校执行力建设不仅关系到学校的生存与发展，而且是高校实现战略目标和跨越式发展的关键因素。从我国近年来高校管理模式的发展趋

* 本文为南通大学社科基金项目“高校绩效工资改革探索与研究”（项目批准号：09W004）成果之一。

势来看，绩效管理是让高校发展战略获得具体落实的最佳途径，而依靠完善高校绩效管理恰恰可以有效地提升高校执行力，以确保高校战略目标的实现。

一、高校执行力建设的意义及存在的问题

所谓高校执行力，就是高校内部的各个管理层次、各个岗位的教职员工在共同愿景的牵引下，在有利的执行条件（如文化、经费、制度等）下，贯彻落实学校制定的战略决策、方针策略、制度措施、方案计划和实现学校战略目标的能力。[①] 俗话说：“三分战略，七分执行。”从某种程度上讲，学校执行力的强弱决定学校的生存与发展。建设高校执行力的重要性主要可以从以下三个方面来理解：①加强高校执行力建设是消除高校管理黑洞的利器，可有效保障实现高校战略目标、战略决策、战略规划；②加强高校执行力建设可使高校组织机构有效运作，是高校成功的关键因素；③加强高校执行力建设有利于提高高校的竞争力，彰显教育力，以推动学校的跨越式发展。

当前我国高校办学规模不断扩大，高校在校生人数日益庞大。据统计，2009 年全国各类高等教育总规模达到 2 979 万人，高等教育毛入学率达到 24. 2% 。[②] 在我国高等教育已由精英化教育进入大众化发展阶段的现实背景下，高校执行力建设存在的问题主要表现为以下几点：

（1）高校决策机制不健全，执行主体素质不高。由于行政力影响模式下的惯性倾向始终存在，高校决策体制不健全，有些决策高校自身不能决定，非理性因素的影响自然使高校执行力低下。这些造成了处于社会转型期中的高校面临着一系列问题，如

---

① 苏天从. 学校管理中执行力的研究. 福州：福建师范大学硕士学位论文，2008．8 ~9.

② 教育部发布 2009 年全国教育事业发展统计公报. 教育发展研究，2010（Z1）：127.

学校的定位与规划，办学思想与战略目标的确立，办学理念、教育观念、学校文化、工作体制、机制的创新等都面临缺乏科学决策的困境。决策机制的不健全导致高校在决策执行过程时的高度、速度、力度、效度四个维度出现偏差。随着时间的推移，执行标准降低甚至完全走样，执行过程延误甚至虎头蛇尾，制度执行的力度也越来越小，导致决策的成效不大，难以达到预期效果。从执行主体上看，当前高校的“官本位”意识仍较浓厚，高校教职员工勇于创新的锐气不足，存在安于现状、求稳怕乱的思想障碍和职务疲劳、岗位疲劳现象。有些领导在长期形成的思维惯性和尚不完备的体制机制局限下，执行力表现乏力，由于执行意识淡薄，重布置、轻执行，工作未能常抓不懈的现象较为普遍；有些中层干部存在知识缺陷、视野短浅，缺乏大局意识，“不会执行”、“不敢执行”、“不愿执行”的现象时有发生；有些基层管理人员和普通教师责任意识不强，存在“浮”、“懒”、“散”、“虚”等方面的问题，对执行的偏差缺乏敏感性，对任务的认识不统一，行为不尽规范。总体来说，高校教职员工的整体执行素质有待进一步提高。

（2）高校执行环境欠完善，执行体系失灵。作为一种高校治理的原则、理念、手段，“依法治校”虽已在诸多高校全面铺开，但总体来讲，我国高等教育目前仍处于行政主导模式之下，离“政校分开、管办分离”的目标还有相当大的距离。由此引发的是高校学术管理机制不健全，机构形同虚设，以行政权力代替学术权力的现象在高校仍然比较普遍，使得大学的个性品质难以张扬、学术研究的价值难以保障。① 同时，高校中层管理结构不断地横向扩展导致高校职能部门之间条块分割现象日益严重，执行过程缺少必要的信息沟通也就在所难免。信息的不共享割裂了部

---

① 钟以彬. 困境中的高校执行力：模式分析与途径选择. 安徽广播电视大学学报，2010（1）：87.

门之间的配合，执行的效果自然大打折扣。而高校存在的“官本位”思想也阻碍了学校管理者与教职员工的沟通，降低了工作效率。此外，由于高校尚未真正建立起科学合理的绩效评估和监控体系，奖惩考核机制不完善，这些都阻碍了高校执行力的提升。

（3）高校管理者定位不当，执行力文化建设欠缺。当前高校普遍存在一个认识误区，即认为学校管理者尤其是高校领导仅仅是制定策略和下达命令，执行只是一个战术问题，属于基层具体操作的事情。实际上，学校管理者的角色定位不仅是蓝图的谋划者，同时也是执行主体，更要学会执行、带头执行，否则势必影响决策的绩效和时效。只有管理者参与执行，决策才能迅速加以落实，并及时检验决策的科学性；当执行出现新情况、新问题时，可以及时采取补救措施和再决策。高校执行力文化是高校内部全体执行主体所共享的关于执行的价值观、信念、行为规范的总称。共同的价值观、信念、行为规范能将教职员工的个人发展和学校的发展结合在一起，通过影响教职员工的思想意识促进其执行能力，进而提高学校的整体执行力。当前高校执行力文化建设欠缺主要表现为：高校各自的学校文化未能做到自上而下地渗透，反而在学校的不同单位和部门形成了亚文化。由于学校文化的认识难以趋同，致使学校文化难以成为高校执行力的有效支撑。

二、当前高校绩效管理存在的问题

高校绩效管理是指通过对发展战略的建立、目标分解、业绩评价，将绩效成绩用于高校日常管理活动中，以激励教工业绩持续改进并最终实现其发展战略目标的一种管理形式。[①] 它以绩效的改进与提高为宗旨，强调了基于绩效目标的教工行为管理和学校的可持续发展。目前高校绩效管理中存在的问题主要表现为以

① 孙文胜. 浅谈高校绩效管理. 中小企业管理与科技（下旬刊），2010（5）：144.

下几个方面：

（1）绩效管理上的认识存在误区，绩效管理体系不健全。绩效管理是一个包括绩效计划、绩效实施、绩效考核、绩效反馈和绩效改进的复杂综合体系。目前高校对绩效管理还缺乏全面的认识，多数高校绩效管理涵盖的广度、深度不够。大多数高校的绩效管理尚处于绩效考核阶段，注重的是对教职员工业绩和能力进行总结与评价。绩效管理缺乏系统性，只看到了考核，而忽视了其他环节，尚未提升到有效推动教师专业化发展与学校业绩共同提升的绩效管理阶段。从绩效管理体系上看，存在考核主体单一、考核双方不平等、考核指标不系统、设置片面、考核方法单一、管理角色错位、忽视绩效改进等现象。

（2）绩效管理主体执行能力不足，绩效管理执行过程难以有效控制。高校教职员工对绩效管理体系的认同程度、自身素质和管理水平以及对绩效管理执行行为的投入程度等方面的障碍，都会使高校绩效管理难以有效执行。高校实施绩效管理是为了更好地执行学校的战略，也是为了帮助教职员工客观地认识自己、改进工作、提升自我，最终实现高校的发展目标与教师的个人发展同步。加上中国传统文化中强调的“以和为贵”思想，致使许多管理者绩效管理执行力度不足，使绩效管理流于形式。此外，目前不少高校在绩效管理执行过程中，对绩效管理还停留在制定政策、发行文件的层面，过分依赖教职员工自觉执行，对绩效管理的执行基本上未采取控制行动，管理人员既没有控制的意识和观念，也没有控制的行动和措施，未能有效衡量绩效管理执行的情况并及时纠正执行偏差。绩效管理执行控制的“缺位”状态，导致绩效管理结果的失效。

（3）绩效管理缺乏有效沟通，教师参与度不足。绩效沟通是管理者与员工在共同工作的过程中分享各类与绩效有关的信息的过程，是决定绩效管理发挥作用的重要因素，贯穿于绩效管理过程的始终。[①] 目前高校的绩效管理实践的很大障碍在于因沟通不畅而导致的管理者与被管理者之间的冲突和摩擦性损耗。绩效管理是一个强调全员参与的管理过程，当前高校绩效管理中很大程度上缺乏教师的参与，教师往往只是被动地接受考评，除了了解考核结果之外，根本不知道自己哪些方面存在问题、需要改进，更谈不上如何改进。绩效管理在执行过程中缺少必要的信息沟通，导致教师对绩效管理体系不认可，甚至产生了抵触情绪。同时，由于管理者与教师之间缺少良好的沟通平台，彼此缺乏充分信任，因此产生了隔阂，难以形成绩效管理合力，使得高校绩效管理流于形式，造成了学校资源的浪费。

三、完善高校绩效管理、提升高校执行力的实施对策

基于绩效管理的高校执行力建设是我国当前高等教育体制改革的一项重大工程，这项工程关系到我国高等教育事业的可持续发展。加强高校执行力建设，提高绩效管理的成效，需要采取以下几方面的实施对策：

（一）完善有利于提升执行力的环境，进一步加强执行主体素质与能力建设

高校绩效管理需要高校处于有利于提升执行力的良好生态环境之中，为提高绩效执行力打下坚实基础。从国家层面来讲，应当进一步深化高等教育事业改革，推进教育法制化建设，加快高校“去行政化”步伐。从高校自身来讲，必须在全面理解国家有关教育法规的前提下，健全高校内部管理制度，理顺高校领导与管理体制，做到执行“有法可依”；需要优化高校的管理流程，规范权力运行程序，进一步完善奖惩制、绩效制，做到执行“有章可循”；同时坚持高校校务公开，提高决策透明度，充分发挥

① 张爱苗．高校绩效管理的问题与对策研究．中国高校师资研究，2008（2）：34.

舆论监督机制作用，在制度上保证广大师生有机会了解制度、决策的执行过程，做到执行“行必遵规”。从高校的教职员工来讲，校领导、中层干部、基层管理服务人员、教师教辅人员，每一位高校绩效管理执行主体全方位地提升执行能力是绩效管理工作的重中之重。教职员工对绩效管理方案的准确理解并组织实施的能力以及执行能力的强弱，直接决定了高校整体绩效管理执行的成败。因此，应强化绩效管理的执行理念，在绩效管理推行之初就进行理念的推广渗透，让每一位教职员工尽可能地清楚绩效管理的目的和重要性，在实践中不折不扣地予以执行。此外，应加强教育培训，提高教职员工的综合素质。对于高校领导干部，须重点培养其科学判断决策能力、开拓创新能力、依法治校能力、发展规划能力、组织协调能力等；对于高校中层干部，要促使他们重视塑造自身的人格魅力，提高其领导与领悟的能力、按规定办事的能力、驾驭团队的能力、应急管理的能力、授权与控制协调的能力等；对于基层管理服务人员、教师教辅人员，则可通过建立学习培训制度，确保其正确接收和执行高层指令，并着重树立其良好的工作心态，以及爱岗敬业的精神，倡导形成“认真才能把事做对，用心才能把事做好”的理念，鼓励其积极团结协作，以追求团队成功等。

（二）完善高校激励竞争机制，促进形成科学合理的高校执行力绩效考评体系

在坚持“按需设岗、平等竞争、择优聘任、科学考评”原则的基础上，整合定性考核与定量考核的各自特点、优势，将定性考核与定量考核有机结合，制定科学、量化、操作性强的效能目标考核体系，建立起切实有效的竞争激励机制，充分调动全体教职员工的主观能动性和创造性。其一是建立符合高校领导人才特点的胜任力模型、高校领导干部选拔任用的科学评价机制、执行制度配套的监控反馈机制，以及对观念新、脑子活、懂管理、善开拓的高校领导人才的风险保护机制，以全面提升高校绩效管理

的高层执行力。其二是进一步推进事业单位人事制度改革，打破教职员工身份终身制，推行全员岗位聘任制，合理地运用绩效考核结果，切实加强对执行力建设和服务效率的监督考核，建立以奖惩制度与工作绩效之间挂钩的考核与激励机制，形成能者上、庸者下、平者让、充满活力的竞争氛围。其三是在全面、深入分析教职员工需求的基础上制定出科学、客观、全面、公正和准确的教学、管理、教辅、工勤工作四大类别考评体系，以多层次、多渠道的激励措施，鼓励创新、规范操作、加强反馈，引导教职员工将个人的职业生涯融入到学校的战略目标之中。通过执行力绩效考评体系营造遇事坚决执行、主动执行、立即执行的执行氛围，使全体教职员工做到形势变化不我行我素、任务明确不等待观望、工作部署不无动于衷、非常时期不按部就班、关键时刻不唯唯诺诺、面对任务不推诿扯皮或消极不为，确保实际操作不违背初衷，保证工作落到实处。

（三）加强绩效管理的执行力文化建设，提高绩效管理的沟通功能

一个没有执行力文化的高校不可能有执行力，每一个高校都应营造适合本校发展、具有鲜明特色的执行力文化，并积极引入绩效管理理念，营造浓厚的“绩效”、“执行”氛围，使绩效管理深入人心。执行者只有充分认识到制度、决策的重要性，领会到唯有全力以赴地做好各项工作，坚持执行标准和执行纪律、讲究执行速度和执行质量，方能创造良好的绩效。创建执行力文化，必须以科学发展观为指导，坚持“以人为本”的理念，增强广大教职工的认同感和趋同感，加强执行团队建设，以执行力文化来影响执行意识，将执行力融入其日常行为习惯中，做到思想更加坚定、风格更加务实、执行更加顺畅、落实更加有力、合力更加强劲，为高校提供持久动力。此外，由于高校绩效管理实践的较大障碍在于因沟通不畅而导致管理者与被管理者之间产生冲突和摩擦，因此，从个人绩效目标的设计到最终的绩效改进，高校需

要的是全员参与的绩效管理。教职员工积极参与绩效管理，共同商讨制定合理的绩效目标和绩效标准，共同探讨实现绩效目标的合理路径，共同解决绩效目标实现过程中遇到的突出问题。为了塑造和谐的绩效管理，提升绩效管理效果，要坚持开放的原则，在绩效管理过程中，还应形成开诚布公的沟通氛围，倡导真诚沟通的高校文化，充分发挥全体教职员工的绩效合力。高校管理者与教师之间应建立以彼此信任为基础的开放式对话，在开放式对话中，高校管理者和教师不停地变换“说”和“听”的角色，在沟通中实现信息的交流与反馈，以消解管理者和被管理者之间的隔阂和对立情绪。形成的决策要及时准确、不折不扣地传达给各个执行层面，并通过交流与沟通适时修正，充分调动教职员工的工作积极性，以激励其为超额实现绩效目标而努力。

《尚书·说命》云：“非知之艰，行之惟艰。”起而躬行总比坐而论道难，执行政策总比制定政策难。一所高校的执行力强弱决定着该校的绩效管理水平，决定着该校的生存力和发展力。没有执行力，绩效就成了空谈，高校也就没有了核心竞争力，更没有可持续发展的空间。通过提升高校的执行力来全面提升高校的绩效管理水平，在绩效管理中做到议而决、决而行、行必果、上下贯通，我国高校才能“赢在执行”，获得又好又快的可持续发展。

浅谈高校教职工退休养老保险存在的问题

陈　麟

（同济大学人事处，上海　200092）

摘　要：退休以后的养老问题是每一位高校教职人员所关心的话题，目前高校职工退休享受的工资待遇来源于社会保险五大险种中最重要之一的养老保险。现养老保险在全国各地区试点实行统筹，但在实行过程中，现有养老保险制度还是存在一些问题，这些问题也是急待解决和完善的。我们应当根据自身国情进行研究，并学习发达国家健全而完善的养老保险制度。

关键词：高校　退休　养老保险

退休以后的养老问题是每一位高校教职人员所关心的话题，但现有的养老保险政策还是存在着诸多问题，这些问题关系到每一位教职人员退休后的切身利益，所以应当引起关注。因此，本文将对可能存在的问题进行分析。

一、养老保险的概念

养老保险是社会保障制度的重要组成部分，是社会保险五大险种中最重要的险种之一。所谓的养老保险（或养老保险制度）

是国家和社会根据一定的法律和法规，为解决劳动者在达到国家规定的解除劳动义务的劳动年龄界限，或因年老丧失劳动能力退出劳动岗位后的基本生活而建立的一种社会保险制度。这一概念主要包含以下三层含义：

（1）养老保险是在法定范围内的老年人完全或基本退出社会劳动生活后才自动发生作用的。这里所说的“完全”，是以劳动者与生产资料的脱离为特征的；所谓“基本”，指的是参加生产活动已不成为主要社会生活内容。需强调说明的是，法定的年龄界限（各国有不同的标准）才是切实可行的衡量标准。

（2）养老保险的目的是保障老年人的基本生活需求，为其提供稳定可靠的生活来源。

（3）养老保险是以社会保险为手段来达到保障的目的。养老保险是世界各国较普遍实行的一种社会保障制度。

二、养老保险的特点

（1）由国家立法，强制实行，企业单位和个人都必须参加，符合养老条件的人，可向社会保险部门领取养老金。

（2）养老保险费用来源，一般由国家、单位和个人三方或单位和个人双方共同负担，并实现广泛的社会互济。

（3）养老保险具有社会性，影响很大，享受人数多且时间较长，费用支出庞大，因此，必须设置专门机构，实行现代化、专业化、社会化的统一规划和管理。

三、养老保险制度概况

退休是一种制度安排，它是确定劳动者在一定年龄和一定条件下可以退出劳动力队伍并获得相应收入保障的制度。退休，是指国家为丧失劳动能力或将要丧失劳动能力的老年职工所规定的一种离开工作岗位、安度晚年的社会保障政策。与退休相关的问题主要涉及退休条件、退休待遇和退休管理。

（一）退休条件

1978年颁布的《国务院关于安置老弱病残干部的暂行办法》（国发〔1978〕104号）首次对党政机关、群众团体、企业、事业单位（包括高校）干部的退休条件作了规定。后虽作过调整，但变化不大，即男年满60周岁，女年满55周岁，参加革命工作年限满10年；男年满50周岁，女年满45周岁，参加革命工作年限满10年，经过医院证明完全丧失工作能力的；因工致残，经过医院证明完全丧失工作能力的。

（二）退休待遇

自1955年机关事业单位退休养老制度建立以来，国务院对机关事业单位退休人员养老待遇进行了多次调整。2006年，国务院印发《关于机关事业单位离退休人员计发离退休费等问题的实施办法》，规定2006年7月1日后离退休的人员，在养老保险制度建立前，暂按下列办法计发退休费：事业单位工作人员退休后的退休费按本人退休前岗位工资和薪级工资之和的一定比例计发。其中，工作年限满35年的，按90%计发；工作年限满30年不满35年的，按85%计发；工作年限满20年不满30年的，按80%计发。另外，按照1994年1月印发的《关于机关、事业单位工资制度改革实施中若干问题的规定》（人薪发〔1994〕3号），满10年不满20年退休的，按70%计发；工作年限不满10年退职的，退职生活费按50%计发。

根据确定的计发比例，退休费的计发基数为离退休人员当月岗位（技术等级）工资、薪级工资、岗位津贴之和。

（三）退休管理

长期以来，我国高校教师的退休管理工作一般是由国家出台政策进行宏观管理，而具体的管理工作则由退休教师所在高校负责。我国高校一般均设有离退休工作管理机构，承担着本校教师的具体退休管理工作。

四、现行养老保险制度存在的问题

（一）退休年龄设置偏低

根据1978年颁布的《国务院关于安置老弱病残干部的暂行办法》（国发〔1978〕104号）规定，男职工年满60周岁、女职工年满55周岁、参加革命工作年限满10年必须退休，有少数专家学者经过主管机关批准，教授及相当这一职称的可以延长至60周岁以上退休，一般不超过70岁。总体而言，对于我国高校教职工来讲，政策不能普遍满足教职工需求，退休年龄偏低。对于高校教职工而言，本来在就业过程中就花了相当多年限才获得高学历，实际参加工作年龄已经偏大，因此工作时间偏少，无论是作为人力资源本身还是职工本身，工龄长短问题都是一种不公正和资源浪费。同时，因为退休年龄的偏低和退休年龄没有选择弹性，所以在历史背景下，近些年达到法定退休年龄的人数庞大，使得财政负担加重。

（二）退休养老金支付结构不合理

（1）退休费计发比例通常以5年或10年为一个档次，由于年限跨度较大，使得不少教职工工作年限差1个月与差好几年没有区别，每个档次之间享受比例差距也较大。因此，目前养老金支付结构缺乏合理性、公平性。职工工龄年限档次的差异，也造成每个档次间退休费待遇存在不少差距，使得工作年限仅差一两个月的人员有较大不满情绪。

（2）退休费基数为退休当月岗位（技术等级）工资、薪级工资、岗位津贴之和，而这一时间点的工资并不能合理体现实际贡献。以上海近6年没有增长的在职人员基本工资为例，今年退休职工不但与6年前职工退休工资没有变化，而且随着每年退休工资增长，今年退休人员工资待遇还比6年前的人员要少，在这点上存在严重不合理性，使得退休人员不能完全参照同类人员享受待遇，不同年份退休的同级别人员工资待遇存在差异。

（3）事业单位基数计算办法与在职期间缴费多少无衔接。以上海各高校的实行办法来讲，计发工资按照退休当月工资为基数计发，这意味着职工缴费的多少并不能与其享受到的养老金待遇相挂钩，从而导致了权利与义务不对等，严重打击了职工参保的积极性。这种与社会保险制度不衔接、待遇与缴费不挂钩的现象，不能体现效率优先、兼顾公平、权利和义务对等的原则。同时，离退休人员养老金全部在统筹基金中发放，不能体现缴多缴少、缴长缴短在养老待遇上的差别，一定程度上影响了高校教职工参保的积极性，从而导致事业单位缴费基数偏低，缺乏雄厚的社会保障基金积累，高校养老保障无法得到切实保证。薄弱的社会保障体系和低下的社会保障力度，也降低了高校养老保障的预期。因此，事业单位目前在改革上也存在风险，一旦缴费基数与退休挂钩，则面临基数缴纳较低情况。

（三）各地养老保险政策不统一

我国高校数量多、分布广，但无论从全国还是地方来看，都未形成覆盖所有高校的统一的养老保险制度。目前我国虽明确提出了全国性事业单位养老保险制度改革的方案，指定了上海、重庆、山西、广东、浙江五个省市为试点，但是国家并没有改革出台统一的、具体可行的政策，导致各地在养老保险实施范围、养老保险收缴基数比例等方面的政策各不相同。更有许多地区至今未纳入社会保险，导致各地区高校之间退休人员待遇实施办法存在严重差异，也给跨地区工作人员带来了局限性。同时，由于缺乏统一政策作指导以及各地在探索事业单位养老保险制度改革中工作不平衡，致使我国事业单位养老保险改革试点呈现进度不一、实施方法各异的局面。由于各地区政策不一、缴费基数不一、计发办法不一，造成各地区退休人员待遇存在差异，这也将严重阻碍事业单位养老保险制度的全面改革，同时也严重影响了各单位职工选择跨地区就业。

（四）企业、机关事业单位与公务员之间养老保险无有效衔接

目前，企业、机关事业单位与公务员之间的养老保险实施办

法存在明显差异，也无有效衔接，这致使高校在“引进”及“出口”人才上有着严重的局限性。高校离退休制度与企业职工养老保险制度之间兼容性差，不利于人员在高校与企业之间的正常流动，特别是随着企业年金的持续发展，如果不相应改革目前高校的离退休制度，必将对人才正常流动形成障碍，不利于全国统一的人才市场的建立和人才的有效流动。退休人员以最后所在单位性质决定退休养老保险计发待遇，与之前所在单位性质、缴纳社保情况无有效衔接，也致使高校事业单位编制人员不愿转编企业编制，造成临退休前人员设法挤进事业编制、公务员编制，这过程明显存在着不合理性，也与目前高校全员聘任制度存在矛盾。

五、结束语

目前我国高校退休养老保险制度还存在许多问题，还有许多不成熟的地方需要我们去发现和摸索，如何根据发现的问题去改善现有制度是值得我们探究的。在这里，我们也可以借鉴目前各地区实施养老保险过程当中的优点，或者借鉴国外成熟的养老保险制度，从而有效改善高校教职工养老保险中存在的诸多不合理之处，以使我国高校的教职工有更加合理完善的退休待遇，从而安心地投身于在职岗位的工作。

参考文献

[1] 靳晓叶. 上海养老保险制度变迁及经济学分析（1978—2005）. 上海：上海师范大学硕士学位论文，2008.

[2] 刘慧频. 高校养老保险制度改革路径探索. 学理论，2010（26）.

[3] 马淑杰. 高等学校养老保险制度存在的问题及对策研究. 经济与社会发展，2007，5（8）.

[4] 华登峰. 我国事业单位养老保险制度改革对策研究. 青岛：青岛大学硕士学位论文，2008.

浅谈小规模群体对高校青年教师内感报酬激励的作用

蹇 俊 史勤先 陈 岚

（贵州大学，贵阳 550027）

摘 要： 对青年教师的内感报酬激励是保证青年教师可持续发展的一个重要环节，目前学校采用的激励方式具有一定的积极因素，但是随着社会、经济的发展，这些方式存在着高离散、低密集的不足，影响了激励所产生的“内感报酬”对青年教师的影响。本文对高校青年教师的“内感报酬”的需求现状进行了分析，提出以青年教师小规模群体为激励对象集合开展激励，以提高激励所产生的“内感报酬”的效果。

关键词： 高校青年教师 小规模群体 激励 内感报酬

《中长期教育改革与发展纲要（2010—2020）》指出，要“以中青年教师和创新团队为重点，建设高素质的高校教师队伍”，同时要“创新人事管理和薪酬分配方式，引导教师潜心教学科研，鼓励中青年优秀教师脱颖而出”。从中可以看出，采用何种激励方式满足高校青年教师的需求，以实现教师的可持续发展是当前高校人力资源管理的一项重要工作。

一、内感报酬与外感报酬

人的意志行动开始于人的需求以及由需求而引发的动机。动机实际上就是直接促使个体从事某种活动的内在原因，而所谓的工作动机也就是推动并维持人的工作活动以满足一定需要的内部动力。人的工作动机可以归纳为两大类：直接性工作动机和间接性工作动机。直接性工作动机指的是从工作本身追求种种内心感受，进而获得内心需要满足的动机，我们把这种内心的满足称之为“内感报酬”。管理心理学研究表明，对内感报酬的满意程度是决定个体是否从事某项活动及从事该项活动所保持的心理状态的根本。间接性工作动机是指追求工作以外的附属事物，如工资、津贴等，我们称为“外感报酬”。外感报酬是决定个体是否从事某项活动的物质支撑。由此可以看出，高校人力资源管理部门要激励青年教师可持续发展，一项重要工作就是针对青年教师内感、外感报酬的需求情况，构建合理、完善、有效的激励机制，激发青年教师的潜在能力。

随着社会经济的不断发展，在市场经济环境下，青年教师面临着住房、婚姻、赡养等诸多与经济相关的现实问题，因此越来越多的高校已经开始重视外感报酬对青年教师的激励作用，青年教师的工作成绩都同实际经济效益挂钩。这一方面鼓励了青年教师的教学科研积极性，符合市场经济规律，但是，另一方面由于过分强调经济效益的杠杆作用，使青年教师越来越忽视高教事业自身所带来的心理满足感，甚至引发了部分教师在工作中以金钱为开展工作的唯一动机的现象。此外，受高校所在地地方经济、地域差别、政策导向等方面的影响，一些高校，特别是欠发达地区的高校，对青年教师的外感报酬激励缺失，引发了当地高校青年教师对自身工作的动摇。所以，目前高校在提高青年教师外感报酬激励、满足青年教师物质生活的同时，也应该加强对青年教师内感报酬的激励，树立青年教师对高等教育的信仰。因此，本文着重讨论高校青年教师的内感报酬激励问题。

二、高校青年教师内感报酬的需求

尽管高校青年教师的专业背景、成长环境等有较大差异，但是作为知识型员工，即具有较高教育文化程度，能掌握、运用知识或信息并不断更新和完善自身知识能力结构，通过自身智力劳动为组织带来创新及资本增值的员工，高校青年教师具有一些共同的内感报酬的需求。美国知识管理学家玛汉·坦姆仆提出的“知识型员工激励因素”模型是国际上系统研究知识型员工激励问题的代表。玛汉·坦姆仆经过大量实证研究后发现，知识型员工注重的前四个激励因素依次为个体成长（约占总量的 34%）、工作自主（约占总量的 31%）、业务成就（约占总量的 28%）和金钱财富（约占总量的 7%）。也就是说，知识型员工最主要的内感需求为个人的成长感、工作的自主感和业务的成就感。高校教师由于其自身的工作特点，可以根据自己的兴趣爱好选择研究方向，工作时间主要以弹性时间制为主，所以，绝大多数高校教师可以自主安排自己的工作，因此高校教师，特别是刚刚踏入工作岗位的青年教师迫切需要在工作中提高自己的水平，证明自己的能力。

从上面分析可以看出，高校青年教师的内感报酬需求主要可以概括为以下两点：

（1）成长需求。成长需求是指个体要求得到提高和发展的内在欲望。青年教师由于刚刚走出校门，其专业知识大多数停留在理论研究阶段，需要了解所学专业的最新前沿课题及实际运用，因此青年教师迫切需要提高自身专业知识及技能。成长需求是青年教师可持续发展的基本内容。

（2）成就需求。成就需求指的是一种迫切希望和要求自己在工作或事业上取得成功、做出为世人所瞩目的成就的心理倾向。青年教师都希望自己的研究工作能得到学术界或研究群体的关注，并在一定范围内创造价值和产生影响。成就需求是青年教师可持续发展的动力之一。

三、现有激励方法对青年教师内感报酬满意度的影响

目前高校对于青年教师主要采用职称激励、获奖激励、培训激励等方式来满足青年教师这两方面内感报酬的需求。这些方式对激励青年教师努力工作有着积极的影响，但随着社会的进步和经济的快速发展，青年教师对这些激励方式产生内感报酬的满意程度有所降低，其原因如下：

（1）激励是具有时效性的，一般情况下效用不可存储，持续时间有限。目前，对于青年教师的激励机制在时态分布上往往属于高离散型，即每次激励之间间隔时间较长，是一种非线性的刺激。在一次激励之后，教师往往存在对下一阶段激励的不明确性焦虑，这就使得教师在两次激励之间逐渐产生倦怠心理，以致同样的激励，教师的内感报酬的满意程度大大降低。以职称激励为例，目前，由于高校人事制度改革的推进，“按需设岗，空岗申报”已经成为高校职称评定日益成熟的方针。青年教师若想申报高一级别的职称，必须等到该级别职称出现空岗。以贵州大学经济学院为例，2011 年，经济学院已获副教授职称共 43 人，现今经济学院副教授岗位为 34 个，副教授岗位已经无空岗。现今经济学院讲师共计 30 人，因此大部分的讲师需要等待很长一段时间才能申报副教授职称。这就使得青年教师认为何时能评上职称充满未知数。长期下去，必然导致青年教师对职称评定的麻木，高级别的职称对青年教师的激励不再明显。

（2）激励的另一个重要作用是通过对组织内部某个人的激励在一定范围内造成影响，从而使组织内部人员都来努力获得该激励，在此过程中实现组织的最终利益。但目前对于青年教师的激励机制在空间分布上往往属于低密集型，即受激励教师之间、受

激励教师与普通未受激励教师、受激励人员与所处群体的直接关联度较低，造成受激励人员对未受激励人员影响不大。这样，长期下去会造成青年教师对激励所产生的内感报酬的心理需求降低。同时，也使得受激励人员虽然能使个人在一次激励中获利，但对于其今后更长时间的发展则缺乏群体的支持。以获奖激励为例，目前很多普通教师并不了解甚至不认识获奖教师，也就对获奖原因等知之甚少，这就造成了“获什么奖都与我无关”的消极心态，造成激励的群体效应不明显。

四、基于小规模群体的青年教师内感报酬激励

因此，在现有条件下，努力提高内感报酬激励的效果，是当前需要解决的问题。根据以上分析，我们提出，在现有制度和条件下，高校可以减少激励的受益集合规模，以青年教师的成长需求和成就需求为切入点，在小规模群体中开展多种形式的激励工作。具体来看，改变学校激励办法的受众集合为全校教师或一个学院的教师（即以全体组织成员为对象集合）的传统思路，鼓励青年教师自发组成规模较小的群体，以小规模群体为激励的受众对象集合，对青年教师开展激励工作，如在群体中开展多层次的培训激励和获奖激励，利用“霍桑效应”[①] 原理在群体中设立学科联络人，提高对青年教师的关注度等。通过这一思路，降低激励的离散程度和提高激励的密集程度，从而提高激励有效性。其原因如下：

（1）群体是若干个体为了实现共同的目标、满足共同的需要而形成的集合体。群体规模越小，群体的需求就越趋于一致。因此，以小规模青年教师群体为激励的受益集合设定激励，可以使激励更具有针对性，满足群体中青年教师个体的实际需要。例

① 霍桑效应：指雇员觉察到自己处于被研究（关注）状态，这本身就对他的工作积极性起着良好作用。

如，在群体范围内设定培训激励，根据群体内青年教师的专业特点和实际需求确定培训内容，这样既满足青年教师成长的需求，又使培训更有目的性。由于群体参加培训的目的、内容一致，这就为群体中青年教师今后的发展提供了环境氛围。

（2）群体的动力来自群体的一致性活动。个体通过一致性活动“构筑”群体的某种行为方式或特征；反过来，群体的行为又对个体的行为产生不同程度的“牵引”或“制约”。这些相互的作用正是激励产生效果的突破口，特别是在人数较少的小群体中，这种影响更为明显。因为小规模青年教师群体的建立是出于自发性原则，是以相同目标为基础，以相互情感为纽带，这样必然容易对某一激励产生相同的心理特征。当群体中的某个个体获得激励以后，由于群体内部从众心理和模仿心理的影响，群体内部成员必然以追求该激励为目标，因此必然扩大了激励在群体中的效果。

（3）衡量成就需求的满足感的高低，一个最重要的指标就是群体对个体的认同和尊重程度。在规模较小的群体当中，个体的成就感更容易满足。一般情况下，青年教师的科研成果不太可能在较大范围内产生影响，而在小范围内获得认可则相对容易。因此，建立小规模青年教师群体能为青年教师搭建一个获得其他人关注的平台，使青年教师在所属群体中获得更多的重视和肯定，满足青年教师对其所从事工作的成就感，同时必然引发该青年教师在所属群体中地位的提高。若人力资源管理部门再加以引导，如推荐该青年教师为群体联络人或学科带头人，必然会促进该教师开展下一步的研究工作。因此，青年教师非正式群体的建立有助于开展青年教师的成就需求激励。

以青年教师小规模群体为激励对象集合，必然会提升激励的密集程度，同时也使得群体内部成员获得再次激励的周期缩短，使激励能在“保质期”内发挥效果。提高青年教师对激励所产生的内感报酬的满意程度，真正发挥学校培训、奖励的激励制度的

“激励因素”，为青年教师的可持续发展提供内容和动力。同时，内感报酬激励也提高了青年教师对高等教育事业本身所带来的内心满足程度，坚定了其从事高等教育事业的信念。因此，内感报酬激励是保证青年教师可持续发展的一个重要工作，而以小规模青年教师群体为受激集合的激励方式是开展这项工作的尝试。但是如何建立小规模青年教师群体并确定群体规模的大小，如何根据群体之间的差异性来实施不同的激励措施，如何开展群体的考核以及制定衡量青年教师对内感报酬满意程度的高低标准等，将是今后工作的重点，也是高校人力资源管理理论的一个研究方向。

参考文献

[1] 高建萍. 高校青年教师需求特征与激励机制研究. 消费导刊，2008（7）.

[2] 王璐，刘晋红. “双因素理论”对地方高校青年教师的激励作用探析. 河南教育（高校版），2007（8）.

[3] 纪巍. 高校青年教师工作满意度样本分析及激励策略. 经济研究导刊，2010（15）.

体制机制创新研究

创新机制，提升质量，推动国内访问学者项目信息化、科学化、品牌化发展

文　鹏　蔡　瑞　杜晓成

（武汉大学，武汉　430072）

摘　要：本文从信息化建设、科学化培养、跟踪反馈评价机制和关注青年教师发展等方面，为青年骨干教师国内访问学者项目的进一步创新和发展、打造师资培训领域精品示范项目提供了思路。

关键词：国内访问学者　信息化　科学化

“青年骨干教师国内访问学者项目”是在原有国内访问学者制度基础上发展而来的、选派条件和接受标准更为严格、资助经费力度更大的人才培养模式。它既是原有国内访问学者制度的升华，也是教育部“高层次创造性人才计划”中第三层次“青年骨干教师培养计划”的重要组成部分，更是教育部贯彻落实科教兴国和人才强国战略的重要举措。

“青年骨干教师国内访问学者项目”自2004年10月开始实施以来，共有7 725名高校教师作为青年骨干教师国内访问学者进入国内高水平大学的优势学科进行访问学者研修，教育部为实

施青年骨干教师国内访问学者项目下拨的资助经费达 4 893.35 万元。项目在提升青年教师的科研水平、学术素养和创新能力、为地方院校培养学术带头人和学术骨干、加强学术交流、促进校际合作、均衡教育资源、促进社会公平、促进终身学习、构建学习型社会等方面发挥了重要作用。

今年是我国教育发展过程中极其重要的一年。《国家中长期教育改革和发展规划纲要》和《国家中长期人才发展规划纲要》的颁布实施，开启了中国高等教育生机蓬勃、绚丽多彩的发展历程。经济、社会、文化发展的新形势和高校师资队伍建设发展的新要求以及高校教师培训的新需求，不断推动国内访问学者项目向前发展。让访问学者项目走信息化、科学化、品牌化发展之路，是我们的必然选择。

一、着眼教育信息化趋势，建立项目管理信息系统

《国家中长期教育改革和发展规划纲要》中指出，“构建国家教育管理信息系统”，“推进政府教育管理信息化，积累基础资料，掌握总体状况，加强动态监测，提高管理效率”，“为宏观决策提供科学依据，为公众提供公共教育信息，不断提高教育管理现代化水平”。教育信息化建设已经成为亟须发展的内容之一。

为了进一步创新和完善“高等学校青年骨干教师国内访问学者项目”，规范业务流程和数据标准，提高工作效率和管理服务水平，设计并开发“国内访问学者项目管理信息系统”已成为刻不容缓的任务。“国内访问学者项目管理信息系统”将从辅助分析决策、加强管理规范、促进跨学科交流、整合优质资源、提高工作效率等几个方面为“高等学校青年骨干教师国内访问学者项目”管理工作带来新的局面。

第一，“国内访问学者项目管理信息系统”提供各种丰富的、自定义的查询和统计功能，随时为各级教育行政部门提供数据信息和辅助分析，为政策决策提供导向和依据。

第二，“国内访问学者项目管理信息系统”进一步理顺业务流程，将计划申报、指标分配、推荐遴选、志愿投递、录取调剂、注册备案、结业考核等核心环节的操作标准通过信息系统辅助把关，减少了手工操作可能的失误和随意性，进一步加强了项目管理工作的规范性。

第三，“国内访问学者项目管理信息系统”可以开辟一个学术交流区域，为全国各高校、各学科的青年骨干教师国内访问学者提供沟通和交流的平台，展示学术成果，交流研修体会，分享教学经验，促进跨院校、跨学科交流。

第四，“国内访问学者项目管理信息系统”建立完整的学科专业库、导师库、课题库、科研成果库等数据信息，整合国内重点高校重点学科的优质资源，为各级各类师资、人才培训项目提供管理与合作的平台，为项目拓展和延伸奠定基础。

第五，“国内访问学者项目管理信息系统”有效提高工作效率，通过先进的技术手段将管理工作者从烦琐复杂的手工数据处理中解放出来，让其有更多的时间和精力关注项目的优化和发展。

二、注重分类管理，制定科学化的培养机制

《国家中长期教育改革和发展规划纲要》、《国家人才发展规划纲要》和新一轮“985工程”建设等重要文件中均提出要建立和完善教师队伍的分类管理、分类评价及分类激励的机制，保持教师队伍的创新活力，提升教师队伍的整体素质和创新能力。

国内访问学者是一种个性化培养模式，不同学科、背景、层次、特点的访问学者存在着不同的培训需求。这就要求在访问学者的培养和管理过程中重视差异性，因人而异、因材施教，制定科学化的培养机制。

借鉴分类管理的理念，我们可以把访问学者分为科研型访学、教学型访学、实践型访学和单独指导型访学四大类，分别制

定不同的培养目标、培养方式和考核办法。

对于具有博士学位、副高及以上职称的访问学者，可以考虑倾向科研型访学来培养。访学期间，这类访问学者侧重于掌握科学研究方法，提高科研能力和水平，及时跟踪了解专业领域的研究现状、前沿动态和发展趋势，在导师指导下参与团队课题研究，撰写论文、专著，尝试独立申报或承担科研任务。结业考核时，对这类访问学者的科研成果、承担课题经历、参与学术交流活动等要有一定的要求。

对于部分具有学士及以上学位、中级及以上职称、从事公共基础课教学的访问学者，可以考虑倾向教学型访学来培养。访学期间，这类访问学者侧重于掌握教育教学技能和方法，提高教学能力和水平，在导师的指导下参与教学讲授、教学研究、课程建设、教材建设等工作。结业考核时，对这类访问学者的教学成果、教学工作量要有明确要求，最好能进行教学现场考评。

对于本身从事职业教育的访问学者，可以考虑倾向实践型访学来培养。访学期间，这类访问学者既要培养较强的教研及教学能力和素质，也要增强专业实践技能，在导师的指导下参与教学讲授、教学研究，依托科研项目平台到大中型企业体验科学技术推广应用，掌握先进设备的操作使用技能，着力培养“双师型”教师。结业考核时，对这类访问学者既要有教学工作量的要求，又要有一定比例的社会实践活动。

对于从事艺术类、临床医学类专业的访问学者，可以考虑倾向单独指导型访学来培养。这类访问学者在访学期内，导师对其进行“一对一”、“面对面”指导。结业时，艺术类访问学者可以以汇报表演等形式提交访学成果，临床医学类访问学者则可以通过场景模拟来考核。对于接受这类访问学者的导师要有接受人数的限制。

三、建立跟踪反馈机制，评价项目长期效益

为进一步提高“青年骨干教师国内访问学者项目”的培养质量和效果，武汉中心拟建立项目跟踪反馈机制，在访问学者结业返校后对研修效果进行定期跟踪反馈。跟踪反馈分为访问学者自评和选派学校评定两部分，在访问学者结业返校一年后和五年后分别进行一次。

访问学者自评主要是了解访问学者通过访学研修，在不同的时间坐标下，在掌握教学科研方法、提高教学科研水平、了解学科领域前沿和发展趋势、提升创新能力和社会服务能力等方面的收获，结合返校后的实际工作体会，对“青年骨干教师国内访问学者项目”的效果作出评价，提出改进或完善的建议。

选派学校评定主要是了解访问学者返校后，在岗位、职称、职务、教学水平、课程建设、学术成果、学术交流活动、承担科研项目、创新能力、社会服务、成为教育教学骨干或学术带头人等方面的情况及发挥的作用，结合访问学者的成长轨迹和选派学校的工作要求，对“青年骨干教师国内访问学者项目”的效果作出评价，提出建议。

最后，对反馈信息进行归纳整理，建立青年骨干教师国内访问学者信息反馈档案，并对反馈信息进行综合分析，总结项目的优点及存在的问题，切实改进和完善项目工作，评价项目长期效益。

建立跟踪反馈机制，一方面能了解访问学者返校工作后各方面的详细情况，发现“青年骨干教师国内访问学者项目”的培养机制是否适应不断变化的高等教育发展需求，及时调整项目运行中存在的问题和不足，评价项目的长期效益，推动项目更好地发展；另一方面也能提高访问学者的积极性。

四、开展合作研究，关注青年教师发展

随着我国高校教师队伍的进一步年轻化，青年教师是高校未来发展的希望。如何帮助青年教师成长和发展，成为越来越受关注的问题。由于我国高等教育的高学历化进程，高校青年教师大多是博士或硕士毕业后直接留校任教，在教育教学技术和方法方面需要从头学起，在科研能力和技巧方面需要继续摸索，在师德修养方面也需要正确引导。因此，需要建立一套“青年教师发展研究基地”体系，关注、帮助、引导青年教师健康茁壮成长。

“青年骨干教师国内访问学者项目”的接受学校都是教学科研水平高、师资力量雄厚的国内重点高等学校，拥有国家重点学科，国家、教育部重点实验室，国家、教育部工程（技术）研究中心，教育部人文社会科学重点研究基地等重点科研基地和优势学科。在这 100 多所接受高校中，其中 40 所接受高校接受了超过项目计划总数 80% 的访问学者。因此，可以考虑在这 40 所高校及其他具有特色学科优势的高校建立“青年教师发展研究基地”，聘请一批师德高尚、科研能力突出、教学成果显著、工作认真负责的教授，充分利用重点高校的优势资源，促进青年教师跨院校、跨学科的合作交流、联合培养，形成一套青年教师培训体系。从全国高校青年教师中选拔有突出创新能力和培养潜力的教学骨干和学术学科带头人后备力量到基地进行研修，着重提升青年骨干教师的思想道德素质、教学科研水平、创新合作能力，培养教学名师、教学科研创新团队带头人和学术学科带头人。

“青年教师发展研究基地”可以提倡“带着课程和课题来研修”。青年教师在申请时就需制订明确的研修计划，包括完成一门返校后要承担的教学课程的建设方案和一项跨学科的科研课题，以此作为研修期满的考核指标。研修期内采取集中学习研讨和导师个别指导相结合的方式。第一阶段聘请国家级教学名师、国家级精品课程负责人、两院院士、985 科学家、人文社科资深

专家等名师大家进行教学科研方法、课程建设、项目申报、师德师风培养等方面的专题讲座，开展研讨交流活动。第二阶段进行师德教育、教学观摩和课题研究，在导师“一对一”的指导下完成研修计划和结业答辩。师德教育要培养青年教师教书育人、严谨踏实、实事求是的科学态度和敬业精神；教学观摩围绕青年教师的课程计划，指导其完成授课提纲、教案设计，传授课堂讲课技巧及方法，鼓励尝试教育教学改革实践；课题研究围绕青年教师的科研课题，给予阶段性指导和点拨，传授先进的科研方法，引领其把握学术前沿发展动态。

“青年教师发展研究基地”应该优先为国家急需的战略性研究、探索科学技术尖端领域的前瞻性研究、涉及国计民生重大问题的公益性研究提供平台，着力于提升青年教师的原始创新、集成创新和引进消化吸收再创新能力，鼓励指导教师和研修者结对组成跨学科团队开展合作研究。

参考文献

[1] 国家中长期教育改革和发展规划纲要（2010—2020）. 人民日报，2010-07-30.

[2] 国家中长期人才发展规划纲要（2010—2020）. 人民日报，2010-06-07.

[3] 胡锦涛. 在庆祝清华大学建校100周年大会上的讲话. 人民日报，2011-04-24.

[4] 曾绍元. 新中国高校教师队伍建设和发展五十年与展望. 国家高级教育行政学院学报，1999（5）.

[5] 邬大光. 增强科研能力，推动协同创新. 中国教育报，2011-05-07.

[6] 周勇，郭根荣. 我国高等院校青年教师培养模式研究. 继续教育研究，2010（8）.

[7] 文鹏. 2011年青年骨干教师国内访问学者项目实施进展报告.

地方高校现行教师激励机制存在的问题及其原因分析

宁 涛 张 奎

（西安工程大学人事处，西安 710048）

摘 要：地方高校现行教师激励机制存在机制链环不尽完善、激励管理存在误区等问题，其形成原因主要有宏观和微观环境制约激励机制的运行效果、对地方高校教师的特点和需求分析不足、师资队伍建设的认识与实践存在脱节现象、学术权力地位提升不够、激励机制的配套措施未同步协调等。

关键词：地方高校 教师 激励机制

地方高校在实施内涵式发展战略的过程中，对如何建立和完善教师激励机制进行了一些新的、积极的探索，并取得了一定的进展和成效。但目前地方高校师资队伍还存在着“量”与“质”的双重缺乏，现行激励机制还存在不少问题。找出地方高校现行激励机制存在的问题，分析查找其原因，对进一步建立和完善地方高校教师激励机制具有重要的启示意义。

一、地方高校现行教师激励机制存在问题

（一）机制链环不尽完善

教师激励机制在运行过程中，应由教师激励的前期工作、施行教师激励行为、教师激励的后续工作等管理环节形成完整的教师激励机制链环，才能发挥和强化教师激励机制的有效激励作用。但地方高校在教师激励机制链环上不尽完善，主要表现在以下几方面：

1．教师激励的准备工作不到位

教师激励准备工作应该包括激励主体的自身素质与激励意识、对激励客体思想动态的调查研究等。地方高校各级领导和人力资源管理者是教师最直接的激励主体，但在激励机制的运行中，往往只注重对教师制定和施行若干激励制度与措施，而激励主体的主导性发挥程度不够，激励意识欠缺。这种被动应付式的实施激励的行为，忽视了自身激励主体的自身素质特别是业务水平与管理水平的学习与提高。激励主体在理论上的目光不够远大，导致激励内容不十分恰当，激励方法科学性欠妥，进而影响到所制定的各种有关教师管理的政策、法规、规章制度以及组织行为激励性减弱，导致激励机制在运行过程中种种短期行为与无效行为的加剧。

高校教师是激励客体，在高等教育发展模式转向内涵式发展的背景下，激励客体的思想观念和工作需求以及工作动机都发生着变化。地方高校对于激励客体各种思想动态的调研分析还不够全面，虽然注重教师在获得晋升机会、提高工资待遇等方面的需要，但对其促进学校事业发展、培养学生成才等成就需要，受到学生爱戴、强化自我认同等自尊需要，获得进修机会、增强竞争能力的职业进展需要等方面关注不足，因而在激励机制运行过程中表现出的针对性和实效性不尽如人意。

2. 实施教师激励行为的有效性欠缺

积极有效地施行教师激励行为，包括优化教师工作环境、有效运用激励方法、积极协调激励主体与客体之间关系等重要环节，是高校教师激励机制有效运行的核心内容，是完善和强化高校教师激励机制的关键。地方高校由于受财力限制及自身发展过程中的问题积累，在营造净化、美化的自然环境，宁静、宽松、和谐的社会环境，科学、民主、公平的制度环境，健康、健全的生理和心理环境等优化教师工作环境方面都有待加强。地方高校的激励方法主要限于物质激励，这在引进人才方面的物质刺激上表现得淋漓尽致，各地方高校为引进学科带头人等尖端人才可谓是“金钱铺路”。这对于我国社会长期奉行的“君子喻于义，小人喻于利”的观念而言是一个巨大的进步，不过，物质激励的限度已经被激励管理的理论所证实。基于生存需要的物质激励在满足教师一定需求后，如果还仅仅靠物质投入来激发教师的工作创造力和积极性，教师的工作兴趣和强烈动机就不能得到有效的激励，最终也不能达到组织目标的圆满实现。单一地使用物质激励的手段只会令激励机制走向良好愿望的反面。在施行教师激励行为过程中，相当一部分学校的管理者将之理解为一个制定制度、完善组织结构和提高学校办学效率的过程，往往单纯地从组织的角度来考虑问题，而在激励手段的选择、激励效果的评价等方面忽视了教师的个人因素，使他们产生不公平感、失落感和挫折感。由于从组织的角度来设计激励机制难免会与教师的需求脱节，教师势必会对其不满意甚至抵触，导致激励效能随之变低甚至消失。

3. 忽视教师激励的后续工作

当前，地方高校不同程度地存在着教师激励机制运行效果不佳的现象，其中往往有一个被忽视的原因，那就是没有真正把教师激励的后续工作纳入激励机制的基本内涵中，主要表现在对教师激励效应的检验与反馈机制研究不足。激励效应具体体现在高校教师身上，表现出一定的行为特征和心理特征。行为特征又称外部特征，其正效应表现为高校教师的积极工作行为，由于具有外显性，比较容易了解到。激励效应的心理特征又称内部特征，主要指心理活动即需要、动机、兴趣、信念等的选择性。这些内在状态往往要通过对高校教师的注意、疲劳、紧张、轻松、忧伤、喜悦等的观察才能间接地了解到，具有隐现性特征。激励效应的检验机制和反馈机制不完善、不健全，就不能及时掌握真实的激励效应，激励过程中制约激励效应的有利条件、不利条件以及出现的问题就不能及时传递给激励主体，从而影响教师激励机制的修正和完善。

（二）激励管理存在误区

当前，教师激励已经成为高校管理的普遍性实践，但地方高校在激励的管理过程中仍然存在不少误区与薄弱环节，容易产生激励不当现象，主要表现在以下几方面：

1. 激励方式弹性不足

多数地方高校对教师激励都已制度化、程序化，在激励中对教师的奖励时间一般定在年终考核后和教师节，激励缺乏时效性而具有滞后性，使得激励实际效果大打折扣。现行的量化绩效考评方式在量上也显得弹性不足，对学科和专业差异状况等考虑不足，从而造成激励机制执行困难。

2. 激励设计的民主性不强

以人为本、关注教师生存发展需求是教师激励的出发点，提高教师管理的自主性、实施民主管理则是教师激励的基本内容和重要保障。激励政策制定环节，应该成为民主管理、科学决策的步骤，成为动员教师、凝聚人心的过程。而现实情况是，相当一部分地方高校在研究制定教师激励政策措施时，不积极发动教师参与，不注意与教师沟通信息，不重视发挥教代会等民主管理机构的作用，管理层、行政部门成为单向的设计者、执行者和推动者。由此，激励措施成为“施舍品”、激励手段“庸俗化”、激励过程过于"功利性"就在所难免。归根到底，离开了教师的民主参与，激励政策的科学性受到局限，其执行的效率也会大打折扣。

3. 激励创新的主动性不强

作为事业单位的高校，虽几经改革，在人事分配制度方面有了很大改进，但计划经济的影响仍根深蒂固，在人事管理中存在一种缺乏竞争活力的惰性。不少地方高校或者强调客观困难，或者满足于现状，对教师激励的管理创新意识薄弱，改革力度不大，特别是在薪酬制度、考核体系等对教师激励具有根本性影响的制度创新方面，缺乏自我完善的动力和激情，存在按习惯办事、处处向重点大学盲目模仿的被动局面。

二、地方高校现行教师激励机制存在问题的原因分析

高校教师激励机制在构建过程中涉及不同层级的教师利益群体，自身利益及价值观方面的差别，使得他们对激励有着不同的期望，这就注定了激励能否有效成为一个十分复杂的问题。地方高校教师激励机制在运行时往往会在校内外环境的制约、激励客体的价值观念复杂多变、激励标准的量化适度等方面陷入困境，解决不当就会导致教师激励机制低效甚至无效。

（一）宏观和微观环境制约激励机制的运行效果

激励机制的构建及运行，应该在教育经费投入、社会经济发展水平和社会保障等基础上运行，这些环境因素构成了高校教师激励机制的运行基础，也影响着高校教师激励制度进一步改革的发展程度。

地方高校教师激励机制运行的环境可分为宏观环境和微观环境。

宏观环境与国家出台政策、管理体制和社会氛围有关。其一，国家在政策和资金方面主要向部属重点高校倾斜，使得地方

高校在办学条件、硬件设施、薪酬等方面对优秀人才的吸引力度不够，这又势必使得地方高校构建的教师激励机制作用平台发挥作用有限，不利于师资队伍的壮大与素质提高。其二，从现有的地方高校管理体制与模式来看，我国地方高校管理虽然在推进渐进式改革，但计划式管理的色彩仍然很浓，因而改革力度不大。从学校的内部组织结构来看，高校按事业单位管理，突出职权等级，纵向分层的科层制组织特征明显，刚性特征明显。目前，我国地方政府与地方高校之间存在着一些影响地方高校发展的问题，突出表现为政府本位关系模式。地方政府仍集高校的举办者、管理者、办学者角色于一身，管理高校的法制化程度不高、财政拨款制度计划经济色彩浓重、管理高校的辅助性措施不完善。例如在教师的引进使用方面，受政府人事部门的编制数控制，引进程序烦琐，缺乏用人的自主权，在学生人数已飞速增加、师资严重不足的背景下，师资队伍的补充仍然受到政府的严格限制。其三，从社会氛围来看，随着市场经济体制的建立和改革开放的深入，利益和待遇至上的理念影响着地方高校教师安心教书育人，人才外流趋势加大。

微观环境包括学校内部的硬件环境及软环境等。长期以来，地方高校在学校硬件环境的建设上都能舍得投入，以积极创造环境留人的良好氛围，因此教师的工作环境得到了较大的改善。但在本校的软环境建设方面尚显不足。从制度环境来看，各项制度有待进一步改进。在教师引进和使用方面，对教师岗位的科学性分析、教师队伍的梯队建设、学科的平衡与发展、教师培养使用方面统筹考虑欠缺。在考核评价方面，绩效考核中充满了主观色彩，对教师主要采取定量考核方式，以完成的教学工作量、论文数、科研到款等量化指标进行。从只是单纯地应付量化考核数字的目的出发，不少教师工作的积极性、主动性和创造性并未被真正调动起来。在教师职务聘任方面，部分教师拼命争职称、评了就能聘、聘后悠着干、聘了不能下、能进不能出的积弊仍然存在。从人文环境来看，学校良好的学术氛围和教师间的凝聚力等都有待加强。激励机制在调动教师有效竞争和评价导向方面颇显乏力。

（二）对地方高校教师的特点与需求分析不足

最先进的激励不一定是最有效的激励，只有与教师的需求相适应的激励才是最有效的激励。激励机制应充分考虑教师的特点与需求，明确教师的特点与需求是讨论地方高校教师激励机制设计的逻辑起点。在当前地方高校的人事分配制度改革过程中，部分学校的管理者把改革的过程单纯理解为制定大学管理制度、完善内部结构配置而使办学效率最大化的过程，在教师激励机制的实行中对教师的特点与需求分析和把握不足。

首先，学校发展目标与教师个人需求衡量失调。管理者简单地从实现高校改革目的的角度出发来制定激励机制，学校的发展目标被置于至高无上的地位，在选择激励方法、绩效评价内容等方面忽视教师的特点与需求，短期激励效果可能比较好，但从长远来看，由于激励机制与教师的需求脱节，教师势必会对其不满意甚至抵触，教师的不公平感和挫折感增强，激励效能随之变低甚至消失。

其次，对教师的价值观把握不够。近年来地方高校教师激励机制在运行时都遇到人才引进和人才流失共存的问题。除了学校所处的地理位置和声望吸引力等外部因素外，则是对教师的价值观把握不够。一方面表现在对教师人性假设理论分析不够。从社会主义市场经济条件下的劳动性质来看，物质需要是人的第一需要，因此我国现阶段的人性基础是“经济人”。近年来地方高校在某种程度上将教师视为“经济人”，物质激励逐步成为主要的激励手段，也起到了一定的激励作用。但在管理中只对教师的人性基础关注较多，往往忽视教师劳动由于具有专业性、创造性、独立性、劳动效果的滞后性等特点，人性层次呈现出多元性的特征，对教师在学术追求、自我价值实现等方面的非物质需求方面关注不够。另一方面表现在对教师的目标发展函数的个体差异和职业发展阶段的差异认识不够。教师的目标发展函数主要集中表现在学术发展、职称晋升、收入增加等几个方面。在职业生涯的初期，收入增加和职称晋升更容易成为重要的目标，一旦职称晋升到个人心理需求的上限，部分教师就会容易出现目标虚化、动力不足、热情不高的情况，这十分值得高校管理者深思。

（三）师资队伍建设的认识与实践存在脱节现象

人才流动与智力外流、师资队伍结构不合理、人才引进与培养措施不当都会导致师资队伍建设出现问题。这些问题是内涵式发展背景下的部分地方高校师资队伍建设存在的一个严重误区，使得教师激励机制的运行效果减弱。从师资队伍建设情况来看，其主要在教师引进、培养和教师资源配置方面存在问题。

其一，教师引进科学规划性不够。一些地方高校对师资队伍缺乏科学合理规划与预测，在学科布局和专业发展方面虽有所考虑，但还是过分关注了引进人才的学历和职称，对学校师资队伍长远的科学建设欠缺考虑。

其二，教师培养流于形式。部分地方高校只重引进，而不注重培养和使用，未将人才的引进、培养、使用纳入师资队伍建设的整体系统全面衡量，引进人才的才智未得到充分发挥；自身硬件建设未到达一定层次，造成引进人才的搁浅；一些地方高校由于资源紧张、教学任务繁重，对新进教师只是开展完岗位培训这一学校规定动作后，便再无系列后续动作跟进培养，教师在教育理念与专业知识更新等自我发展方面起色不大，人才培养流于形式。

其三，教师资源配置不合理。从数量上来看，经过这些年的扩招，学生规模快速增长，地方高校的专任教师数量短缺成为制约师资队伍建设的一大问题；从专任教师结构上看，部分地方高校存在着拔尖人才不足、中青年教师负担过重、新兴学科专任教师数量不足等问题。

（四）学术权力地位提升不够

高校科学民主的管理，应由学术权力和行政权力和谐构成的权力结构来支撑，协调好二者的关系才能充分体现管理的科学性和民主性，从而有利于高校管理的科学有效运行和学校自身的快速发展。缺少了教师等学术人员参与的高校管理，不可能是科学管理，更不能称为民主管理。行政权力挤压学术权力，就会对大学民主平等、公平公正、追求真理的氛围造成破坏，使得学校决策缺少多种声音，使决策的科学性、民主性得不到保证。当前地方高校在关系教职工切身利益的重大问题上，对于学术权力的参与和提升尚显不够。一方面，教师作为学校的主体，参与学校管理的权力有限，反而成了管理人员代表学校行使权力意志的载体，容易导致学校管理的主体错位。另一方面，管理人员通常比教师更了解学校的运营，但其知识背景、素质能力、对学科与专业的通晓程度有限，在制定各项政策时未必能够每每都把教师的需要列入优先考虑之列，“官本位”思想仍然存在。如不引入学术权力，将专家教授排斥在管理学校的决策之外，那么出台的各项政策的科学性与可行性就会大打折扣，结果只能是迟滞学校事业的发展。学术权力参与大学管理是高校以人为本、科学发展的充分体现，在追求大学科学化、民主化管理的进程中，应不断提升学术权力的地位，充分发挥教师的才智和影响力。

（五）激励机制的配套措施未同步协调

激励机制的有效运行涉及高校各项制度的建设，既与人事管理方面的薪酬分配、职称晋升、绩效考评、人才奖励、教育培养等制度密切相关，也与高校科技、财务、后勤等有关部门的管理配套措施相连。地方高校教师激励机制在运行中容易忽视配套措施的同步协调，阻碍了激励效能的发挥，主要表现在忽视制度建设的系统性，一些制度的制定只是从当时的工作需要出发，没有从系统的或学校的整体制度建设体系角度来考虑；有些制度表现为现实性、应急性或阶段性的措施，没有真正体现经常化与制度化，容易出现制度在执行过程中的走样与无效，也易导致不同部门之间权责的相互冲突。例如地方高校现阶段正在进行的岗位设置与岗位绩效工资制度改革，由于政府部门在政策层面的引导作用，岗位绩效工资制度中的岗位工资和薪级工资改革先行，再行岗位设置，这期间又加入了绩效工资改革，“按需设岗、以岗定薪”的科学管理思路被倒置与混淆，导致相关制度在运行过程中引发的利益冲突显现，改革的难度增加，激励效果降低。地方高校应从系统理论的角度去分析和考虑，加强制度间的联系与对接，使各项配套措施同步协调运行，形成良性机制，为激励机制的有效运行打下基础。

参考文献

[1] 徐涌金. 高校教师激励专论. 北京：中国标准出版社，2007.

[2] 马俊杰，曾湘泉，杨伟国. 大学人力资源管理. 北京：中国人民大学出版社，2007.

[3] 吴务南，郭景润. 从发展经济学的视野看地方高校教师队伍建设. 江西教育科研，2006（7）.

[4] 段海霞，张伟林，王勤. 地方高校师资队伍建设现状及激励机制建设的问题对策. 上海工程技术大学教育研究，2008（2）.

[5] 吴淑娟，黄燕洁. 地方高校教师资源状况及管理缺陷分析. 长江大学学报（社会科学版），2008（6）.

[6] 芮金生，彭兴奎. 多任务委托代理模型下高校教师激励机制分析. 黑龙江对外经贸，2009（6）.

高校多元化用人机制的现状与思考

刘 明

（中国科学技术大学人力资源部，合肥 230026）

摘 要：因“小社会”、“小而全”体系而产生的多元化用人方式的现实，给本身就很艰难的高校人事制度改革，特别是对高校实施人才战略和优化师资队伍结构增添了更为复杂的因素与更大的困难。本文通过对历史成因和现状的梳理，指出多元化用人机制是高校人力资源开发的必然选择，并将长期存在。进而，本文提出高校深化人事制度改革的目标应朝着构建人力资源开发新体系的方向迈进。在继续深化聘用制改革的同时，高校应根据自身发展需要和岗位分类管理要求，充分运用现行的法律政策以及人事关系社会化管理的优势，进一步构建和完善与聘用制具有同等权益的、多种用人形式并存且相互促进、和谐发展的人力资源综合开发和管理机制。

关键词：高校 多元化 用人机制

高校的人事制度改革与其他事业单位一样，已经走过了三十多年的历程，而近十年来则主要是围绕“聘用制”的建立和完善这条主线缓慢推进的。也就是说，高校人事制度改革的主要任务是试行“聘用制”，用人机制的主体是“聘用制”。但是，像高校这样明显带有“小社会”、“小而全”特征的事业单位，其用人机制的现状乃至人事制度的改革，远比想象的要复杂。

多种形式或者多元化用人机制长期存在的现实，无疑给本身就很艰难的高校人事制度改革，尤其是给高校实施人才战略和优化师资队伍结构增添了更为复杂的因素与更大的困难。因此，在继续深化高校人事制度改革的进程中，必须认真分析与思考多元化用人机制的现状，深入研究多元化用人机制在高校人力资源开发与管理中的积极作用，以及多元化用人机制将在多大程度上影响和决定着高校人事制度改革的走向。

一、历史脉络与基本现状

我国自有“事业单位”以来，其工作人员基本上是与行政官员在同一体系内进行管理的，被统称为“国家干部”，实行编制管理，且受到“体制”的保护。这种情况在20世纪80年代的事业单位体制改革中虽有一些变化，比如一些事业单位转制为企业，但根本上没有太大的改变。对事业单位这部分主体的人事制度改革，本文不作重点讨论，只是把它作为多元化用人机制中的一元进行整体比较。

（一）历史脉络的简要回顾

在计划经济时期，事业单位工作人员的录用、招收是严格按计划进入编制的，也就具备了相应的身份。而像高校这样一些“小社会”、“小而全”的较大型事业单位，在事业发展缺少人力的情况下，一定会出现在事业编制内无法解决用人、用工的问题。一所高校，其人力资源的主体无疑是教学、科研、管理及教辅等人员，但在诸如食堂、宿舍、医院、幼儿园、附属中学、各类工厂、汽车队等行当，还需要大量的人力资源予以支撑。于是，在当时的社会背景下，高校逐渐出现了“临时工”、“家属工”和大小集体企业性质的工人。从其名词上可以看出，“临时工”、“家属工”、大小集体企业性质工人属于不进入事业编制的非正式的工作人员。可以说，计划经济时期的高校，在正式的事业编制人员之外，已经有了非正式的事业编制用人形式。

计划经济时期的事业编制强化了工作人员的“身份”管理，因此，事业编制内的人员除了有“国家干部”的身份外，还有“工人”的身份。虽然是“工人”身份，但毕竟是在编制内，与编制外的“临时工”等的差别是明显的。

到了20世纪80年代后期，随着企业改革的不断深入，企业工人完全实行合同制。这一时期的事业单位在招录工人时，也出现了一批“合同制工人”。从用人机制上说，这标志着高校多元化用人机制的发端。虽然这在当时还不是法律意义上的“建立劳动关系”，但却是事业单位开启了以契约形式录用员工的用人新机制，为后来成为法律意义上的以“建立劳动关系”为前提的用人机制奠定了基础。

简言之，从计划经济时期的“临时工”、大小集体企业性质的工人，到改革开放初期的“合同制工人”，高校的用人机制已经呈现出多元化格局。

（二）高校的人事制度改革

改革开放以来，为适应社会主义市场经济建立的需要，高校也开启了一系列艰巨的体制改革，其中焦点和难点无疑都集中在人事制度的改革上。

这一时期，高校发展面临的机遇与挑战呈现出明显的态势：一是为顺应时代发展和经济社会发展的需要，高校自身迫切需要得到快速发展，因此，首先对各类各层次的人力资源有着强烈的和更新更大的需求；二是高校仍然受到“计划”、“编制”等多种因素的制约，在人力资源开发上出现结构性过剩与短缺并存的矛盾，在人员合理流动方面出现梗阻。加之新老问题累积，高校人事制度改革更加困难重重，人事问题成为高校体制改革中的最大难点。

自20世纪80年代以来，我国的事业单位经历了四个大的改革阶段。在每一个阶段，国家都相继出台了一些指导性的意见和政策。其中最重要的一项人事制度改革就是2002年出台的《关于在事业单位试行人员聘用制度的意见》（国办发〔2002〕35号），标志着事业单位以实行“聘用制”的形式继续深化人事制度改革的开始。所谓“聘用制”，即以契约的形式确定事业单位与职工基本人事关系的一种用人制度，通过签订聘用合同，确定单位与个人的聘用关系，明确并履行双方的权利和义务。但全面回顾一下可以看出，由于高校的人事制度及管理体制已经有一个长期的历史积淀，同时伴随着多样的和复杂的因素，其整体改革是逐步、缓慢推进的，很难进行系统性、整体性的制度设计，更难以在短时期内制定适合事业单位的管理政策法规及一系列配套措施。因此，高校乃至其他事业单位试行的“聘用制”仍然没有摆脱原有的人事管理体制，单位与“聘用制”工作人员本质上依然是隶属和依附关系，构建适应高校人力资源开发的新型体系依然任重道远。

面对高校实行“聘用制”改革的重重困难，大家似乎都在思考：“聘用制”是唯一的改革路径吗？是否可以探寻一些新机制，架构新体系？我们来考量一下近十多年来的情况吧。

20世纪90年代中期，国家出台相关意见，鼓励各地建立人才市场，催生了人事代理、人才派遣等新的用人机制。这些新的用人机制随后在高校得到应用。时至今日，高校用人机制的基本态势是以“聘用制”为主体，合同制、人事代理制、劳务（人才）派遣制等并存，呈现出多元化用人机制的格局。而且，随着高校人才引进力度的进一步加大和人事制度的继续深化，可能还将出现更加多元的新型用人机制。

综合以上历史和现状的梳理，可以得出这样一个结论：多元化用人机制一直是高校人力资源开发的基本特征。它不仅过去存在，今天存在，今后还将长期存在。

二、多元化用人机制合理性的讨论

（一）为什么会出现多元化的用人机制

中国在走向现代化的进程中受到经济水平和发展不平衡等因素制约，大量的公共事务、公共服务尚未建立或健全，社会化程度低。各行各业乃至各单位在承担本职工作的同时，必须同时兼负本应由社会承担的其他事务的义务和责任。比如高校，其事业的主要职责和任务是教书育人、科学研究、传承文化，但实际情况是，它还要自行承担诸如餐饮、物业、医疗、养老、幼儿园、附属中小学、交通、电信、加工生产、保安、清洁绿化、商业等事务，也就是前面提到的、大家常说的“小社会”、“小而全”。

自家的事自己管、自己干，要干事就要有人、有“自己”的人。这样一来，一所高校除了教师、教辅人员、管理职员外，还要有大量的、规模与前者相当的工勤服务类人员。研究高校的人力资源结构，不仅要看它的师资队伍，还要看到一支与师资队伍规模相当的服务保障队伍，更要看到高校人力资源或者人事部门在日常管理中所面临的各种复杂问题。

高校在相当一段时期内无法破解“小社会”、“小而全”的困扰，这便带来了要用人以及怎么用人的问题。前面提到，目前高校虽试行“聘用制”，但“聘用制”是受编制制约的，而且高校的编制尚无法完全满足人才引进和教师队伍更新的需要，怎么解决其他方面“聘用制”的用人问题呢？我们必须思考和探索用其他合法的用人机制，对人力资源的需求进行补充。在此背景下，高校出现诸如合同制、人事代理制、（人才）劳务派遣制等多元化的用人机制，自然成为必然的选择。

（二）多元化用人机制存在的合理性

综上所述，应该肯定地回答，高校出现并长期存在多元化用人机制具有合理性。归纳一下，主要有以下四点：

第一，事业的快速发展和“小社会”、“小而全”情况的继续存在，客观上导致了高校在人力资源上的更大需求；

第二，由于历史的积淀，高校人事制度改革步履维艰，“聘用制”依然受到编制等因素的制约，导致其他用人机制的产生；

第三，与人事制度改革进展缓慢相反，高校面临激烈竞争和快速发展的压力加剧，对自身深化改革及优化人力资源结构的要求十分强烈；

第四，迂回前进，充分运用现有法律政策，积极探索并创立新的用人机制，以释放因“聘用制”改革滞后积聚的人力资源需求压力。

还必须意识到，多元化用人机制在“不知不觉”的试行与推广中，在一定程度上影响、推动着“聘用制”改革的深化。因此，我们在认识多元化用人机制存在具有合理性的同时，要深入分析和总结多元化用人机制在高校一定历史条件下的改革进程中所应有的积极意义。

（三）什么是多元化用人机制

要回答清楚这个问题，我们就要分析提出“多元化用人机制”能达到什么目的，能解决哪些现实问题，以及它的政策法律条件和所具备的实践基础。这样，我们将可以更好地对“多元化用人机制”作较为全面的认识，或进一步深刻理解。具体有以下几个方面：

一是继续深化高校人事制度改革仍然是一项长期的、艰巨的任务，在这一历史进程中，需要积极地、不断地探索人事制度改革的新路径，创新人力资源开发的新机制；二是要为高校构建更有利于“人才战略”实施，有利于师资队伍的不断优化营造良好的机制与环境；三是有利于深化高校内部的岗位分类管理，以科学的岗位分类管理促进人力资源结构更趋合理；四是妥善和有效地处理历史与现实中的各种复杂问题，理顺并合理构建现实与未来发展的关系；五是充分体现不同用人机制的法律地位和权益的平等，改变由身份管理造成的权益上的差异和不平等；六是逐步扩大人事关系社会化管理的范围，充分发挥社会保障等社会化管理与服务在实行多元化用人机制中的积极作用，促进“队伍稳定”与“人员流动”相适宜；七是加快推进人力资源开发与管理的法制化、科学化、规范化，积极构建事业单位人事管理工作的和谐环境。

综上，我们应该明确提出，高校深化人事制度改革，其终极目标是构建适应高校自身发展的人力资源开发新体系。由此，我们应该把握合法性用人、合同管理、社会化保障等关键要素，进一步对高校实行多元化用人机制明确认识。

在继续深化聘用制改革的同时，高校应根据自身发展战略和岗位分类管理要求，建立以劳动关系及人事关系社会化管理为基础的，与聘用制具有同等法律（权益）地位的，多种用人形式并存的且相互促进、和谐发展的人力资源综合开发与管理机制。

三、多元化用人机制的政策法律适用

（一）聘用制的政策依据

2002 年出台的《关于在事业单位试行人员聘用制度的意见》（国办发〔2002〕35 号）是高校编制内人员管理的一份重要的和基本的政策依据，与之相配套的还有《事业单位试行人员聘用制度有关问题的解释》（国人部发〔2003〕61 号）、《关于事业单位试行人员聘用制度有关工资待遇等问题的处理意见（试行）》（国人部发〔2004〕63 号）以及《事业单位聘用合同（范本）》（国人厅发〔2005〕158 号）。

对此，要明确以下几个要点：首先，事业单位人员聘用尚没有相应的法律法规；其次，与之相配套的各项社会保障制度同样没有建立健全；最后，《劳动合同法》不适用于事业单位的聘用制人员。关于事业单位聘用制的政策问题，这里就不作讨论。

（二）聘用制以外用人机制的法律依据

本文前面讨论过，经历了不同历史阶段，高校聘用制以外用人方式已经有合同制、人事代理制、人才或者劳务派遣制等。这类人员与单位之间究竟是怎样一种关系，适用何种政策、法规，这是需要研究和探索的。从时间上看，2008 年 1 月 1 日实施的《劳动合同法》是个标志，可以看出前后的重要变化。毋庸置疑，《劳动合同法》的实施是一个大事件，对推动社会经济发展、构建和谐社会有着积极的作用和深远的影响。

《劳动合同法》实施前，由于相关政策以及相关法律的缺失，加之早期社会经济发展条件的制约，高校在使用编制外人员时，面对的最大问题是单位与劳动者个人的关系问题，以及如何规范双方行为的问题。具体表现为，单位与劳动者之间在薪酬、福利、个人发展、医疗、养老等方面没有依据，也没有形成社会化的保障环境，说到底，无法有效解决编制外用人机制的难题。因此，高校编制外人员与编制人员相比，各方面的待遇差别都是显而易见的，更突出地表现为法律地位的不平等、权益的不平等。特别是在早些年，许多已经丧失劳动能力的人员遭“辞退”后，社会、单位两不管，由此给社会和单位带来了一些不和谐的因素。好在《劳动合同法》实施后，随着各项社会保障制度的快速建立，许多地方将过去的临时工、家属工按城镇居民逐步纳入社会保障体系，消化了积压的历史欠账，化解了高校乃至社会的不和谐因素。

《劳动合同法》一经实施，高校长期以来存在编制外的用人、用工的合法性问题立刻突显出来。高校要在编制外用人、用工，就必须依法建立劳动关系或（人才）劳务派遣关系，即使是事实劳动关系，也会受到法律的规范。这标志着高校在编制外的用人或用工，必须遵循法律，建立起区别于聘用制的用人机制。

这里，有一个问题要提出来：高校作为事业单位，能否依照《劳动合同法》与工作人员建立劳动或派遣关系？我们再认真研读一下《劳动合同法》中的相关条款：

第二条："国家机关、事业单位、社会团体和与其建立劳动关系的劳动者，订立、履行、变更、解除或者终止劳动合同，依照本法执行。"

第九十六条："事业单位与实行聘用制的工作人员订立、履行、变更、解除或者终止劳动合同，法律、行政法规或者国务院另有规定的，依照其规定；未做规定的，依照本法有关规定执行。"

法律规定很明确，高校作为事业单位，其用人应依照《劳动合同法》与劳动者建立劳动关系。而针对事业单位的现实情况，第九十六条规定了不属于"实行聘用制"的工作人员，应依照《劳动合同法》有关规定执行，也就是说，实行聘用制的编制内人员适用"另有规定"，非编制内人员则适用《劳动合同法》。弄清楚这个问题非常重要，它不仅关系到劳动者各项权益和社会化保障的问题，更关系到高校实行多元化用人机制所具有的合法性问题，以及对不同性质用人机制实行规范的、有效的人事分类管理问题。

四、多元化用人机制在实践中的问题关注

本文对高校多元化用人机制的讨论，重点是围绕其成因、合理性及政策法律条件进行的。多年来，许多高校都会根据校情对多元化用人机制加以探索和实践，制定的政策、取得的成效、获得的经验、面临的困难、产生的困惑都是各不相同的，也有待各个高校继续深入研究与探索。但是，所面临的共性问题需要予以共同关注。

（一）转、入编的困扰

无论是聘用制还是聘用制以外的合同制等，都是由用人单位与劳动者依照相应的政策法律以契约形式，或建立人事关系，或建立劳动关系、派遣关系。双方对其性质、岗位、报酬、保障

等，均经过平等协商并通过合同加以固定，从理论上说，双方遵照合同履行各自责任、义务，所有事宜的条理都是很清楚的。但事情的发展并不像理论上说的那么简单，实行起来还是有难题摆在面前。

在用人单位方面看，多元化用人机制具备合理性，而对劳动者个人来说，他进入高校工作，首先最关心的问题是他是否为编制人员。一个劳动者如果“不得已”作为非编制人员入职工作，即便一些高校在待遇方面做到了“同工同酬”，甚至比编制内人员还多一份社会保障，但“转编”、“入编”仍是他们始终不渝的奋斗目标。特别是非编制人员比例逐步上升、形成各自群体后，转、入编呼声“此起彼伏”，给高校的人事管理造成很大压力，尤其是给高校在师资队伍的多元化用人机制的实行带来许多困扰。当然，高校自身有时在引进人才时，也会把是否“入编”作为重要的条件之一，或给“入编”人员设置高学历等方面的门槛，无形中也给“编制”加重了砝码。

产生这一现象的原因首先主要是事业单位的人事制度改革没有到位，具体来说，就是因为事业单位的编制管理、社会保障问题没有根本性的突破，包括高校在内的所有事业单位编制内的“聘用制”人员与单位之间仍然是隶属关系，仍具有超稳定性。因此也就有了一些新的说法，比如“固定职位”、“固定教职”（“聘用制”），相对应的则是“流动职位”或“聘期制”、“派遣制”等。所以，尽管说实行多元化用人机制具有合理性，是必然选择，但也应当认识到，不同机制之间还是存在差别的，从目前看，至少在人员出口、退休待遇方面的差异非常明显。解决这一问题，将是长期的、艰巨的任务，需要高校和全社会共同努力。

（二）重视权益的平等与保障

这一话题是上一个问题的延伸，需要高校自身加以关注并且处理好。在多元化用人机制中，编制外的人员与编制内的人员相比，往往在薪酬待遇、个人发展、参与单位内部事务活动等权益方面有着明显差别，编制外人员缺少归属感，“局外人”的感觉强烈。

本文前面讨论过，《劳动合同法》实施后，单位须与劳动者依法建立劳动关系或派遣关系。既然编制外的人员与用人单位有了平等的法律关系，他们在合同期内的权益应该得到平等对待，并且得到相对平等的保障。比如，在依法缴纳各项社会保险的同时，其薪酬待遇应该在本单位内做到“同工同酬”，而不要以降低用人成本为目的刻意地、针对性地“制造”待遇差别。再比如，能否充分利用人事管理社会化的政策和优势，积极为编制外人员的职称、技术等级晋升等个人发展创造条件、铺设道路。说到底，就是要突出或强化岗位管理功能，真正将高校的人力资源管理从“身份”管理转变到岗位管理上来，同时也为高校积极化解“转、入编的困扰”营造内在的有利环境。

（三）多元化用人机制在师资队伍中的运用

师资队伍在高校人力资源结构中处于主体地位，进一步优化师资队伍是高校构建人力资源开发新体系中最为核心、更具挑战性的一项任务。这一点必须首先得到明确。随着经济社会各项事业的快速发展以及国际竞争的加剧，高校所肩负的历史使命已经发生了深刻变化，它的功能和任务已由单一的教书育人转向综合的教书育人、科学研究和文化传承。这一巨大的转变，客观上对提高师资队伍素质、优化队伍结构，特别是对提高高校的学术水平、办学质量和办学效益，增强高校的竞争力和整体实力提出了更新、更高的要求，必然激发高校对人才，尤其是高层次人才的强烈需求与渴望，必然会推动高校师资队伍产生结构性的变化。在21世纪前十年里，国家以及各地方、教育和科研战线等都强化了人才战略的规划，制订了各类各层次的人才实施计划，也从外部不断推动着高校对自身师资队伍进行人事制度的改革。同样，在面临历史与现实需要所产生的各种问题交织出现的情况下，多元化用人机制在师资队伍中的运用就成为必然的路径选择。

当今一些发达国家对高校教学人员普遍采用任期制、终生制和合同制等多种灵活用人制度，如美国科研机构多采用任职年限制，日本近年来也打破对科技教学人员普遍实行的终身制，推行任期制等。而当前国内许多高校和研究机构逐步实行了诸如各类“人才计划聘用”、“聘期制”、“轨道制（Tenure Track）”、“特聘制”、“双聘制”、“科研项目聘用制”、“讲座/讲席制”，还有“博士后”制度等。这些林林总总的多元化用人机制尽管名称不同，但本质上是一样的，就是强调它的岗位性、流动性和时段性，凸显“不为所有，但为所用”的人力资源开发与管理的新理念，取得的成效是非常显著的。

但是，我们也应当清醒地看到多元化用人机制在师资队伍运用方面面临的困惑和困扰。从以上的讨论中可以得出如下结论：多元化用人机制在师资队伍运用中有着明显的“绿色通道”特征。顾名思义，“绿色通道”除了便捷，更是为了摆脱政策条框、烦琐程序的束缚。这就带来了几个必须思考的具体问题。首先是政策法律适用问题，即高校对人才进行“岗位聘用”背后，是建立“聘用制”关系，还是劳动关系？由此引发的相关联的第二个问题就是保障体系问题，第三就是因社会化管理难以应用而产生的合理流动问题。前两年，国内某高校发生的一起引人关注的人事纠纷案例，焦点应该同样是这几个问题的具体反映。总之，要化解这一难题，需要各个高校在人力资源综合开发与管理的实践中继续深入思考。

参考文献

[1] 潘晨光. 我国事业单位聘用制改革分析. 社会科学管理与评论，2006（3）.

[2] 盛宏寿，朱海灵. 怎样构建多元化的聘用体系. 人才资源开发，2007（2）.

平者让　庸者退

——浅析高校人力资源管理中退出机制的构建

江　慧　朱　虹　聂少鹏

（同济大学人事处，上海　200092）

摘　要：高校高水平人才队伍的建设有赖于高校完整有序的人力资源管理制度，建立“能者进，平者让，庸者退”的人才选拔、培养和过滤机制才能真正实现人才队伍水平与素质的逐步提升。目前，在我国高校内部管理体制下，人才的培养机制已经逐步成熟，但是人才队伍出口不畅是高校存在的普遍问题，已成为制约高水平人才队伍建设的瓶颈，因此，退出机制的构建已成为当务之急。高校人力资源退出机制的建立健全和实施贯穿于人事管理的始末，牵连甚多，且尚存有诸多制约因素，需要多方面的理解和支持，才能构建科学的退出机制，并真正发挥其在人才队伍建设中的作用和意义。

关键词：高校　人力资源　退出机制

中共中央、国务院印发的《国家中长期教育改革和发展规划纲要（2010—2020）》明确指出，“加强教师队伍建设，提高教师整体素质”，需要“加强教师管理，完善教师退出机制”。在以市场为主导的人力资源分配体系之中，实现人才的可进可退是建立人力资源良性循环的关键所在。人才队伍是高校的核心竞争力，人才的引进与培养成了高校人才队伍建设的重中之重，但是作为高校人力资源管理体制的重要环节之一，退出机制亦是建设高水平人才队伍的关键所在。目前，在我国高校内部管理体制下，人才队伍出口不畅是高校存在的普遍问题，已成为制约高水平人才队伍建设的瓶颈。由此亟待建立健全该机制，以实现高校人力资源管理体制的突破性发展。

一、退出机制的含义

退出有多层含义，即退出现岗位、退出本校或者退出教育系统。顾名思义，退出现岗位是指在原高校中因不胜任或不适合目前岗位而退出现岗位，通过深入培训和继续学习，具备胜任岗位的能力后重新回归岗位，或是通过转岗、分流等形式竞聘本单位其他岗位。退出本校是指因各种原因主动或被动离开现所在高校，竞聘其他高校相关岗位。而退出教育系统是指进入社会化的人力资源市场，重新选择就业行业。具体如图 1 所示：

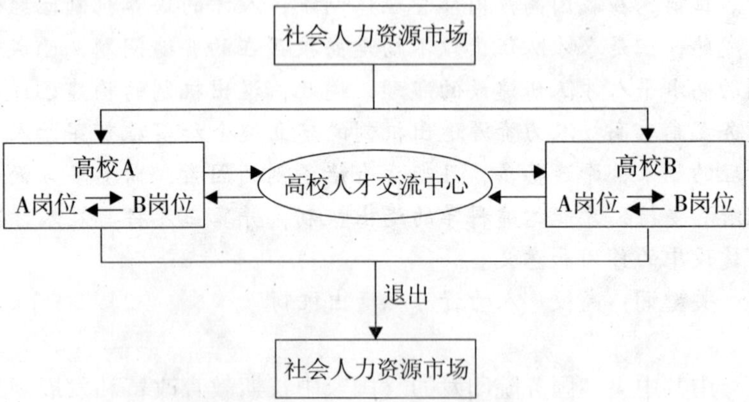

图 1　高校人力资源退出流向图

人力资源的退出不是目的，而是手段，通过实施教师退出机制，目的是促进教育系统人力资源的灵活流动，使高校人才队伍保持生机与活力。

二、建立健全高校人力资源退出机制的必要性

目前，我国高校教师实施退出的方式比较单一，退休和工作调离是教师退出的主要方式。研究表明，在2005—2009年近五年中，“各种教师退出方式中，退休所占比例为36%，工作调离人数占减少总数的38.8%，学校解聘占其中的15.9%，教师主动辞职只占3.7%，转换到校内其他岗位工作占5.6%”①。由此可见，在各类退出方式中，高校尚处于被动地位。高校人力资源退出制度不健全，退出渠道不畅，导致人才队伍自我封闭和人力资源闲置，由此产生了一系列问题，例如人才的正常流动无法实现，缺乏压力与动力导致的绩效平平，甚至人才队伍水平的提高也是举步维艰，使得退出机制建设迫在眉睫。

三、建立健全退出机制的建议与思考

要打破目前社会对高校教职岗位的认识，突破目前的管理体制，建立健全退出机制，明确的政策导向和清晰有力的制度约束不可或缺。完善的退出机制应当是从人员准入、日常管理、考核、退出等人员管理的整个流程来建设，充分发挥退出机制在人力资源管理中的激励与压力作用，推动人才队伍水平的不断提高。具体如图2所示：

① 章雷．我国高校教师退出机制研究．重庆：西南大学硕士学位论文，2010.

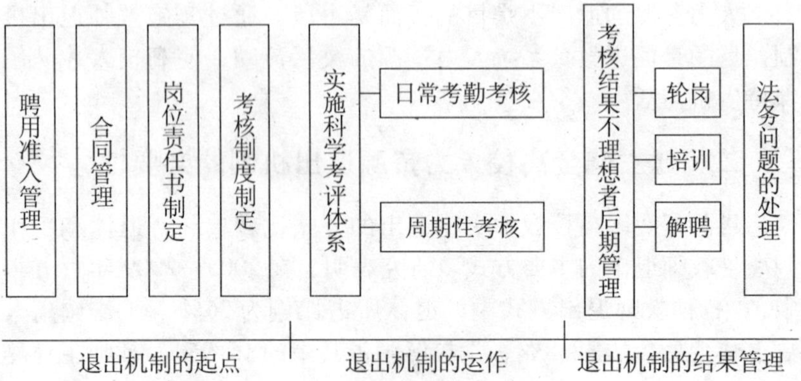

图 2　退出机制的建立与运作

（一）聘用准入制度建设

把好高校人才的入口关是建立退出机制的一个重要环节。退出是手段，而非目的，要树立正确的用人观念，坚持正确的用人导向，在高校人才聘用中切实贯彻“公开招聘，择优聘任”的原则，创造公平、公正、竞争、择优的用人环境，在社会就业环境中，为高校人才流入理想中的高校提供希望，产生拉力。实行高校教师聘任制，建立开放的用人机制，可以改变高校人才管理旧体制的格局，使之与流畅的退出机制相呼应。这是建立开放的退出机制的起点，为建立健全退出机制营造了良好的氛围。

（二）强化合同管理，引入企业化的合同效用

目前高校人才聘用基本遵循“按需设岗、按岗聘任、公平竞争、择优上岗、科学考核、合同管理”的原则，但实践表明，高校的合同管理并未充分发挥其作用，从而影响了岗位聘用制度的功能和效果。为了避免不适合工作岗位的人员沉淀下来，就必须完善合同管理，引入企业化合同管理的效用。首先，合同的制定应与学校发展目标相结合，由学校、院系共同制定；其次，合同中应对岗位职责和考核办法进行清楚细致的描述，使新进人员在

受聘之时就清楚地了解上岗后需要做什么，应该达到什么样的效果，不能履行岗位职责或是达不到预期的效果学校将采取何种措施；最后，应对续聘、解除合同等相关事宜进行清晰的描述，从而减少或避免日后因解除合同而产生的种种问题[①]，为人员的有序退出打好基础。

（三）建立并实施科学的考核体系，为人员退出提供理据

建立退出机制，就应该有相应的政策来甄别和诊断哪些人应该退出，要解决这个问题就必须建立科学合理的考评体系。然而，目前我国高校考评机制不够健全，甚至考核流于形式，使得退出机制无法发挥效用。为建立科学有效的考核体系，必须做好以下几项工作：

首先，针对不同类型岗位建立岗位责任书，这是所有考核体系的基础所在。由于学校岗位具有多样性的特点，在设立岗位之时学校应对不同类型的岗位制定相应的岗位职责，在此基础上结合不同岗位类型和学科特点，制定科学合理的考评标准。并且，随着实际情况的变化，岗位职责发生变化之时，应当及时修订岗位责任书内容，更新考核标准。

其次，针对不同性质岗位，应当设定不同的考核计划，打破原有一锅端、一条线的考核方式。教师岗位、管理岗位、教学辅助岗位以及工勤岗位都应有与其岗位相适应的考核计划。

再次，设定多维度的考核指标。采取定量与定性相结合的考评办法，在强调完成工作实绩的同时，重视对其道德、修养、理论知识、专业技能、工作态度和纪律的考核，并且将日常的考勤、考核纳入考核计划，并综合得出考核结果。

最后，对于考核不合格人员应当制订绩效改进计划，并针对此类人员重新设定考核计划，可缩短考核周期。对确实不符合岗位要求人员进行合法解聘。如此过滤人员，才能提高人才队伍

---

① 卢硕．对建立高校教师退出机制的思考．成人教育，2011（8）：100.

水平。

（四）与退出机制相关的其他配套制度的建设

退出机制不是孤立的，更不是简单的辞职或者解聘，应当有培训、调岗、解聘等制度与之相配套。对于考核不合格的人员，应当区别对待，现岗位绩效不理想的原因是多方面的，应当对考核结果进行分析，寻找绩效不好的原因所在，针对这些原因采取改进绩效的关键措施。如果这个退出机制只是简单地解聘，无法让优秀的人才真正扬其所长、避其所短，而是让他们在这样一个新的机制之下成为流浪教师，荒废学术，则是改革的另一种悲哀。①

首先，对由于不适应该岗位，但是其他方面能力较强的被考核人员，应当在校内调整其岗位，让其退出现岗位工作，进入到其他更适合的岗位工作；其次，对由于现有能力不能胜任岗位要求，但是尚有发展潜力的，可先让其退出本岗位，进入到学校设立的教师培训中心，接受与胜任该岗位能力相关的专业培训，或者对其进行在岗培训，待其培训完成并重新上岗后对其进行新的考核，其绩效极有可能出现大幅提高；最后，对于那些绩效低下，不胜任工作岗位，也没有其他岗位可调整，或者没有可开发潜力，或者是其他道德品质等关键因素存在问题的人员，应当严格按照解聘相关制度的规定，让其退出人才队伍，并从人力资源市场上吸纳新鲜力量补充到该岗位。如此按照不同情况对考核结果进行管理，不仅可以发挥过滤人员、优进劣退的作用，而且可以对人才队伍进行梳理，做到人尽其才，避免人力资源的流失。

此外，为避免“退出机制”引起的后续例如没完没了的信访、无礼无理的骚扰等问题，在建立“退出机制”的同时，应配备相应的法律支持，规范退出程序，以法律为准绳保证退出机制的实施。一是要充分发挥劳动合同的实质作用，发挥合约精神。

① 王琼，高其胜．高校教师退出机制初探．教育政策研究，2010（10）：47.

二是退出方案要符合法律规章，避免在裁员时出现违法现象。要根据相关法律规定制订退出方案，必要时要向当地劳动部门咨询，甚至可以把退出方案送到当地劳动部门备案，确保退出方案的合法性。三是要有书面材料详细记录教职员工相关行为，使退出具有充分证据①。

（五）引入新的高校人力资源灵活管理模式

通过引入人才派遣、人事代理等用工形式，突破高校人事管理旧体制。实行人才派遣、人事代理制度是近年来高校在用人制度上的新举措，在社会保障制度下，发挥人才服务中介机构在人事委托、代理方面的功能性作用，使人事关系管理与人员使用相分离。人才派遣、人事代理制度将人事管理模式由“学校人”管理模式向“社会人”管理模式转变，建立了自主用人、人才能进能出、社会化管理服务的人事新型管理机制。高校在这样的机制下不但可以灵活用人，更可以慢慢实现观念的转变，创造良好的高校人力资源管理氛围。

四、建立健全退出机制的制约因素

（一）体制制约

高校人力资源管理依然受计划经济体制下任命制的影响，人力资源配置由政府相关行政管理部门宏观调控②，长期的计划经济体制造成了高校内人员能进不能出、职务能上不能下、待遇能高不能低的默认规则。要实行“能者上，平者让，庸者退”的淘汰机制，实现高校能根据岗位要求甄选合适的人才、淘汰不合格的人员，就必须打破旧体制的束缚，提高市场机制在高校人力资源分配中的调节作用。

---

① 杜学元，彭雪明．论我国高校教师退出机制．国家教育行政学院学报，2011（2）：76.

② 章雷．我国高校教师退出机制研究．重庆：西南大学硕士学位论文，2010.

（二）观念制约

在我国，高校教师职业终身制的传统观念使得社会对教师退出的认识出现偏差，高校教职工退出难以得到社会的理解与支持，无论是主动还是被动的退出都少有积极的评价。高校对教师采取种种退出策略也往往被视为对教师能力的否定，带来了诸多负面影响。① 要真正将退出机制纳入到高校人力资源管理体系中来，成为正常的可操作制度，就需要破除“铁饭碗”思想的重重禁锢，营造高校教职工正常退出的舆论氛围，这需要全社会舆论的正确引导，需要增强群众的理解程度，需要增强高校教职工自身的心理承受能力，引导教师正确看待退出的问题。只有舆论先导、教育先行、政策引导、群众理解，才能使教师自身不断增强心理承受能力，坦然地对待个人的去留，接受组织的选择。②

（三）相关社会人才市场尚未成熟，尚未发挥重要作用

由于经济体制与人员任用模式的影响，高校人力资源市场相对封闭，相对其他行业人力资源市场起步较晚，尚未形成如其他行业般活跃的资源流动平台和渠道。开放的人才市场平台的缺乏，使高校教师退出往往局限于单位之间或个体之间的一维模式上，未能形成不同行业、不同单位互相联动的多维交流平台，使得退出机制的实施压力较大。因此，要充分发挥退出机制的作用和意义，盘活高校人才队伍，还需要社会的支持和努力。首先，高校之间应当建立充分的沟通渠道和交流平台，构建高校系统内部的人才交流平台，实现人才资源的充分利用；其次，将高校人才资源纳入到社会人才市场中，使退出高校的人员可以进入社会人才市场公平竞争，寻找合适岗位；最后，高校根据个人特点积极帮助他们搜集信息和寻找机会，提供必要的帮助，但对于暂时

---

① 杜学元，彭雪明．论我国高校教师退出机制．国家教育行政学院学报，2011（2）：74.

② 闫玲玉．试论我国高校教师退出机制的构建．成才之路，2010（27）．

无法实现再就业的高校退出人员，其生活、就业保障等应主要由社会相关就业、福利机构来承担，以减轻高校压力。

随着市场作用和高校人事制度改革的深化，退出机制的构建已经成为高校人力资源管理体系中不可或缺的一环。高校人力资源退出机制的建立和实施贯穿于人事管理的始末，必然要牵动多方不同的利益，引发不满和阻挠。鉴于此，学校高层领导要对退出机制的执行予以立场鲜明、态度坚定的支持。只有如此，相关职能部门和基层单位才能放手实施和操作，退出机制才能真正发挥其应有的作用和意义。

浅析高校教师评价机制

张良意　魏朋　高宏　康瑾

（西安交通大学人力资源部，西安　710049）

摘　要：本文比较了美国和日本两国高校在教师评价机制方面的程序、特点，并分析了两国在评价机制方面共同遵循的原则。根据美、日两国的经验，中国高校在制定和修改教师评价机制时应遵循教师为考核主体、定性与定量相结合、学术教学考核平衡、学术自由与高校独立等原则。

关键词：高校教师　评价机制　评价原则

随着高等教育的发展，国家逐步在包括高等学校在内的事业单位推行聘任制，而高校教师聘任制中的教师评价问题，关系到学校和教师的发展，是人力资源部门的重要工作。

教师评价是根据相关法律制度和学校培养目标，运用教育评价的相关理论、方法和技术，对教师的素质、工作过程以及工作绩效进行的全面、客观、公正的评价考核活动。教师评价机制的作用和意义主要有以下几点：第一，评价机制可以发现学校在管理过程中的问题，以便学校及时纠正；第二，评价机制可以根据教师科研教学的工作量和完成情况设立一定的激励机制，以使教师更好地投入到科研和教学活动中去；第三，通过优良的评价机制，学校可以更好地调整和补充教师资源，以使教师工作符合其水平。

美国和日本是世界上两个经济发达国家，也是教育发达国家。虽然两国的教育环境有所不同，但同样都有着世界知名的高水平大学，如哈佛大学、MIT、东京大学、早稻田大学等。美日两国大学的教师评价机制已经发展得比较成熟和完善，各著名大学都有一套完整有效的评价机制可供中国高校借鉴和学习。

一、美国高校教师评价机制的研究

在美国，高等学校教师的学衔代表教师本身所具有的学术水平，反映了教师从事教学和科研工作的能力。教师离开原来所在学校被其他学校聘任，需要重新评定学衔。美国高等学校教师的学衔分为四级，由低到高依次为讲师、助理教授、副教授、教授。可以说，美国高校的教师评价机制就是以学衔为核心而建立的。不同学衔的待遇差别极大，考核标准也异常严格。大部分美国高校的教师考核程序实行“非升即走”的原则，规定讲师聘任合同为一年，助理教授为三年，还可续聘三年，教师在合同到期后如没有通过专门委员会对其教学效果、科研能力、论文及著作水平、咨询或服务质量等方面的考察，就会被解聘。

美国大部分高校制度化的考核按照类型分为年度考核、晋升和终身聘任考核以及终身职后考核。年度考核提供了调整工资和激励教师发展的依据，也是教师晋升与终身聘任考核的依据。以佐治亚理工学院的年度考核为例，考核内容涉及课堂教学、课程开发、学生培养、研究成果发表、校外的获奖情况、校内外的服务性工作以及其他方面的贡献等九个方面，分别属于教学、研究和服务三大领域，所占比重分别为40%、30%、30%，这与教师投入教学、研究和服务活动的时间比例大体相当；科罗拉多大学年度考核中教学、研究和服务的权重基本是40%、40%、20%。

晋升和终身聘任考核是教师获得晋升与终身聘任的必备程序。在美国高校，助理教授和副教授在一定时间内没有获得晋升就必须离校。因此，晋升对于教师的学术生涯至关重要，学校对教师晋升工作也非常重视，可以说美国高校教师考核体系的精髓和关键都在晋升程序上。各高校的晋升和终身聘任考核有专门委员会进行，并会制定明确的晋升政策、晋升标准和考核程序。晋升政策通常由各高校校长与教师评议会协商制定，一般包括以下内容：哪些教师可以申请晋升即具有晋升资格；从哪些方面考核申请者（包括教学、研究或专业上的成就和社会服务活动状况等）；对被提名者的说明或推荐（包括本人、同行、系主任或院长等）；申请者的个人履历（包括学术出版情况、学生评价、同行评价、所授课程、校内外专家的推荐、系主任和院长的推荐等）；对考核程序的说明（包括考核委员会的构成、系主任和院长的作用、校级考核委员会成员的资格，等等）。晋升考核也包括教学、研究、服务三个维度。美国严格的晋升和终身聘任考核程序保证了只有符合要求的人才可以得到晋升和聘任。

1915 年，美国教授协会发表了《委员会关于学术自由和终身教授制的报告》，该报告阐述了学术自由的原则，认为学术自由是终身教授制度的基础。1940 年，美国教授协会的宣言认为，自由和经济安全，由此而产生终身教授制度，是高校履行其对学生和社会责任的不可缺少的因素。由此可以看出，学术自由是贯穿美国终身教授制度的重要原则。在美国，终身教授制度为学术自由、思维创新和高质量的教学科研提供了保证与基础。

终身职后考核则是晋升与终身聘任考核的延续，主要面向已获得终身聘任的教授。在实行终身聘任后评审制度时，学校不仅强调个人绩效，也强调系所的绩效。终身聘任后评审通常是体系化、综合的过程，其中同行的评价起着重要的作用，同行评价的主要目的在于绩效评估和促进教师的发展。终身后考核要求终身教授有必要的进步，在没有实现应有的提高时会对其采取某种措施。绝大多数美国高校的政策要求对终身教授进行阶段性的评审，通常是以五年或七年为一个评审周期。

美国教师评价机制有着明确的目标。美国的高校希望通过考核达到以下几个目标：第一，考核成绩优劣是续聘教师与教师学衔升级的最重要的依据；第二，一个教师历年的考核结果会汇编成册。

二、日本高校教师评价机制的研究

日本的教师聘任制度以讲座制为中心。早在 1887 年，日本就有大学引入讲座制，即将大学的研究单位分为各个讲座，每一讲座各设一个教授和副教授，一至三名助手。职称名额、学生名额、研究经费均以讲座为单位下拨到各个大学。实行讲座制的最大目的，一是保障大学教师在稳定的环境中安心从事研究和教学，并将大学教师变成具有相当吸引力和竞争力的职业，避免优秀的专业教师频繁跳槽或兼职；二是从制度上明确大学教师尤其是教授的学术责任。

日本高校的教师考核内容一般分为教育活动、科研活动、社会活动、校内管理活动评估四个部分，采取量化评估和定性评估两种基本方法。教育活动包括教师授课的课时、学生的评价结果、编著相关专业的教科书、指导学生课外学习活动和研究活动、指导学生课外活动的人数和次数等；科研活动包括论文的数量以及被引用情况、出版专著、参加学会情况、各种专利以及科研成果应用情况、大学以外获得的科研经费以及外部的奖励情况等；社会活动包括在大学以外机构组织的任职情况、国际贡献等；校内管理活动包括同时在大学担当的行政职务、完成教学与科研以外的校内工作等。如日本冈山大学用于量化评估的各类数据由教师个人根据学校提供的《个人评估调查表》每年填写并提交到本部门负责人处。

日本高校的教师考核结果的应用，一般都与教师的待遇和科研经费的再分配结合在一起，如东京理科大学把教师评价结果作为人事考核的一个环节来应用。而以冈山大学为代表的一些大学，在评估结果是否与教师的聘任、待遇直接挂钩等问题上谨慎行事。

日本高校教师评价机制主要有以下特点：第一，日本教师评价机制重视集体关系的评价；第二，日本的评价机制是高校目标管理的一个重要阶段；第三，评价过程中重视面谈等定性评价制度。

三、美日高校教师评价机制对我国高校的启示

美国和日本的高校教师评价机制的不同主要在于美国评价机制以学衔制为核心，日本的评价机制则以讲座为核心。两国的评价制度的相同点主要在于以下几个方面：第一，从评价方式来讲，都是以面谈、同行评议等定性评价手段为主；第二，评价主体都以高校教师等专业人士为主；第三，评价的过程中注重坚持学术自由和高校独立两个原则。

我国目前大多数高校对教师的考核内容主要包括教学、科研、公共服务等，对其承担的教学工作量、指导研究生的数量、教材编写、参加学术活动、承担科研教研项目数量和发表论文等制定具体的量化指标，作为教师完成工作量的考核。

国内许多高校已经在国外高校经验的基础之上开始改革高校教师评价体系。如西安交通大学对教师坚持分级、分类的考核：①对于不同岗位等级的教师，考核内容各有侧重。聘用在三级岗位的教师，侧重考核学科方向建设责任，包括梯队培养、教学科研成果等；聘用在其他高级岗位的教师，主要考核其教学、科研、公共服务各项职责的完成情况；聘用在中、初级岗位的教师，主要考核其参加教学科研团队、授课情况、科研情况、参与学生工作的情况以及职业发展潜力。②对聘用在不同类别岗位的教师考核的侧重点不同，对 A 类岗位教学科研并重，对 B 类岗位

以科研为主，对C类岗位以教学为主。

各个高校的教师评价体系有所不同，各有特点，美日两国的经验为我国高校在制定或修改教师评价体系时提供了一些参考性的原则：

第一，评价体系应以教师为主。高校教师评价的政策、标准、程序等的制定应以教师参与为主，评价结果也应反馈给教师本人。教师是科研、教学效果的掌控者，也是通过评价期望发生改变的执行者，因此，如果忽略教师在评价中的地位和作用，那么评价的价值和效果就会大打折扣。

第二，坚持定性与定量相结合的原则。为了提高教师评价机制的公正性和客观性，对教师工作的某些部分，比如工作量，教学、科研成果等应该采用定量考核的标准。定量评价标准有时会把一些很有价值的评价内容排除在外，这会严重损害教师的教学创新和自身潜能的发挥，所以要在定量考核的基础上以质量考核为主，对于学科公认的高质量学术成就或教学科研成果，可以之替代量的不足。

第三，学术与教学考核平衡的原则。大学的目的除了为社会提供知识储备、促进科学进步之外，还要为社会提供高质量的人才。因此，评价制度在教学、科研和公共服务三个方面需要考察多个侧面。对于教学，要考核数量、质量、学生指导和教学创新性等；对于科研，要考察科研投入（经费、立项等）、科研成果（论著、获奖、专利、鉴定等）、学术影响（担任国内外重要学术职务、主持国内外重要学术会议、担任国内外重要学术期刊编委等）等；对公共服务的考核要涉及学科建设、梯队培养、学术交流、教书育人等。

第四，以大学独立性和学术自由作为教师评价制度的基础。高校教师评价中的设计框架应富有弹性，其目的在于为教师提供必要的学术自由和灵活性，使得教师可以根据自己的兴趣和特长、实际工作需要等情况，在一定程度上自由地选择从事教学、科研和公共服务等工作量的大小，从而使自己的劳动付出获得最大的收益。现在流行的考核方式往往忽视了这种十分重要的灵活性，其原因并不在于灵活性本身不重要，而是引入灵活性后会使考核的难度增加。

同时，考核评价机制的设计应该以学校专门委员会为主要的工作承担者，也可在一定程度上请外校的同行对被考核者进行评议，尽量淡化考核者和被考核者的行政职位对评价工作的影响。

参考文献

[1] 耿益群. 20世纪90年代以来美国大学终身教授制度研究综述. 比较教育研究，2004（7）.

[2] 武小菲. 美国研究型大学的教师考核. 中小企业管理与科技（上旬刊），2010（12）.

[3] 赵希斌. 国外发展性教师评价的发展趋势. 比较教育研究，2003（1）.

[4] 郑利，张维. 高等学校教师绩效考核的原则探讨. 首都经济贸易大学学报，2009（4）.

[5] 包志荣. 日本教师的人事考核评价制度. 黑龙江教育学院学报，2008（1）.

[6] 苏君亚，尹贞姬. 日本大学教师评价制度及借鉴. 大连大学学报，2010（5）.

完善师资博士后制度提升师资队伍的整体素质*

丛爱岩　祁　予

（同济大学博士后管理办公室，上海　200092）

摘　要：本文在分析同济大学师资博士后工作发展的基础上，针对师资博士后制度实施过程中的主要矛盾和问题，提出了完善师资博士后制度的主要方法与建议，为高校制订详细的师资博士后培养计划提供借鉴与依据。

关键词：师资博士后　制度　师资队伍

一、目前学校师资博士后工作情况

中国的博士后制度从 1985 年设立时就已经明确了其目的："培养和使用相结合，在使用中培养，在培养中使用，在培养和使用中发现更高层次的人才。"博士后制度已成为高等院校选拔人才、储备人才的重要方式。

青年教师是学校教学科研的生力军。青年教师的选聘工作是学校师资队伍建设的重要方面，为进一步加强学校师资队伍建

*　本文受同济大学"卓越人才培养体系中的师资质量评价与保证"项目支持.

设，优化师资队伍结构，加大优秀年轻人才、后备人才的引进和培养力度，同时充分利用博士后制度平台为学校学科建设、师资队伍建设服务，同济大学于2010年4月起开始探索实施师资博士后制度。在师资队伍的补充方面，除极个别特殊学科、专业外，各单位应坚持以录用具有博士后经历或具有博士学位的留学回国人员为主。对于在国内外高校、科研机构取得博士学位的毕业生，凡申请应聘同济大学各单位教师系列岗位的人员（含教学科研型、教学型、科研型等），均纳入学校师资博士后进行管理。申请人应首先进入学校设立的有关博士后科研流动站或与学校签订合作协议的企业博士后科研工作站进行两年博士后研究工作，经考核合格出站后，方可受聘进入同济大学教师系列编制和岗位。

师资博士后制度要求各单位要结合本学科的需要制订计划，该计划必须与学校师资补充计划不产生矛盾。同时在师资博士后进站审核、中期考核和出站考核等多个环节制定明确的评价指标，并结合学校教师标准的要求来考核。

学校实施师资博士后制度以来，截至2011年10月底，累计招收师资博士后37名，其中一人是留学回国博士生，11名是国内其他高校或研究机构培养的博士生，其余25名是同济大学自己培养的博士生。目前已有三人期满出站，这三人出站时均达到当初转为师资博士后时制定的考核标准，经博士后本人申请已正式聘任为学校教师。

师资博士后在选留时需提出明确的出站条件，该条件按照选留单位当年聘副高职称标准制定。较高的出站考核标准在一定程度上对博士后的科研工作与能力提出了更高的要求，所以师资博士后在出站时科研成果质量与数量相对来说较高。

二、学校师资博士后制度运行中存在的主要问题

我国的博士后制度为高校培养高水平人才提供了一个非常好

的平台，该平台在研究环境、学术交流和社会保障等方面都为博士后提供了优惠条件。事实上，目前国内高校的博士后都成了其师资补充的重要来源。然而在博士后的身份问题上，目前还比较模糊，为此对高质量人才的选留仍有很大的不确定性。

学校师资博士后制度的建立，在一定程度上可以说是给博士后人员一颗“定心丸”，能够使博士后人员安心地从事科研工作。通过明确的责、权、利，给出博士后人员在站期间的努力方向和目标，能够真正起到激励博士后人员多出高质量成果的作用，在提升学校科研水平的同时，也提高了学校师资队伍的整体素质。

然而，学校师资博士后在具体实施过程中，还会出现一些问题与矛盾，主要有以下几个方面：

（一）师资博士后的招收问题

学校师资博士后管理办法规定，师资博士后的申请需申请人首先向设岗单位提出，有关单位的教师聘任委员会根据设岗需要对申请人的教学、科研能力及学术发展潜力进行全面考核，经考核通过的推荐人选，在批准的师资补充限额范围内，由党政领导签署推荐入选师资博士后的意见，最后报学校审批。

然而，实际操作中出现的问题是各单位并没有完全采用公平竞争、择优录用的程序，基本上都是优先考虑自己培养的博士生，即使外单位来应聘的博士生条件再优越，可能也会因为人情等因素而被拒之门外，所以就出现了前面所提到的在已招收的37名师资博士后中自己学校培养的博士生占了2/3的现象。如果照此发展下去，这个比例可能会更高。这种操作模式形成的近亲繁殖一方面在学科建设方面因为外单位人员较少注入而得不到新的思想与活力，长期下去对学科发展也不利；另外一个方面，自己学校毕业的博士生要进入自己学校从事博士后工作，还要解决国家规定的同站跨学科的问题，这样就出现为了师资博士后跨一级学科进站现象。如果两个学科比较相近，或是有交叉点，在某种程度上还可能通过学科交叉，有可能为博士后的研究工作开辟一个新天地，产生具有深远影响的重要成果。但是目前学校有些文科单位，因为没有相应的流动站，为了留住自己的博士生，最后只好选择进入了理工类的流动站，而从事的研究工作仍是原来一级学科的，与流动站所在一级学科没有任何关联与交叉，这样对所进流动站的建设与发展没有积极作用，在流动站评估时可能会拖后腿，同时博士后本人在中期考核及出站考核时也会出现问题。

学校自己培养的博士生不肯送出去，外面培养的优秀博士生又很难进入到学校的师资博士后队伍中来，这样达不到真正流动的目的，就很难做到博士后工作的创新，尤其是对学校创新性科研团队的建设不利。

（二）培养过程中缺乏监控，缺乏激励机制

目前学校师资博士后进站以后，许多流动站及师资选留单位基本上是不管不问，师资博士后不能迅速融入到科研团队中去，通常都是自己一个人在探索，这样极易导致师资博士后成长过程较慢。另外，师资博士后的整个培养过程缺乏监控，造成在博士后快要出站时才发现其没有成果或是成果较少，导致学校资源浪费的同时对博士后个人发展也不利。

此外，师资博士后待遇基本上一致，缺乏相应的激励机制。博士后人员认为只要达到既定要求，其他的干多干少都一样。虽然师资博士后享有与青年教师同等的权利与义务，但是实际上，一方面学校师资博士后人员的科研奖励措施不到位，另一方面在申请学校青年教师资助计划、英才计划及自然科学基金等方面对师资博士后也提出了更高的要求，这些都在一定程度上打击了他们的工作热情与科研积极性。

（三）吸引力相对逊色

经费是博士后在站期间科学研究工作和基本生活的保障，博士后经费投入的多少直接影响着招收博士后的质量及博士后在站期间的科研积极性。目前学校博士后的经费来源主要依靠国家和学校的投入，其他来源较少，相对于其他单位经费明显不足。虽然学校在制定师资博士后制度时已经将相应待遇做了提高，但相对于社会上其他一些行业的收入，学校师资博士后待遇还是偏低。这样就不容易吸引优秀博士生进站从事研究工作，更达不到吸引更多留学回国人员及外籍人员进站的目的。

另外一方面，学校在师资博士后培养的学科队伍中，缺乏战略型、领军型、具有国际影响力的专家，在师资博士后的合作导师方面产生了制约，这也影响了国外优秀大学博士生进入学校流动站从事博士后研究工作。

三、进一步完善制度，提升师资队伍的整体素质

针对上面出现的问题与矛盾，学校应从以下几个方面来加强管理，通过完善师资博士后制度，提升学校师资队伍的整体素质。

（一）加强入口管理

师资博士后的培养，其准入门槛应参照青年教师留校的条件，建立严进严出的培养体制。除了对出站考核明确标准外，还要制定最基本的入站条件，在达到要求的情况下，各单位要对拟入站人员已有的科研业绩及研究潜能进行评估，然后由教师聘任委员会投票来决定人选，而不是通过打通领导关系就能进入师资博士后队伍，这样可在一定程度上减少近亲繁殖现象，吸引外单位优秀的博士生入站，从而给学校注入新鲜的血液和力量，并给学科带来新的研究方向。

另外，对进入师资博士后人员的学历背景也应提出更高的要求，要坚持宁缺毋滥的原则，以保证师资博士后的招收及培养质量。

（二）加强过程监控，完善激励机制

师资博士后培养的目的就是通过科学研究产生高质量研究成果，从而达到培养优秀青年教师的目的。各单位应将师资博士后

工作与学科的建设、学科发展、科研团队建设（包括聘用和考核等）相结合，高标准、严要求，特别是加强过程监控，紧密跟踪师资博士后在站的研究进展，促进师资博士后多出高质量成果、早日成为杰出人才。制定相应的激励机制，不但要对师资博士后本人进行跟踪考核，还要对合作导师进行考核，并对承担师资博士后培养任务的流动站进行绩效考核，根据考核结果给予不同的奖励。师资博士后在站期间应享有与青年教师同等的权利与义务。出站时严格按照进站时制定的标准考核，不合格者坚决予以辞退，从而提升师资队伍的整体素质，加快学校师资队伍的建设。

（三）扩大经费投入渠道，增强吸引力

师资博士后经费不能仅依靠学校的经费投入，还要充分调动各单位及合作导师的积极性，为博士后创造更好的生活及工作条件。一个有效的办法就是将博士后科研工作纳入学校的学科规划，在学科建设“985”和“211”计划中加大对博士后培养及平台建设的经费力度，对于原创性的或高质量的研究提供特殊资助或奖励，提高博士后待遇。另一方面，积极加强和企业博士后工作站的联系，拓宽经费来源。目前，同济大学高等研究院正在积极探索实施国际博士后制度，通过提高待遇，加大对国内外优秀青年人才、后备人才的吸引和培养力度。

学校要积极推进合作导师队伍建设，一方面通过引进领军人才，逐渐形成由千人计划、长江学者、杰出青年及新世纪优秀人才组成的学科高原和由两院院士、世界一流学者主导的学科人才高峰，以吸引更多优秀博士生进入学校师资队伍建设中来，同时对博士后的合作导师设立基本条件，规范合作导师队伍，聘用那些师德好、责任心强、学术思想活跃、学术态度严谨、学术造诣深、课题经费充足、善于创新的专家组成结构合理、实力雄厚的导师指导小组，加强导师对师资博士后管理的指导，以提升师资博士后科研能力与水平。

四、结束语

师资博士后制度可以为学校人事改革服务，进一步推动和加快学校人事制度的改革和发展。师资博士后兼任学校的一些科研、教学工作，学校通过两年的考察过程，可以确保选留人员能够胜任学校未来的发展需要，并能够利用博士后制度的优越条件，在生活和事业上保证新进人员发挥更好的作用，为师资人事工作开辟一条新路。

然而，高校师资博士后在具体实施过程中，仍然会牵涉其他一些未涉及的人事关系，对于这些问题的深入探讨也将有利于师资博士后的良性运转，并真正为高校师资的培养和补充起到积极的作用。

参考文献

[1] 文艳林，于惠芳. 一流大学建设与中国博士后制度的嬗变. 中国高教研究，2011 (4).

[2] 丛爱岩，朱志良，祁予. 高校师资博士后培养模式的探讨. 见：王坚等. 高校师资工作文集. 厦门：厦门大学出版社，2010.

[3] 张鸿莹. 做好博士后管理工作的几点思考. 中国教育技术装备，2011 (18).

我国高校教师发展工作研究述评

李　林　张奇伟　范文霞　崔维佳　刘　洋

（北京师范大学人事处，北京　100875）

摘　要：本文概述了我国高校教师发展工作的脉络，总结我国高校教师发展工作在发展环境、理论研究、实践成果、技术应用等方面的发展与变化，对我国高校教师发展在新阶段提出了几点建议与想法。

关键词：教师发展　高校建设

教师是一所高校存在和发展的基础，是高校主要的学术资源。教师的质量和水平决定了高校各方面的发展程度，影响着高校的学术活动、学生整体的质量、向社会提供服务的能力，也影响着高校通过各种形式和途径获取资源的能力。2006 年 10 月在厦门大学召开的第四届高等教育质量国际学术研讨会，会议主题就是高校教师发展，不少研究者开始更多地从发展层面关注高校教师发展工作。《国家中长期教育改革和发展规划纲要（2010—2020）》亦强调，“通过研修培训、学术交流、项目资助等方式，培养教育教学骨干”，在“教育国际交流合作过程”中提出“开展大中小学校长和骨干教师海外研修培训”。可以说，在理论研究和政策导向的双重指引下，高校教师发展工作已经进入了发展的新时期。

一、高校教师发展工作的环境变迁

2003 年以前，关于大学教师发展理念的研究主要是对自上而下的高校师资培训框架下师资培训理念的研究。1985 年，教育部依托北京师范大学和武汉大学建立了两个国家级师资培训中心，负责组织、协调、落实全国高校教师培训年度计划，并承担部分高、中级教师的培训任务。随后，又在六所部属师范大学设立了本省（区、市）的高校（高师）师资培训中心，从而形成了在教育部领导下，以两个国家级培训中心为核心，六大区培训中心参与组织协调，省级中心、重点高校和一些重点学科为培训基地的高校教师培训网络体系。此时高校教师发展工作的内容定义为专业技术培训，致力于提高教师的教育教学技术水平，注重教师培养的计划性和针对性。

2003 年后，受国外大学教师发展研究热潮的影响，国内大学教师发展理念逐渐形成规模。2006 年 10 月 18 日至 19 日在厦门大学高教所举办的以大学教师发展为主题的第四次高等教育质量国际学术研讨会促进了与大学教师发展相关主题的研究，其六个分主题涵盖了当时国内高校教师发展的热点议题，分别为大学教师发展的历史、现状与趋势，大学教师发展的国际比较，大学教师发展的理论与思想，大学教师发展的政策与体制，大学教师发展的实践与改革创新，大学教师发展的评价。相比 2003 年前的高校教师发展工作，此时的项目又取得了新的进展。在以后的培训中，实施了以研究生毕业同等学力申请硕士学位教师进修班和高级研讨班培训形式，使得高校教师培训向高层次发展。同时通过各种基金机制，集中有限的资源，培养优秀拔尖人才，如设立了“资助优秀青年教师基金”、“留学归国人员启动基金”等人才培养项目，启动了“跨世纪优秀人才培养计划”和“高层次创造性人才工程”等，从而加大了政府的支持力度，加快了高校骨干教师和学科带头人的培养。

二、高校教师发展工作的理论探索

笔者在 CNKI 中，通过题名中含“高校教师发展”、“大学教师发展”的精确匹配检索到的研究文献数量分布如表 1：

表 1　研究文献的年篇数情况

年份	2003 年前	2003 年	2004 年	2005 年	2006 年	2007 年	2008 年	2009 年	2010 年	2011 年
篇数	0	2	1	2	8	29	22	16	23	10

高校教师发展工作的理论研究大致分为两个阶段。第一个阶段是 2006 年以前，高校教师发展研究还处于边缘化分析阶段，即关注外部环境或其他机制对高校教师发展的影响。如曹如军的《积极关注大学教师发展的生态环境》（2003）、龚波的《试论大学组织文化与大学教师发展的共生机制》（2003）、王蓓颖的《科学发展观与高校教师发展》（2005）等；第二个阶段是 2007 年至今，注重借鉴国外高校教师发展的成功案例和我国高校教师发展中的现状，如徐延宇的《美国高校教师发展的特点和启示》（2008）、黄明东的《北美地区高校教师发展状况探析》（2008）、卢辉炬的《美、日、中高校教师发展之比较》（2008）、张昊的《高校行政权力与学术权力的张力与耦合——以高校教师发展为例》（2009）、涂文记的《英国大学教师发展政策研究及其对我国的启示》（2010）等。

随着理论研究的不断深入，更多的学者在高校教师发展研究中发掘出创新点，这既符合我国高校发展现状，又能够推动高等教育实践的发展。

三、高校教师发展工作的应用实践

经过近十年的探索，我国高校教师发展工作已取得明显成果。理论上，有两次国际型研讨会作为支撑，分别是于2006年10月18日至19日在厦门大学举行的主题为“大学教师发展”（Faculty Development）的“第四次高等教育质量国际学术研讨会”以及2009年7月13日至15日由北京师范大学和北京理工大学共同主办、北京师范大学教育学部承办的“国际教育发展联盟：中国大会——大学教师发展与教学质量保障”高级研讨会。两次国际性会议的成功举办，开阔了国内学者关于高校教师发展工作的视野，扫描了国际前沿理论的轮廓，指引了未来高校教师发展之路。在此基础上，各高校坚定开展教师发展工作，在探索中加大了实践的步伐。

1994年，清华大学设立“学术新人奖”。作为具有问题导向特质但更偏理想型的政策，“学术新人奖”的出台为教师尤其是青年教师的发展打造了一个崭新的平台，成为清华大学加强青年教师队伍建设、选拔和培养跨世纪的学术带头人及学术骨干这一具体目标的重要举措，而学校长期以来重视青年教师发展的传统也为“学术新人奖”的出台提供了政策基础。

2007年12月5日，首都经济贸易大学教师促进中心（Office of Teacher Advancement，简称OTA）正式挂牌，其使命是帮助和促进教师的教学、科研，同时还帮助教师身心健康水平的提升。

2010年初，江南大学成立了“江南大学教师卓越中心”，其宗旨是“服务”，标志是建成服务平台，目标是使教师得到提升的愉悦、学校的整体教学工作得到推进。其具体职能可以归纳为以下几点：一是院校研究；二是提升教师潜能；三是评价教育教学；四是教学资源库建设；五是教育技术服务。

2011年4月，北京理工大学成立了教学促进与教师发展中心。该中心作为一个学术及教学服务机构，通过教师培训、质量评估、研究交流、咨询服务等工作，促进北京理工大学教师职业发展，提升教育教学水平，帮助学生有效学习，提高学校的教师队伍水平和人才培养质量。在工作开展过程中，他们设立了简明、具体、卓有成效的规程：一是要充分了解教师需求；二是注重个性化服务和富有实效的工作；三是发挥教育研究院的优势，开展研究，深入、提升、创新和发展高校教师发展理论。

此外，还有部分高校从不同角度开展高校教师发展工作，取得了良好效果，推动了我国高校教师发展工作的进程。

四、高校教师发展工作的技术应用发展

近年来，高校教师发展工作的手段随着教育技术的发展与支持而更加丰富、便捷和深入。对高校教师发展工作常用技术归纳如下：

（一）信息网络平台

高校教师发展中心一般通过发行的时事通讯或者自己的网页，向教师宣传技术进步对教学的影响，介绍运用技术改善教学的经验和模式，使教师及时了解新技术和它们的作用。

（二）教学技术培训活动

举办教学技术研讨班，由教学技术熟练的协调员或者优秀的教师通过口头指导、案例演示帮助教师掌握某项教学技术。部分高校的教师中心承担了这一任务，制订教师培养计划，一对一辅导教师熟练使用教学多媒体、教学设计软件，取得了良好效果。

（三）技术咨询服务

教师在应用教学技术过程中出现的各种困难都可以通过咨询服务及时得到解决，简单到“如何打开 PDF 文档”，复杂到“为学生设计电子试卷”，教师发展中心的技术人员都能自己或安排相应人员解决。

五、对我国高校教师发展工作的几点想法

高校教师发展工作孕育于夯实的理论沃土，经过十余年发展，已具备了相当的实践经验。笔者认为，在新的发展阶段，考虑以下几个方面的问题，有助于高校教师发展工作的推行：

（一）明确教师发展工作者角色定位

我国高校教师发展工作自开展以来，没有明确界定教师发展工作者的责权范围、能力要求、评价标准，大部分教师发展工作者以兼职形式完成工作，这对未来高校教师发展工作提出了新的课题。一项工作能否顺利开展，与执行者有密切关联。培养优秀的教师发展工作者不仅能够彰显教师发展中心的功能，更能提升高校教师发展工作绩效，实现开展教师发展工作的初衷。因此，准确定位教师发展工作者的角色，对他们的能力提出具体要求，甄选一支优秀的教师发展工作者队伍，是实现高校教师发展工作的先决条件。

（二）实现从培训向发展转变

从目前的实践来看，绝大部分高校教师发展中心的工作落脚于教师培训层面，根据本校发展战略对教师提供必备的、激发潜能的、拓展视野的培训项目。此举固然能够提高教师素质、实现学校教学目标，但从长远来看，这种培训是被动的，是自上而下的，是靠外力推动的。高校教师发展的高境界应体现为顺应教师成长的自然规律，借助教师自然萌发的成长要求，以“润物细无声”的方式推动教师发展。发展是内生的，体现的是教师自我成长需求与组织发展需要的组合，是教师在面对外在环境变化和挑战的主动回应，是教师向更加优秀、更为杰出的研究者、教学者和专业人员的转变。

（三）实现从管理向服务的转变

我国高校教师发展项目很多是强制性的，列入教师必须完成计划，甚至成为考核教师的一项标准。然而，在新的形势下，这

种过于集中的管理方式越来越难以满足教师和学校不断变化的多样性需求。究其原因，是教师发展工作者服务意识淡薄、管理倾向性强，不了解也不重视教师的需要，导致很多培训项目结果不尽如人意。在未来高校教师发展工作中，应当密切关注教师的工作需要，为教师提供所需的帮助和支持，而不是单纯地下达培训任务。从服务的角度出发，开展能够吸引教师主动积极参与的项目与活动是成功开展教师发展工作的重要条件。

参考文献

[1] 徐延宇. 高校教师发展——基于美国高等教育的经验. 北京：教育科学出版社，2009.

[2] 生云龙，田静. 高校教师发展政策的实证分析——以清华大学学术新人奖的实施为例. 中国高校师资研究，2008（3）.

[3] 范彦彬，沈贵鹏. 高校教师发展的经验与探索. 现代教育技术，2010（11）.

浅议教师职务终身制在我国实施的可行性

张丕业

（复旦大学人事处，上海 200433）

摘　要：美国教师职务终身制的主要存在原因是为保护学术自由，但在中国，学术自由可能并不需要也无法由给予教师终身制的途径来保护。开展教师职务终身制，更多的是学习并借鉴非终身教职轨和终身教师轨的双轨制对于大学用人体制机制带来的创新、发展与推动作用。本文将对在我国高校建立教师职务终身制的可行性进行分析并给出一些建议。

关键词：教师职务　终身制　可行性

教师职务终身制（Tenure-track）主要是指经过70余年推行，现在美国相当数量的大学中实行的，提供给能够在一段时间的考核中在教学、科研和服务等方面都被认可的高等学校教师的稳定、自由、独立的教学研究岗位。所谓稳定、自由、独立，主要指被纳入终身制度的教师，其学术研究成果能通过不与其待遇水平相挂钩的评估体系进行评估，这能使他们的学术研究更为自由，并在稳定的工作环境中开展并深入其学术研究，在最大程度上降低经济条件、社会认知对高等学校教师学术自由的影响。

我国现代大学制度起步较晚，高校用人也长期以计划经济模式下的“编制控制”进行简单管理。如何突破旧有体制，为大学的发展带来全新动力，教师职务终身制及其配套的双轨制运行制度可能是其中一项重要的探索方向。

一、教师职务终身制的起因和发展

（一）教师职务终身制的起因和确立

教师职务终身制的起因可追溯到1810年。那时德国人威廉·冯·洪堡（William Von Hunbldt）创建了柏林大学，从根本上打破了传统大学只是传授已有知识的旧观念，带动了自然科学研究的发展，奠定了学术自由的大学精神。

19世纪末至20世纪初，许多美国学者都前往德国留学、进修并开展科学研究。他们归国后，将德国大学的“学习自由”、“教学自由”及“教学与研究相结合”等核心价值带入了美国大学。同时，美国的自由工商资本家在投入了巨大资金后，逐步成了大学董事会的实际掌权者，他们能够并且非常愿意对所雇用的教师施加影响。然而在接受了德国大学“学术自由”的精神后，美国大学教师经常因学术观点不同与学校当权者发生冲突而被解雇。教师要自由地进行科学研究和发表研究观点，就必须构建起相应的保障制度。由此，教师们组成了自发性组织，提出教师职务终身制，并逐渐被接受。

教师职务终身制的真正确立是在1940年，美国学员协会（AAC）和美国大学教授协会联合发布了《关于学术自由与终身教职制度原则的1940年声明》，声明中界定了终身教职的内涵，强调终身教职是实现“学术自由”和“职业安全”的重要手段，明确了获得终身教职的基本程序，并规定了中止终身教职的必要程序。自此，教师职务终身制作为一项制度被真正确立。

（二）教师职务终身制的发展

1940年教师职务终身制的确立，不仅仅是对大学当权者的

“学术隔离”和对教师“学术自由”的保护。在世界大战和反共产主义的影响下，学术自由所需要防备的转而成为政府和市场。教师终身制度的意义逐步由保护教师个人自由，转变为保护教师及所在学校的共同利益。

教师终身制的延续主要有以下几方面的原因：

（1）人才竞争。二次世界大战之后，科学技术加速发展，高等教育逐步大众化，学校规模扩大，学生人数增加，教师数量也开始上升。大学需要聘用杰出人才来任教以吸引资源、经费、生源。终身制能够保障“职业安全”，从而吸引有能力的人进入大学进行教学、科研工作。

（2）学术自由。终身制通过确保学术研究免于受到外界利益团体和市场导向的干预，维护了教师的学术自由权利。

（3）学术职业地位上升。随着高等教育的快速发展，以教师的学术活动为核心的大学在社会上的地位逐步上升，影响日益增大，普通民众对大学教师的信心不断增强。学术职业地位的上升使教师可以在与政府、投资方、大学管理者等各种利益团体的谈判中争取到更多的权利。

二、在我国实施教师职务终身制的可行性分析

（一）政策及制度环境

1. 教师职务终身制能否保障“学术自由”

教师职务终身制的主要目的是保护大学教师“学术自由”的权利。这项制度以提供长期聘任的岗位为代价，保障教师“学术自由”。而在我国现有政策环境及体制约束条件下，大学教师“学术自由”的权利是否需要由终身制来维护？

在我国现有《劳动合同法》框架下，所谓的终身制是一个宽泛的聘用概念，一名普通劳动者可在两个短期合同后签订无固定期限合同已是终身制的一种表现。而我国高校是事业单位，《事业单位人事管理条例》仍在修订，何时出台尚未可知。

以《劳动合同法》而言，在保护劳动者权益的初衷下，实际为劳动者带来了两种可能：用人单位在两个短期合同后请劳动者走人，或用人单位只能等劳动者自己走人。若劳动者签订了无固定期限合同，就可以选择在对其较为有利的条件下进行工作调整。这与我国长期以来用人单位和劳动者遵循的游戏规则大相径庭。将所有劳动者一视同仁和以法律条文形式确立长期聘用本身就是对市场经济环境下劳动者与用人单位双向意愿选择原则及《劳动合同法》制定时努力试图达到保护劳动者权益初衷的漠视。

既然所有人都有能获得签订无固定期限合同的机会，教师职务终身制就变成了《劳动合同法》框架下的附属品，而不能独立于聘用、聘任制度达到提供长期稳定的岗位以保障“学术自由”的目的。

反过来说，若在我国实行教师职务终身制，就真的能够建立独立于政治环境之外的学术自由平台么？在现有条件下，没有有效的权力互相制约体系，想要靠教师职务终身制维护“学术自由”，很难。

2.“学术自由”是否需要教师职务终身制来保障

在我国的政策环境下，“学术自由”主要由政府及市场规律来主导，最典型的例子莫过于房价。在利益驱使下，许多所谓的学者在各种媒体和学术刊物上发表文章和言论，将房价一炒再炒，从而获得经济利益。

和美国当时的环境不同，由于我国人民民主专政的政体带来的权力集中和缺乏有效相互制约的平衡机制，我国的政治环境和经济环境主要由人民政府主导。大学教师愿意甚至希望遵从政府主导下的“市场规律”，跟随市场经济指挥棒，从而获得各种利益的最大化。“学术自由”强调的是教师有发表其个人观点的权利，但若教师自愿发表与政府和利益团体相符合的观点，“学术自由”也就无从谈起。

3. 操作管理分析

一项制度制定得再完美，也需要由人来执行、管理。在我国现行的人本位管理模式中，制度地位和学术地位都无法撼动人在操作管理过程中的主导地位。

而教师职务终身制正是建立在人对于学术地位和制度规范认同与尊崇的基础上的。在一般高校二级管理模式中，二级院系行政能力的强弱会直接影响制度实行的效果。而我国高校二级院系的执行力和对制度、学术地位所应有的认同程度显然无法达到建立教师职务终身制的要求。

（二）教师职务终身制在我国建立和发展的可能

既然“学术自由”无法也不需要依靠教师职务终身制来维护，此项制度是否还有必要在我国高校普遍建立？笔者认为是有必要的。

1. 教师职务终身制对我国传统用人模式和理念的冲击

教师职务终身制除去对学术自由的保护，其建立“多轨制”的用人模式和灵活多样的评估方式都是对我国传统用人模式与理念的冲击。

一名教师在前来学校面试时，就应该被告知其是否有可能进入“终身教师轨”，以及要进入终身教师轨所需要的条件。这样明确的职业定位，既能极大地刺激二级用人单位对所需人才进行合理甄选，也能为应聘教师提供良好的职业前景规划。而对于高校而言，二级用人单位能够对应聘教师进行合理的区分，既控制了用人成本，也能在一定程度上保持来校教师的水准。

结合我国“编制控制”的高等学校人员控制模式，多轨制不仅更加合理地配置了人员结构比例，增加了学校对于高水平人才的吸引力，增强了学校的人才队伍，也能够使学校规模得到合理控制。建立多轨制是中国高等学校用人模式的发展方向和必然的趋势。

2．建立教师职务终身制是对优秀教师的肯定

多轨制的建立是对新进教师的控制方式，而对于已进校教师，无法通过区分轨道来对其进行管理。若能将终身教职建设成为一种对优秀教师数十年如一日为学校作出巨大贡献的肯定和褒奖，并同时建立成足以代表优秀教师学术水平、贡献程度、个人成绩的综合性评估体系顶端位置，将能很好地起到激励作用。

三、关于教师职务终身制若在我国高校开展的若干建议

（一）建立荣誉、非荣誉两种终身教职制度

建议建立以院士、资深、冠名特聘教师为主的荣誉终身教师体系和其他教师使用的非荣誉双轨制终身教职制两种体系。

荣誉终身教师由学校为作出突出贡献的专家学者颁发，其他类别的终身教职需要在进入终身教师轨后通过评估获得。

（二）结合人才引进、一般进校两种途径推动教师职务终身制的开展

一般而言，在美国“大学教师和研究人员经过最长不超过七年的试用期，经同行评议，就应享有永久的或继续任职的资格”。其中，七年所指的是在进入终身教师轨之后连续计算的年数，并不包括为了进入终身教师轨而累积的年数。对于我国高校而言，可以达到副教授/副研究员水准为进入终身教师轨的门槛。

新进教师通常有两种进校途径：人才引进、一般新进（博士毕业、博士后出站等）。引进教师一般而言均为副教授/副研究员以上专技职务，建议可从进校后直接开始进入所谓“试用期”的年数累积过程。而一般新进教师，在进校之初是在非终身教师轨中，直到其符合副教授/副研究员的晋升条件，才可由院系决定是否将其转至终身教师轨。

（三）结合现有评估体系推动教师职务终身制的开展

教师职务终身制过程中重要的评估主要有两次：决定其是否

进入终身教师轨的评估和是否能够获得终身教职的同行评估。

结合我国高校现有评估体系，在这两次主要评估中需建立缓冲评估体系。以数年内多次评估代替一次评估，即在新进教师进校后的第三、六、九年对其进行例行评估，这些评估的得分是其是否能进入终身教师轨和是否能获得终身教职的重要依据。

而在获得终身教职后，建议对非荣誉类终身教职进行终身聘任后评审，以保证教师在获终身教职后依然能够稳定、积极地为学校作出教学科研贡献。

参考文献

[1] 杨克瑞. 美国高校教师体制的变迁及其现实意义. 教师教育研究，2005 (3).

[2] 贾雪. 美国大学终身教职制度的发展演变历程——新制度主义视角. 外国教育研究，2008 (2).

[3] 王正绪. 美国一流大学的教师管理工作：终身职制度及其他. 广西大学梧州分校学报，2004 (3).

[4] 李子江. 美国大学终身聘任制的历史与变革. 清华大学教育研究，2006 (3).

[5] 周作宇. 美国终身教授制的变迁与启示. 高等教育研究，2001 (3).

中外教师胜任力模型研究综述

厉　明

（暨南大学人事处，广州　510632）

摘　要：胜任力模型是人力资源各项管理职能的基础，它可以推动招聘、选拔、培训、绩效管理和薪酬管理等各项工作，全面提升组织的竞争力。本文对教师胜任力模型的基础理论、研究方法和已有研究成果作了分析和汇总，以期为实证性研究提供借鉴。

关键词：教师　胜任力　胜任力模型

一、引言

随着胜任力成为管理心理学领域的研究热点，其研究成果已逐渐渗透到人力资源管理开发的实践当中。在基于胜任力的人力资源管理中，胜任力模型是人力资源各项管理职能的基础，它可以推动招聘、选拔、培训、绩效管理和薪酬管理等各项工作，全面提升组织的竞争力。

学校作为一种社会组织，承担着人才培养、知识创新和社会服务的重要任务。而教师资源作为学校的第一资源，师资队伍的整体素质对学校的生存和发展具有重大的影响。近年来，社会对教师的工作质量和效率提出了更高的要求。对教师胜任力模型的研究，将推动关于教师胜任力模型的实证研究，从而有利于全面描绘高绩效教师的特征，这对于学校系统的招聘、选拔、培训、人事测评和师资素质的整体提高以及学校核心竞争力的全面提升等都将具有较大意义。

二、胜任力与胜任力模型的概念

（一）胜任力

对于胜任力的定义，自 McClelland 起，不少研究者均提出了自己的看法。其中代表性的有以下几类：

（1）McClelland（1973）——胜任力是指与工作或工作绩效或生活中其他重要成果直接相似或相联系的知识、技能、特质或动机；它可以区别绩效优秀者与绩效普通者，可由实证而得，是不易造假也不易模仿的特质。

（2）Boyatzis（1982）——胜任力是指某个人所具备的某些潜在特质，而这些潜在特质就是导致和影响个人在工作上表现出更好、更有效率的工作绩效和成果的基本关键特质。这些潜在特质包括个人动机、特质、技能、自我形象或社会角色或他所使用的知识实体等。

（3）Hay 集团——胜任力是指能够把平均水平者与高绩效者区分开来的任何动机、态度、技能、知识、行为或个人特点。

（4）Spencer（1993）——胜任力是指能将某一工作中表现优异者与表现平平者区分开来的个人潜在的、深层次特征，它可以是动机、特质、自我形象、态度或者价值观、某领域知识、认知或行为技能——任何可以被可靠测量或计数的并且能够显著区分优秀与一般绩效的个体的特征。

（5）McClelland（1994）——胜任力是指能将高绩效者与一般绩效者区分开来的可以通过可信的方式度量出来的动机、特质、自我概念、态度、价值观、知识、可识别的行为技能和个人特质。

（6）国内学者仲理峰和时勘（2003）——胜任力是指把某职位中表现优异者和表现平平者区别开来的个体潜在的、较为持久的行为特征（Behavioral Characteristics）。

在对胜任力的定义中，目前最为人们认可的是 McClleland（1994）提出的概念。这个概念指出，胜任力是可以通过可信的方式度量出来的，并且度量出来的胜任力是能够区分高绩效者与一般绩效者的，它包括动机、特质、自我概念、态度、价值观、知识、可识别的行为技能和个人特质。

（二）胜任力模型

胜任力模型（Competency Model）是由特定职位要求的优异表现组合起来的、包含多种胜任力的结构，它“描述了有效地完成特定组织的工作所需要的知识、技能和特征的独特结合”。

目前，学者们提出的胜任力理论模型主要有冰山模型（见图1）和洋葱模型（见图2）两种。冰山模型将胜任力区分为“水面上”和“水面下”两部分，胜任力从上至下层层深入。“水面上”是相对容易观察和评价的外在的知识和技能，即基准性胜任力；“水面下”则是不易观察和评价的一些深层次的特质，包括自我概念、价值观、态度和动机等，即鉴别性胜任力。洋葱模型是从另一个角度对冰山模型的解释。它在描述胜任特征时由外层及内层、由表层向里层，层层深入，最表层的是基本的技能和知识，里层核心内容即个体潜在的特征。

图1　胜任力冰山模型

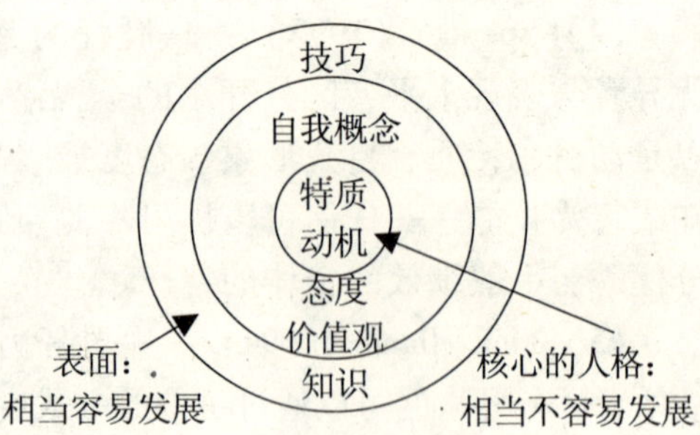

图2　胜任力洋葱模型

三、教师胜任力模型的建构方法

（一）行为事件访谈法

行为事件法（Behavioral Event Interview，BEI）是戴维·麦克米兰结合关键事件法和主题统觉测验提出来的，是目前建模过程中得到公认且最有效的方法。它首先让被访谈者列出他们在工作中遇到的关键事件，包括正面和负面事件各两到三项；然后让他们详细地描述当时想法，并总结失败或成功的原因；最后，根据访谈内容来确定被访谈者所表现出来的胜任特征，并通过对比担任某一任务角色的卓越成就者和表现平平者所体现的胜任特征差异，从而建立该任务角色的胜任力模型。采用此方法，可以全面、详细地收集所要取得的信息，并可以通过灵活的追问获取更多细节性的内容，但是使用此种方法，数据的收集过程将需要耗费大量的时间、人力和物力，正是这一原因导致不能收集到足够的样本。

（二）问卷调查法

问卷调查法是通过书面形式、以严格设计的心理测验项目或问题、向研究对象收集研究资料和数据的一种方法。它主要采用量表方式进行定量化的测定，也可以运用提问方式，让受试者自由地作出书面回答。问卷调查法的使用，大大提高了研究的效率，它以简单的形式在短时间内收集到大量的信息，而且可以很好地进行定量分析，但是这种方法却不能为接受调查者提供一种灵活回答的空间，不利于额外信息的收集。这种方法用于胜任力模型的数据收集过程必然会使信息搜集的广度受到限制。

（三）德尔菲（Delphi）法

德尔菲——专家评价法，是由该研究领域权威专家组成的小组通过对每个胜任特征项目作详细分析和比较，然后再由专家们经过几轮删除或合并获得胜任特征指标的方法。这种专家评定的方法具有很强的专业性，由于是专家小组的多轮评定，既保证了数据收集的科学严谨性，又使得组织者能够从中获取丰富的信息。但这种方法对于专业性的要求很高，而且组织、安排需要花费大量的精力，这在一定程度上限制了此类方法的广泛应用。

（四）层次分析法

美国运筹学家Saaty教授于20世纪70年代初提出的层次分析法（Analytic Hicrarchy Process，AHP）是一种简便、灵活的多准则决策的数学方法，可以实现由定性到定量的转化，把复杂的问题系统化、层次化。评价指标体系按照总目标、一级指标和二级指标划分为三个不同层次。第一层为综合评价指标层，第二层为一级评价指标层，第三层为二级评价指标层，最下层为待评价的对象。同时，为了更加全面地反映各指标对综合评价的影响程度，再利用特定的数学方法来计算和确定每一层次的因素权重，最后以计量值从高至低排出主次顺序来分析解决内涵实质的中心问题。这种定量分析一般用作对定性分析的补充。

四、教师胜任力模型的实证研究

（一）国外研究

Danielson（1996）等人提出教师胜任力模型的四个维度：计划与准备、教师环境监控、教学、专业责任感。Bisschoff and Grobler（1998）运用结构化问卷对教师胜任力特征包括学习环境、教师专业承诺、纪律、教师的教学基础、教师反思、教师的合作能力、有效性和领导等八个理论层面进行了因素探索，最后提出了两因素模型：教育胜任力和协作胜任力。

Hay McBer（2000）向美国教育与就业部（DFEE）提交了一份题为“高绩效教师模型”的报告，提出了高绩效教师的五种胜任特征群：专业化（挑战与支持、信心、创造信任感、尊敬他人）、领导（灵活性、拥有负责任的朋友、管理学生、学习热情）、思维（分析性、概念性）、计划/设定期望（向上动力、信息搜寻、主动性)、与他人关系（影响力、团队精神、理解他人)。此外，这个报告还提出了高绩效教师经常使用的七种技术：有较高期望、能很好地计划课程、使用多种多样鼓励学生的技术、对学生管理有清晰的策略、明智地安排时间和资源、能够使用一系列评估方法、经常布置家庭作业。

澳大利亚维多利亚独立学校协会（AISV）（2003）的一项调查指出，教师胜任力是一个多因素模型结构，由15个因素组成，即沟通能力、计划和组织、工作标准、适应性、人际关系建立、发展友谊、持续性学习、技术或专业知识、辅导、决策、以学习者为中心、质量关注、信息监控、创新、行动发起等。

（二）国内研究

李英武、李凤英等（2005）运用结构化访谈、问卷调查以及德尔菲——专家评价法相结合的方法自编教师胜任力问卷，探索了我国中小学教师胜任力的结构维度，包括情感道德特征、教学胜任力、动机与调节、管理胜任力。

张议元、马建辉（2006）运用行为事件访谈法建立了高职教师胜任力模型。模型包括专业胜任力、心理胜任力、职业操守特征、行为胜任力四个维度，专业知识、专业技能、成就导向、主动性、适应性、合作精神、责任心、组织认同、影响力、概念式思维、人际理解力、寻求咨询能力12项胜任特征。

王昱、戴良铁等（2006）以高校教师为研究对象，通过行为事件访谈法和文献查阅法收集有关条目，编制高校教师胜任特征问卷。在对初试问卷和正式问卷的数据进行因素分析和信度、效度检验的基础上，得出高校教师胜任特征包括以下七个结构维度：创新能力、获取信息的能力、人际理解力、责任心、思维能力、关系建立、成就导向。

北京师范大学的徐建平博士（2004）在他的博士论文《教师胜任力模型与测评研究》中建构的中小学教师胜任力模型包括优秀教师胜任力特征和教师共有的胜任力特征。其中，优秀教师的胜任力包括进取心、责任感、理解他人、自我控制、专业知识与技能、情绪觉察能力、挑战与支持、自信心、概念性思考、自我评估、效率感等11项特征，教师共有的胜任力包括组织管理能力、正直诚实、创造性、宽容性、团队协作、反思能力、职业偏好、沟通技能、尊敬他人、分析性思维、稳定的情绪等11项特征。

湖南师范大学的李秋香（2006）在她的硕士论文《高中化学教师胜任特征模型及其测评体系的初步建构》中，建构了一个包含人际洞察力、教学艺术、合作及自我调控、组织协调、教育理念、自我监控、宏观调控、个人驱力及灵活性、适应性、尊重学生等10个维度以及43个评价指标的高中化学教师胜任力模型及其定量化的评价体系。

广西师范大学的宋倩（2008）在她的硕士论文《高校教师胜任力特征模型及其与工作绩效的关系研究》中，建构了高校教师胜任力模型六因子结构，包括认知胜任力（包括艺术感、选择性、明确的发展目标、捕捉机遇、概念性思维、情绪觉察力）、人际互动（包括社交意识、谈判能力、公关能力、指挥能力）、成就特征（包括创新性、接受挑战、效率感、信息收集）、接纳特征（包括稳定的情绪、理解他人、主动性、宽容心、客观性、反思能力）、师德特征（包括正直、诚实、公平性、沟通技能、尊重他人、责任心）、知识技能（包括专业知识和技能专长）。

参考文献

[1]［美］安托尼特·D. 露西亚，理查兹·莱普新格. 员工胜任能力模型应用手册. 郭广玉译. 北京：北京大学出版社，2004.

[2]［美］戴维·D. 杜波伊斯，威廉·J. 罗思韦尔等. 基于胜任力的人力资源管理. 于广涛等译. 北京：中国人民大学出版社，2006.

[3] [美] 迪布瓦. 胜任力——时代光华经营大系. 杨传华译. 北京：北京大学出版社，2005.

[4] 吴能全. 胜任力模型设计与应用. 广州：广东经济出版社，2006.

[5] 陈万思. 知识员工胜任力：理论与实践. 上海：上海财经大学出版社，2007.

[6] 肖鸣政，Mark Cook. 人员素质测评. 北京：高等教育出版社，2003.

[7] 宋倩. 高校教师胜任力模型及其与工作绩效的关系研究. 桂林：广西师范大学硕士学位论文，2008.

[8] 李英武，李凤英，张雪红. 中小学教师胜任特征的结构维度. 首都师范大学学报（社会科学版），2005（4）.

[9] 张议元，马建辉. 高职院校教师胜任特征研究. 中国市场，2006（36）.

[10] 王昱，戴良铁，熊科. 高校教师胜任特征的结构维度. 高教探索，2006（4）.

[11] 徐建平. 教师胜任力模型与测评研究. 北京：北京师范大学博士学位论文，2004.

[12] 李秋香. 高中化学教师胜任特征模型及其测评体系的初步建构. 长沙：湖南师范大学硕士学位论文，2006.

附录

全国部分高校师资工作联络会第二十七次年会纪要

全国部分高校师资工作联络会第二十七次年会于2011年11月23日—26日在广州暨南大学召开，来自47所高校的120名高校人事师资工作代表和部分特邀代表出席了大会。

国务院侨务办公室人事司刘继坤副司长、广东省教育厅王斌伟副厅长、教育部人事司综合处王磊处长、暨南大学胡军校长出席会议并致辞。联络会理事长张奇伟、副理事长朱志良、汪萍、傅莉及联络会名誉理事徐友浩、丁纪平等老同志出席年会。

本次年会的召开正值国家推进事业单位改革尤其是高校人事制度改革的关键时期，中组部、人事部、教育部近期推出了一系列人才队伍发展规划纲要，包括中组部千人计划在内的高层次人才队伍建设、青年教师队伍建设及岗位聘任、薪酬制度设计等一系列改革正在稳步推进。年会以进一步落实人才强校战略为主题，围绕高层次人才队伍建设、薪酬分配机制改革、高校人事管理体制创新等议题，尤其关注青年教师队伍的可持续发展及教师的聘任和薪酬管理问题，以大会报告和分组讨论为主要形式，会上积极研讨，会下主动交流。教育部人事司综合处王磊处长作了题为《当前高校人事制度改革若干问题思考》的报告，对目前我国高校人事制度改革的目的、方向、突破口、时机、政府和高校在改革中的角色定位等五大方面问题进行了深入分析，并从哲学层面提出了理论思考，对于指导各高校人事制度改革具有重要的指导意义，也为本次年会的顺利召开和圆满成功奠定了良好的基础。中山大学、同济大学、大连理工大学、西安交通大学、暨南大学等会员单位代表先后在大会上作了交流发言。

会议认为，青年教师队伍建设关系到高校发展的未来，是高校人事师资工作的永恒主题。如何从高校教师遴选入职、培养、晋升、考核、激励等方面，全方位建立适合中国高校特点、符合世界一流大学发展趋势的一整套制度和办法，是当前各高校面临的主要任务。充分重视未来高层次人才队伍建设，青年强则大学强、青年进步则大学进步，已经成为大家的共识。在新的历史条件下，高校教师队伍建设正面临前所未有的改革和发展机遇，各高校应该从本校的实际出发，抓住机遇，以充分调动广大教师积极性和有利于学校事业的发展为改革的根本出发点，通过加强政策引导，鼓励协同创新，把青年教师的发展与大学的发展融为一体。与会各位代表还围绕绩效工资改革、教师岗位聘任制度的改革、人才引进工作中应关注的问题和联络会的基本建设等进行了广泛、深入的讨论。

第九届理事会在年会召开前夕举行了全体理事会议，理事会听取了暨南大学人事处关于年会工作的准备情况报告，讨论审议了贵州大学提交的入会申请，讨论了关于第九届联络会理事会换届的具体事宜。张奇伟理事长介绍了新一届理事会理事单位及理事长、副理事长的协商推荐的产生过程，按照理事会章程规定，考虑到院校代表性、地域分布、新老交替、工作的延续、所在单位对理事会的工作态度及贡献等综合因素，经全体理事单位书面投票表决，同意推荐中山大学人事处骆腾处长为第十届联络会理事长候选人，推荐同济大学吕培明、北京航空航天大学李军峰、南京大学杭祝洪、西北工业大学傅莉为副理事长候选人；推荐北京师范大学等22所高校为新一届的理事单位，并提交会员大会审议。

张奇伟理事长代表第九届理事会向全体会员大会作了本届理事会的工作报告，并对理事会换届推荐情况作了说明。会员大会对理事会的工作报告进行了认真的审议，对第九届理事会三年来的工作给予了充分肯定和高度评价。会员大会审议通过了张奇伟理事长的理事会工作报告，表决通过了第九届理事会推荐大会审议的第十届理事单位及理事长、副理事长名单；审议同意吸收贵州大学为新的会员单位，至此，全国部分高校师资工作联络会的会员单位高校为42所；会员大会还通过了北京师范大学代表理事会向大会提交的本届联络会经费收支的报告。

暨南大学承担了本次年会的会务，尤其是暨南大学人事处的同仁们为本次年会的顺利召开付出了辛勤的劳动，大会谨向他们表示诚挚的谢意。

大会共收到论文37篇，会议文集将由暨南大学人事处负责编辑出版。

经协商，联络会第二十八次年会在南京召开，由南京大学承办。

《高校师资工作文集》编辑出版汇总表

文集号	出版时间	出版单位	参编人员
第1集	1988年	南京大学出版社	杜万祥、徐林生、周煦、丁康、朱祖荣、李永凤、林木顺、徐君陶、贾怀仁、樊道恒、冒荣、任利剑、周义安、王羿井
第2集	1989年	南京大学出版社	南京大学学报编辑部 南京大学高教研究所
第3集	1990年	南京大学出版社	杜万祥、丁康、朱祖荣、李永凤、蔡其莲、林木顺、陈新洪、冒荣、恭放、任利剑
第4集	1991年	武汉大学出版社	朱祖荣、李永凤、沈作霖、张琼、陈东华、陈新洪、冒荣、林木顺、沈兰芳
第5集	1992年	重庆大学出版社	赵广汉、胡新炼、张翔宇、汤幼林、杜孝平、曹颂平
第6集	1993年	西南师范大学出版社	宋茂镒、陈锡礼、陈国贵、李绍东、张六莲、韩云波、曹莉、吴长开、王德福
第7集	1994年	航空工业出版社	唐启余、王德福等
第8集	1995年	复旦大学出版社	唐启余、王德福等

（续上表）

文集号	出版时间	出版单位	参编人员
第9集	1996年	航空工业出版社	傅雄烈、赵秉钺、吴学文、梅冰清、丁红卫、戴航
第10集	1997年	航空工业出版社	杜志敏、赵秉钺、吴学文、梅冰清、丁红卫、戴航
第11集	1998年	复旦大学出版社	沈兰芳、燕爽、沈文龙、蔡其莲、陈莉
第12集	1999年	复旦大学出版社	沈兰芳、沈文龙、蔡其莲、陈莉、杨占喜
第13集	2000年	复旦大学出版社	沈兰芳、蔡其莲、陈莉、杨占喜
第14集	2001年	暨南大学出版社	向军俭、林晓灵、盛永生、周敏
第15集	2002年	天津大学出版社	徐友浩、李春梅、潘峰、蒋荣蓉
第16集	2003年	武汉大学出版社	王小萍、刘政荣、赵雪梅、马淑杰
第17集	2004年	北京师范大学出版社	陈光巨、张奇伟、姜云君
第18集	2005年	华南理工大学出版社	邱学青、李文芳、殷姿、魏昉、魏晖、李学金
第19集	2006年	同济大学出版社	朱志良、王金、苏丽娴、王松涛、任洁

（续上表）

文集号	出版时间	出版单位	参编人员
第20集	2007年	西北工业大学出版社	陈建有、傅莉、杨晓燕、韩争胜、邱若娟、刘强、姚健、孟琳等
第21集	2008年	哈尔滨工程大学出版社	荣盘祥、端木永东、沈俊峰、王镭、李吉祥等
第22集	2009年	武汉大学出版社	赵雪梅、赵龙飞、刘涛、邓倩
第23集	2011年	厦门大学出版社	王坚、王秀萍、陈起雄、余娟清、黄琳等
第24集	2012年	暨南大学出版社	饶敏、张荣华、周敏、魏霞、闫昕、厉明等